民國歷史與文化研究

初 編

第 **6** 冊

轉型、博弈與政治空間訴求：
1928～1933 年奉系地方政權研究（下）

佟 德 元 著

花木蘭文化出版社

國家圖書館出版品預行編目資料

轉型、博弈與政治空間訴求：1928～1933 年奉系地方政權研
究（下）／佟德元 著 -- 初版 -- 新北市：花木蘭文化出版社，
2015〔民 104〕
目 6+234 面；19×26 公分（民國歷史與文化研究 初編；第 6 冊）
ISBN：978-986-322-971-1（精裝）
1. 軍閥 2. 政權 3. 民國史
628.2   103019110

ISBN-978-986-322-971-1

民國歷史與文化研究
初 編 第 六 冊   ISBN：978-986-322-971-1

轉型、博弈與政治空間訴求：
1928～1933 年奉系地方政權研究（下）

作　　者　佟德元
總 編 輯　杜潔祥
副總編輯　楊嘉樂
編　　輯　許郁翎
出　　版　花木蘭文化出版社
社　　長　高小娟
聯絡地址　235 新北市中和區中安街七二號十三樓
　　　　　電話：02-2923-1455／傳真：02-2923-1452
網　　址　http://www.huamulan.tw 信箱 hml810518@gmail.com
印　　刷　普羅文化出版廣告事業
初　　版　2014 年 9 月
定　　價　初編 32 冊（精裝）台幣 56,000 元

轉型、博弈與政治空間訴求：

1928～1933 年奉系地方政權研究（下）

佟德元　著

目

次

第六章 內政與經濟：奉系地方政權延續因素考察

　　張學良主政東北後，影響奉系政權延續與發展的因素，主要有兩個。一是國民黨及國民政府勢力的介入。為了維護奉系對東北的有效控制，奉系進行了諸多反制（參見第三章和第五章）。而與此同時，奉系也積極調整與國民黨及國民政府的關係，一方面盡量按照國民政府的法律法規對東北進行改革，以完成去北洋化，將東北打造成為黨國的「東北」；另一方面在國民黨有難時，伸予援手，比如調停中原大戰，便大大改善了國奉雙方關係，也使得奉系勢力得以再次進入中原（參見第四章）。二是外國勢力的介入。如何阻止外國勢力向東北滲透，保護奉系賴以生存與發展的經濟資源，是張學良主政後奉系政權面臨的重要課題。當時東北地處日蘇兩強之間，政治上受其影響巨大，經濟上又同時受到諸多西方列強的侵略，所以奉系維護其經濟資源的困難頗多。本章將重點討論東北地方政治制度的國民黨化和奉系對東北經濟資源保護的成效。

一、從被動到主導：奉系對東北地方政治制度的重塑

　　東北易幟後，奉系皈依三民主義，宣告服從南京國民政府的領導，那麼在東北長期實行的與國民黨理論及法規相牴觸的諸多北洋時期的地方制度自然就要廢除，東北的國民黨化政治改革勢在必行。

　　易幟前，東北保安委員會為東北最高行政機關，易幟後不久該會宣告結束，並改組為東北政務委員會，成為南京國民政府派出東北的最高行政機關。易幟前，奉、吉、黑三省最高行政機關為省長公署〔註1〕，置省長一人，下轄

〔註1〕 有關北京政府時期省官制沿革可參見錢端升：《民國政制史》下冊，上海人民出版社，2008年，第351～381頁。

政務、秘書、財政、教育、實業等各廳〔註2〕；熱河爲特別區，置都統一人，兼管軍民兩政。易幟後，東北四省廢除省長制和都統制〔註3〕，按照國民政府頒佈的《省政府組織法》均採用省政府制，置省政府主席一人，下設秘書處及民政、財政、教育、農礦、建設等各廳。

1928 年 12 月 31 日，國民政府正式任命由奉系擬定的東北各省政府委員〔註4〕，隨後東北四省政府相繼組織成立〔註5〕。此後改革開始進一步深入，一方面是對新建省政府組織的完善，另一方面則是對舊有不適宜機關的改組與裁併。以遼寧省爲例。

1、省制改革

1929 年 1 月 17 日，奉天省政府成立時即電令下屬各機關「自奉到此電之日起，各屬所有呈報省公署文件函電應一律改稱省政府，以符政制。」〔註6〕同日，遼寧省政府依據1928 年國民政府修正通過的《省政府組織法》〔註7〕，

〔註 2〕 奉天省長公署所設各廳組織及職權可參見《奉天省長公署各廳職掌》，遼寧省檔案館編：《奉系軍閥檔案史料彙編》⑦，江蘇古籍出版社，1990 年，第 717 頁。
〔註 3〕 雖然 1928 年 9 月國民政府便公佈熱河改省命令，但熱河正式建省是在東北易幟後。
〔註 4〕 任命翟文選、陳文學、張振鷺、王毓桂、劉鶴齡、彭志雲、高紀毅、王鏡寰、王樹常、高維嶽、邢士廉爲奉天省政府委員。指定翟文選爲主席，並任命陳文學兼民政廳長、張振鷺兼財政廳長、王毓桂兼教育廳長、劉鶴齡兼農礦廳長、彭志雲兼建設廳長。任命張作相、章啓槐、榮厚、王林、馬德恩、誠允、孫其昌、鍾毓、汪之祐、熙洽、劉鈞爲吉林省政府委員。指定張作相爲主席，並任命章啓槐兼民政廳長、榮厚兼財政廳長、王華林兼教育廳長、馬德恩兼農礦廳長。任命常陰槐、馬景桂、龐作屏、潘景武、高家驤、陳耀先、孫潤庠、李彭年、蘇炳文、宋文郁、萬國賓爲黑龍江省政府委員。指定常陰槐爲主席，並任命馬景桂兼民政廳長、龐作屏兼財政廳長、潘景武兼教育廳長、高家驤兼農礦廳長、陳耀先兼建設廳長。任命湯玉麟、邴克莊、梁國棟、李元著、金鼎臣、佟兆元爲熱河省政府委員。指定湯玉麟爲主席，並任命邴克莊兼民政廳長、佟兆元兼財政廳長、梁國棟兼建設廳長。《國民政府文官處爲特任張學良爲東北邊防軍司令長官及任命奉吉黑熱省政府官員的通電》（1929.1.4），遼寧省檔案館編：《奉系軍閥檔案史料彙編》⑧，江蘇古籍出版社，1990 年，第 64 頁。
〔註 5〕 熱河省政府和黑龍江省政府均 1 月 1 日成立，奉天省政府 1 月 17 日成立，吉林省政府 2 月 1 日成立。
〔註 6〕 《奉天省政府爲所有呈報省公署文件一律改稱省政府致各機關縣知事電》（1929.1.17），遼寧省檔案館編：《奉系軍閥檔案史料彙編》⑧，江蘇古籍出版社，1990 年，第 101 頁。
〔註 7〕 詳見《國民政府公報》，1928 年 4 月，第 53 期，「法規」，第 4～9 頁。

召開省政府委員會第一次會議，「議決通過《省政府委員會會議規程》、《省政府秘書處組織條例》、《省政府民政廳組織條例》、《省政府財政廳組織條例》，又於本月21日開省政府委員會第二次會議，議決通過《省政府秘書處辦事細則》、《省政府教育廳組織條例》、《省政府農礦廳組織條例》〔註8〕。」〔註9〕各廳處組織條例制定後，遼寧省政府開始對舊有各廳處進行改組，按性質與職掌而言，原財政廳與教育廳變動最小，原政務廳改組為民政廳，而原實業廳變動最大，一分為二，「工商事項」仍由實業廳統轄，而「長途汽車及電氣事業」則劃歸建設廳管轄，在該廳尚未成立之前，暫由實業廳繼續辦理。〔註10〕

1929年1月17日，對於省縣舊有各重要機關的改組，東北政務委員會還決議辦法十條，其電令如下：

南北妥協業已完成，關於各機關改組之事，業經本會議決十條，特先電達希即查照辦理，並將有關各項轉行所屬遵照。

（一）全省警務處改為全省公安管理處。

（二）裁撤道尹，改為市政籌備處，處長兼交涉員，無市政者名為某處交涉員，仍按舊區節制各縣外交事宜。

（三）省城及各外屬商埠警察廳一律改為公安局，奉省商埠警察局改為商埠公安局，歸省城公安局節制。

（四）各縣警察所一律改為縣公安局，仍歸各縣知事監督管轄。

（五）省署第五科附入秘書廳。

（六）省議會停止，所有文卷全交省政府保存，議員由各省酌量位置。

（七）有印各機關仍用舊印，新添或改設者由政務委員會先行刊發木質者應用。

〔註8〕有關遼寧省各廳處組織條例可詳見遼寧省檔案館編：《奉系軍閥檔案史料彙編》⑧，江蘇古籍出版社，1990年，第105、112、169、334頁；吉黑兩省各廳處組織條例制定稍晚，其內容也是遵照國府頒佈的《省政府組織法》，並根據各省實際情況而制定，與遼寧省各廳處組織條例無大出入，可詳見《東北政務委員會周刊》，第5、6、7、8、9、10、11、12各號中相關法規。

〔註9〕《遼寧省政府組織法》（1929.1），遼寧省檔案館編：《奉系軍閥檔案史料彙編》⑧，江蘇古籍出版社，1990年，第133頁。

〔註10〕《遼寧農礦廳廳長劉鶴齡為報將實業廳改組為農礦廳給遼寧省政府呈》（1929.2.5），遼寧省檔案館編：《奉系軍閥檔案史料彙編》⑧，江蘇古籍出版社，1990年，第158頁。

（八）省議會基址改為省黨部。

（九）各省省委員不兼差者，月薪 500 元，公費 160 元，主席月
薪 1500 元，公費 1000 元（自用秘書職員均在內），凡有
本差兼任委員者，支本差薪，並領委員公費，凡月薪低於
委員薪者臨時由主席核定之。

（十）各省幣制不同，前條所定薪公皆以現洋為標準。〔註11〕

在上述十條議決案的原議案中曾有一條：「舊日勳章，擬仍佩帶，既為民國所
賞，似不可廢」，但最終發佈的決議案十條則無此內容。「舊日勳章」均是北
京政府時期所頒發，現在已經易幟，服從南京國民政府，那麼對此項勳章奉
系政權自然不好明確表示承認，而採取不加否定的默認方式顯然是最好的處
理辦法。因為這些勳章如若廢除，則是對北京政府及奉軍多年以來屢次入關
的否定，這當然是不能為奉系所允許的，而如果奉系明確表示保留與承認，
則又不免令人懷疑奉系易幟皈依三民主義的誠意。

東北政委會此項十條決議案涉及警察、道尹與市政、交涉員、省議會、
省政府委員薪俸和黨務問題等多個方面，交涉員制度的改革詳見本書第七章
第一節，東北黨務問題詳見本書第五章，現就屬於行政改革範圍的道尹與市
政、警察兩項分述如下。

裁撤道尹與市政建設

北京政府時期地方實行省道縣三級制，奉天省共有三道，即遼瀋道，治
所營口；東邊道，治所安東；洮昌道，治所洮南。〔註12〕南京國民政府成立
後於地方廢除道尹一級，實行省縣兩級制，所以東北易幟後道尹自然要廢除。
東北政務委員會議決裁撤道尹改為市政籌備處後，1 月 24 日奉天省政府決定
於營口、安東設市政籌備處，並以處長兼交涉員，遼源仍設交涉員，營口擬
派史靖寰為處長兼交涉員，安東擬派陳奉璋為處長兼交涉員，遼源擬派戰滌
塵為交涉員。〔註13〕同時省府還核定各道結束辦法三項：

〔註11〕《東北政委會議決各機關改組事項及奉天省長公署的通令》（1929.1.19），遼
寧省檔案館編：《奉系軍閥檔案史料彙編》⑧，江蘇古籍出版社，1990 年，第
107 頁。

〔註12〕北京政府時期道行政公署組織及職權可參見錢端升：《民國政制史》下冊，上
海人民出版社，2008 年，第 481～486 頁。

〔註13〕《奉天省政府第三次會議記錄》（1929.1.24），遼寧省檔案館編：《奉系軍閥檔
案史料彙編》⑧，江蘇古籍出版社，1990 年，第 111 頁。

（一）所有本省遼瀋、東邊、洮昌各道缺應自奉令之日起遵即一律裁撤，停止職權，結束交代，應領經費截至本月月底為止。

（二）卷宗一項除關於交涉及市政事宜應移交交涉員及市政籌備處處長外，所有道署卷宗已經辦結案件文卷及月報表冊並應專案移交交涉員代為保管，其尚未辦結案件文卷及表冊應開列清冊敍明案由及辦理情形呈送省政府分發主管各機關核辦。

（三）各縣自奉令之日起，所有應報導署文件一律停止呈報。

〔註14〕

裁撤道尹辦法雖已核定三條，但由於當時道尹兼職較多，治所所在地較繁榮者興辦事業亦多，故該辦法並不詳盡。如原營口道尹佟兆元電省府請示下列四項事宜如何善後：

（一）道立模範造林場並各縣攤解之苗圃經費、文卷、表冊均移交何機關接辦；

（二）歷前道尹移交之各項雜款，如舊存、內務、農商、報費等類，原係正式列入交代，現應移交何處；

（三）遼河工程局案卷、簿表、傢具及徵存船捐款項，以及職道募款倡辦之營口同善堂是否一併移交市政籌備處長接管；

（四）道署印信是否俟結束完竣由道尹備文繳銷。

對此遼寧省省政府批示如下：

所有請示之第一項應由農礦廳派員前往接收，應如何續辦即由該廳統籌呈奪；第二項應盡數報解財政廳核收；第三項遼河工程應另議辦法，所有文卷暫時移交市政籌備處保管，營口同善堂即移交市政籌備處接管；第四項道印俟道署結束完竣由該道尹繳銷。〔註15〕

此外，雖然省府早於 1 月末便已擬定奉天省市政籌備處暫行組織大綱，並呈

〔註14〕《奉天省政府為裁撤道尹改為市政籌備處及核定各道結束辦法的訓令》（1929.1.24），遼寧省檔案館編：《奉系軍閥檔案史料彙編》⑧，江蘇古籍出版社，1990 年，第 117 頁。

〔註15〕《佟兆元為裁撤道尹應行請示事項致奉天省政府代電》（1929.1.27），遼寧省檔案館編：《奉系軍閥檔案史料彙編》⑧，江蘇古籍出版社，1990 年，第 126 頁。

東北政委會核准備案，但在市政籌備處的組建過程中還是發生了諸多問題。在北京政府時期，東北就已在人口密集商埠集中之縣城開展市政建設，以市政公所爲辦理市政機關。由於辦理市政各縣繁榮程度不同，辦理公益事業多需向商民籌集資金，如營口、安東均是如此，故成立由商民代表參加的市政委員會，負責管理所籌集的資金，審核支出。而此次新建市政籌備處，其組織大綱第七條載「籌備處成立之日起，原有之市政公所即行歸併，其原有經費撥歸籌備處」〔註16〕，自然遭到已集資商民的反對。如2月21日，安東商民代表王樹藩等爲安東市政籌備處長陳奉璋到任將市政公所改爲官辦，對原市政積虧鉅款推之不顧一事致電省政府主席翟文選：

> 查安東市政創辦之初，性質與他處迥異，完全由地方收捐辦地方公益事宜，初僅有議事會復改委員職，所有市行政經費收入支出須先行咨由委員會核准，然後執行，……即與黨國市政府制亦相吻合。覆查去載興修江堤曾因募集安東市公債積虧現大洋30餘萬元，又歷年建築馬路尾欠工料款現小洋11萬餘元，均經市政委員會轉託安東總商會負責擔保償還。……陳處長蒞任伊始，首將安東市政公所取消改爲官辦，並同時取消安東市政委員會，……至虧累公款現大洋30餘萬元，亦無保障之辦法。……查該處長對於原有市政委員會毅然取消，似此專制，在帝制時代官府對於提倡興辦地方公益事件亦決無一意孤行，若是之甚。況當此黨國訓政時期，我主席現在奉行三民主義，凡百庶政均已趨重民意，雖我東省各級黨部尚未明令成立，處此過渡期間而原有市民代表之機關，亦未便以該處長個人意思擅自取消，乘此將地方捐款奪去任意支配，並不容商民過問一詞，市政積虧、商會擔保之款亦置之不顧。……若實行將原有市政公所取消改爲官辦時，該原辦市政積虧鉅款40餘萬元，既非一年籌還，終無善策，將來如若無法彌縫，則〔是否〕由省撥款抵補之處均應電請明白覆示，俾便示遵。……〔註17〕

對於因市政籌備處建立過程中發生的官民矛盾，東北政委會尊重民意，修改

〔註16〕《市政籌備處暫行組織大綱》（1929.2.27），《東北政務委員會周刊》，1929年第1號，第13頁。

〔註17〕《王樹藩等爲安東市政籌備處長陳奉璋到任將市政公所改爲官辦對原市政積虧鉅款推之不顧致翟文選電》（1929.2.21），遼寧省檔案館編：《奉系軍閥檔案史料彙編》⑧，江蘇古籍出版社，1990年，第176頁。

市政籌備處組織大綱，保留市政委員會組織。為此，遼寧省政府於 4 月初發佈通令：「安東、營口……原以各該市經費多係全市商民負擔，遇有市政興辦事項，須召開市政委員會議議決施行，以免發生阻礙。此項辦法揆諸現行制度，亦甚適宜。經省委會第十八次會議決議市政委員會仍舊設立，補入組織大綱，修正頒佈。」〔註 18〕

修正後的《市政籌備處暫行組織大綱》的主要內容如下：

第一條　省政府籌備營口、安東市政事宜於營口、安東各設市政籌備處。

第二條　市政籌備處設處長一員，由省政府委派。

第三條　市政籌備處應設各課如左：第一課，掌管關於總務財政事項；第二課，掌管關於工程事項；第三課，掌管關於教育職業事項；第四課，掌管關於公安衛生慈善事項。

第四條　每課設課長一員，課員若干員，技術員若干員，辦事員若干員。

第七條　市政籌備處成立之日起，原有之市政公所即行歸併，其原有經費撥歸籌備處。

第八條　市政籌備處設市政委員會，其規則由市政籌備處另訂，呈由省政府核定。

第九條　市政籌備處自正式建市之日撤銷之。

1929 年 6 月，遼寧省政府核定了市政委員會規則，並呈報東北政委會核准施行。該規則對市政委員會委員人數、資格、議事事項等內容均做了詳細規定，詳述如下：

第一條　本會……專以討論市政範圍內應行應革事宜及指導市民輔助市政進行為宗旨。

第二條　本會委員至多不得超過 15 人，由市政籌備處處長就當地紳商或政界中具有左列資格者聘任：1. 對於市政具有專門知識者；2. 對於市政素有經驗者；3. 素負眾望信用昭著者。

〔註 18〕《遼寧省政府為修正營口安東市政籌備處暫行章程的通令和咨呈》（1929.4.9），遼寧省檔案館編：《奉系軍閥檔案史料彙編》⑧，江蘇古籍出版社，1990 年，第 301 頁。

第三條　本會會議分常會、臨時會兩種：1. 常會每月 1 次；2.臨時會由處長或委員三分之一以上提議隨時召集。

第四條　本會議事事項分三種：1. 市政籌備處交議事項；2. 本會委員建議事項；3，市民請願事項。

第五條　本會會議以市政籌備處處長爲主席，處長因事不能出席時得由委員中公推 1 人爲臨時主席。

第六條　本會會議以委員過半數之出席行之，其議決事項以出席委員多數之同意可否，同數時取決於主席。

第十三條　本會主席委員及其他人員概係義務職，不另支薪公等費。〔註 19〕

雖然能夠成爲市政委員會委員的僅是紳商中的極少數代表，但商民參與市政的大門畢竟得以打開，其權利也得到了法律的保障。另外，在此次市政委員會的存留風波中，東北民眾自覺地將國民黨的理論、制度與法規作爲捍衛自己權益的武器，說明了在易幟後的東北社會心理中國民黨正朔地位的意識的增強與鞏固，而奉系政權最後的讓步及對《市政籌備處暫行組織大綱》的修正，也預示著在此後的東北政治改革中北洋軍閥的符號和痕跡將漸行漸遠，而國民黨化的趨勢似乎將不可逆轉。但實際上，奉系地方政權對東北的統治將是披著國民黨合法外衣的新形式的統治。

警務系統改革

北京政府時期，初時各省警察行政並無統一機關辦理，而是於省會或較大商埠分別設置警察廳，負責各該地方之警察、衛生及消防事宜。直至 1918 年 1 月內務部公佈各省警務處組織章程後，各省警察行政才有統一之領導機關。〔註 20〕易幟前，東北各省均設有全省警務處，其級別與各廳相同，均直屬於省府，負責全省水陸警察行政與社會治安事宜。南京國民政府成立後，將地方警察行政與保衛事宜均劃歸民政廳掌管〔註 21〕，但由於東北各地匪患嚴重，

〔註 19〕《改訂營口安東市政委員會規則》，《東北政務委員會周刊》，1929 年第 17 號，第 19 頁。

〔註 20〕關於北京政府時期警務處設置與職權可詳見參見錢端升：《民國政制史》下冊，上海人民出版社，2008 年，第 375～379 頁。

〔註 21〕1928 年國府頒佈的《省政府組織法》第九條規定民政廳所掌理事項包括「警政及公共衛生事項」和「保衛團事項」，參見《國民政府公報》，1928 年 4 月，第 53 期，「法規」，第 6 頁。

治安情形嚴峻，加之國府對於警察系統的組織形式尚未明確規定，所以易幟後東北政委會根據東北特殊情形，決定將全省警務處改組爲全省公安管理處，直隸於省政府，其機構設置與職權較之前全省警務處並無實質變化。按照《奉天全省公安管理處暫行組織條例》〔註22〕之規定，該處「設處長一人，綜理全省公安事務，並指揮監督全省水陸各公安官署及本處所屬職員，處長爲簡任職」；「設秘書一人至三人，承處長之命辦理機要事務及核閱文稿、審查擬定事項」；「設視察長一人至三人，承處長之命辦理全省警政成績之視察、調查及處長指定考查之特種事項」；並設「視察員十二人，承長官之命助理各項視察、調查事項，視察長爲薦任職，視察員爲薦任待遇或委任職」；處內設四科辦事，各設科長一人，掌理科務。該條例對於處長職權之規定有以下三條：

> 第三條　處長對於主管事務除中央法令別有規定或省政府委員會
> 　　　　別有決議者外，以處令行之。
> 第四條　處長爲執行職務，認爲有發佈單行章程之必要時，得提
> 　　　　出於省政府委員會議決後施行。
> 第五條　處長對於全省水陸各公安官署之命令或處分認爲有違背
> 　　　　法令逾越權限或其他不當情形時，得停止或撤銷之。

易幟前，東北各省省會均設有省城警察廳，而省城附屬之商埠地則不便設廳而是設置警察局，但二者並無隸屬關係，而是同隸於全省警務處管轄。這就出現一城同時有兩個警務領導機關的現象，在實際職能運作中弊端甚多。爲解決此一弊病，東北政委會在此次改組各機關辦法中明確規定「奉省商埠警察局改爲商埠公安局，歸省城公安局節制」，即將奉天省城警務領導權統一於省城公安局。此項決議雖然解決了領導權問題，但並沒有解決奉天省城同時存在兩個警務組織系統的問題，而且節制之權限也僅限於警政事務方面，對於省城商埠公安局的人事及財務收支等事，省城公安局並無管理權限，顯然治標不治本。爲此，奉天全省公安管理處處長高紀毅提議，將省城商埠公安局歸併於省城公安局，以此達到統一事權之目的。高所依據的理由如下：

> 查前內務部咨覆山東、黑龍江等省文稱，各省省會地方多附帶
> 有商埠在內，省會地方既設有省會警察廳，所有附屬於省會之商埠
> 警察行政事務當然屬於省會警察廳處理，毋庸另設一廳，以免分歧

〔註22〕《奉天全省公安管理處暫行組織條例》（1929.2.16），遼寧省檔案館編：《奉系軍閥檔案史料彙編》⑧，江蘇古籍出版社，1990年，第169頁。

各等語。緣以省會地方既設有省會警察廳，廳長資格地位當然較一般警察廳長爲高，廳內組織亦較完備，自足控制一切，且免一地兩廳，雙頭並立，權限既虞牴觸，經費尤屬不貲，免除若干重複手續，尤其餘事，立法之意實爲允當。又查現在江蘇省城（南京——原文夾註）〔註23〕附屬之下關即係商埠，並未另設專局，該商埠之公安事務，即係由省城公安局處理。山東之濟南，廣東之廣州，均繫省城，而附有商埠者不聞另行設局。奉省事同一律，自未便獨異。〔註24〕

對此，奉天省政府「認爲所陳不爲無見，擬將商埠公安局名稱取消，所有西邊門外商埠一帶地方公安事務，仿照城關舊日設署辦法，設置商埠第一、第二、第三公安分局，由省城公安局直接管轄，以昭劃一而便指揮」，並呈報東北政委會核准施行。經東北政委會議決照准後，奉天省政府遵章辦理。

　　1929 年 6 月，國民政府頒佈《省警務處組織法》〔註25〕，明確規定了省警務處的組織構成及其隸屬於民政廳的組織關係：

　　第一條　省設警務處，秉承民政廳廳長之命，掌理全省水陸警察事務。

　　第二條　警務處對於所屬機關之處分或命令認爲違背法令妨害公益或侵越權限時，得報由民政廳變更停止或撤銷之。

　　第三條　警務處設處長一人，由省政府咨內政部審核呈請任命之，綜理處內一切事務，指揮並監督所屬職員及全省各公安機關。

　　第四條　警務處得設置二科至四科，每科設科長一人，科員三人至六人，分掌各科事務。

　　第五條　警務處得設置督察長一人，督察員四人至八人，考察各市縣警察事務。

　　第六條　警務處得設置秘書一人或二人，辦理機要事務。

〔註23〕南京國民政府成立後，將南京定爲首都並爲特別市，直隸於行政院。於是江蘇省政府另覓省會新址，並於 1928 年 7 月議決鎮江爲新省會，同月獲國民政府批准，1929 年 2 月初江蘇省政府各廳處全部由南京遷至鎮江。

〔註24〕《奉天省長翟文選爲將商埠公安局歸併省城公安局事給東北政委會呈》（1929.1.30），遼寧省檔案館編：《奉系軍閥檔案史料彙編》⑧，江蘇古籍出版社，1990 年，第 132 頁。

〔註25〕詳見《國民政府公報》，1929 年 6 月 28 日，第 203 號，「法規」，第 1 頁。

該組織法與奉天公安管理處組織條例相比，主要區別在於對警務處隸屬關係規定不同，而就組織構成而言，則並無太大出入，僅是將視察長更名為督察長，視察員更名為督察員，並將各職設置員額略為調整。

自該組織法公佈後，「因各省情形不同，遵照設立者甚少。有擬擴充警務處職權，不欲其立於民政廳之下者，亦有以既有民政廳辦理警務，無庸另設機關者，」〔註26〕爭議頗多。東北各省即屬前一種情況，東北政委會認為「東北各省地方特殊，與內地情形不同，中央規定以警務處隸屬民政廳，職秩較卑，不足以指揮一切」，並咨陳行政院及內政部要求准予變通辦理，「俟整理就緒，再照警務處組織法辦理」。對此，內政部核議「准予變通辦理，照現制試辦 6 個月後呈覆」，經國民政府核准後東北政委會訓令東北四省政府：「業已咨陳行政院及內政部核覆准予變通辦理，照現制試辦 6 個月，依據組織法將公安管理處改稱警務處，以符名實，而昭劃一。」〔註27〕即將公安管理處改稱警務處，但仍依「現制」隸屬於省政府，而非隸屬於民政廳。面對這種分歧情況，雖然中政會於 11 月 20 日仍議決「警務處在有設立必要之省，應歸民政廳直轄，其未經設立者從緩設立」。〔註28〕但實際上東北各省在奉准「試辦 6 個月」之後直到九一八事變，各省警務處也並未變更過隸屬關係。1929年 11 月，遼寧省政府制定了《遼寧全省警務處暫行組織條例》〔註29〕，並呈東北政委會核准備案。該條例與原公安管理處組織條例相比，除了將視察長、視察員改為督察長、督察員外，其他如各職人員額數、職權等均無變化，確如東北政委會訓令所言是將公安管理處「改稱」警務處，而非改組。

2、縣制改革

北京政府時期，東北各省縣行政機關為縣知事公署，設縣知事一人，下轄公款處、教育公所、警察所等專管機關。南京國民政府成立後，於 1928年 9 月公佈《縣組織法》〔註30〕，廢除北京政府時期舊縣制，置縣政府，設縣長一人，下轄財政、教育、警察等局。並於 11 月公佈《縣組織法各省

〔註26〕《設立省警務處問題》，《政治會議工作報告》，（編輯者和出版者不詳），1931年，第 76 頁。

〔註27〕《國民政府公報》，1929 年 9 月 4 日，第 260 號，「指令」，第 13 頁；《東北政務委員會周刊》，1929 年第 31 號，第 1 頁。

〔註28〕《設立省警務處問題》，《政治會議工作報告》，（編輯者和出版者不詳），1931年，第 76 頁。

〔註29〕該條例條文詳見《東北政務委員會周刊》，1929 年第 36 號，第 9 頁。

〔註30〕參見《國民政府公報》，1928 年 9 月，第 92 期，「法規」，第 1～5 頁。

施行時期及縣政府區村里閭鄰成立期限一覽表》，明令江蘇、山東等 19 個省限期施行該法，而對於尚未易幟的東北四省則規定施行縣組織法之日期另定。〔註31〕

易幟後，省政府改組進行的同時，對於縣政府改組事項也提上了議事日程。1929 年 2 月 26 日，奉天省政府委員會第十次會議上，民政廳長陳文學提出議案，「庶政革新，各縣公署亟應改組為縣政府，惟查縣組織法雖早經國府公佈，只以部定實施期限，對於本省尚未明定，無所遵循，不能不先擬暫行條例，以為過渡之計，俟實施縣組織法時再行改組，茲擬訂《奉天省縣政府暫行組織條例》十三條提出公決」〔註32〕，會議決議改組縣政府並通過該組織條例。該條例主要內容如下：

第一條　遼寧各縣政府在中央未頒佈縣組織法以前依本條例行之。

第二條　縣政府設縣長一人，受省政府及各主管廳之指揮、監督，處理全縣行政事務。

第四條　縣政府設左列兩科：

第一科，掌理公安保衛、土地戶籍、衛生救濟、風俗典禮宗教、地方自治、社會事業、著作出版、保存古物及教育、農礦、交通、土木、水利、森林及不屬於他科主管各事項。

第二科，掌理公債金融、官產倉穀、登記編制、預決算及會計、庶務、統計、收發文件、典守印信、保管公物各事項。

第五條　各科設科長一人，科員若干人，秉承縣長辦理主管事務。

第八條　縣政府得設置政務警察，辦理催徵、送達、偵緝、調查等事項，兼理司法事務之縣政府得以政務警察兼辦承法吏法警事務。

第九條　縣政府對於縣屬各機關及地方法定團體有指揮監督之權。

〔註31〕《國民政府公報》，1928 年 11 月 3 日，第 9 號，「部令」，第 4～6 頁。
〔註32〕遼寧省檔案館編：《奉系軍閥檔案史料彙編》⑧，江蘇古籍出版社，1990 年，第 342 頁。

第十條　　縣政府於不牴觸中央及省之法令範圍內得發佈縣令，並
　　　　　得自訂單行法規，呈各主管機關核准施行。

第十二條　縣政府關於中央及地方各款之收支，每月終列表布告並
　　　　　呈報民政廳及主管機關審核。〔註33〕

會議同時還決議改教育公所爲教育局，改公款處爲財政局，並通過該兩局組
織條例，〔註34〕各縣警察所則按東北政委會議決辦法改爲公安局。〔註35〕對
於各縣政府改組，省政府定於1929年4月份進行。在進行改組期間，對於縣
政府暫行組織條例之制定，民政廳進行了如下說明：

1. 本條例大體參照江蘇縣政府條例。

2. 第四條規定係按照本省各縣原設兩科辦法，其職掌則依據部定縣
　政府辦理通則之規定。

3. 第七條之規定係參照縣組織法。

4. 縣科員及政務警察在縣組織法均有由民廳核定名額之規定，此時
　各縣等級既未釐定，此項暫行條例又勢須遷就現有經費，是以未
　將由廳核定多額之語列入，擬俟實施縣組織法時再行通籌。

5. 釐定縣等級辦法至爲詳細，未便旦夕擬出，致難精確，目下縣府
　改組所有等級，擬仍舊貫，是以條例內並不提及，一面趕緊妥擬
　務於實施縣組織法以前訂妥報部。

6. 金川尚在設治，是否亦應改組縣政府尚須酌定。

7. 縣組織法規盡精詳，條文繁多，縣制改組以前，自須詳加研討，
　惟本省前此並未奉到，搜諸報紙記載，既不完全，排印尚恐有訛，
　擬專案呈省府轉請頒發。〔註36〕

對於設治期間的金川是否同時改組一案，省政府議決「一律改設縣政府」。在
民政廳呈省府轉請內政部頒發《縣組織法》後不久，「內政部將《縣組織法》

〔註33〕《遼寧省縣政府暫行組織條例》（1929.4.6），遼寧省檔案館編：《奉系軍閥檔
　　　案史料彙編》⑧，江蘇古籍出版社，1990年，第293頁。

〔註34〕遼寧省檔案館編：《奉系軍閥檔案史料彙編》⑧，江蘇古籍出版社，1990年，
　　　第186頁。

〔註35〕上述三局的省訂組織條例詳見遼寧省檔案館編：《奉系軍閥檔案史料彙編》
　　　⑧，江蘇古籍出版社，1990年，第330、327、170頁。

〔註36〕《復縣縣政府爲轉發民政廳長陳文學對遼寧省縣政府暫行組織條例提案及說
　　　明》（1929.4.24），遼寧省檔案館編：《奉系軍閥檔案史料彙編》⑧，江蘇古籍
　　　出版社，1990年，第342頁。

頒到，規定東北四省以四月爲實行之期，所擬暫行組織條例各項大體上與縣組織法無牴觸」，〔註37〕因此縣政府改組事項仍按前述省訂各組織條例進行。

　　與北京政府相比，國民黨更重視和推行地方自治，東北易幟後的縣制改革是與縣地方自治同時進行的。根據孫中山所訂《國民政府建國大綱》第八條所載：

　　　　在訓政時期，政府當派曾經訓練、考試合格之員，到各縣協助人民籌備自治。其程度以全縣人口調查清楚，全縣土地測量完竣，全縣警衛辦理妥善，四境縱橫之道路修築成功，而其人民曾受四權使用之訓練，而完畢其國民之義務，誓行革命之主義者，得選舉縣官，以執行一縣之知事，得選舉議員，以議立一縣之法律，始成爲一完全自治之縣。〔註38〕

也就是說爲辦理地方自治，縣行政機關的人員都要由政府進行訓練與考試，合格者才能勝任。國民黨對地方自治人員的訓練與考試除了專業知識的考覈外，首重國民黨理論與政策的培訓與考覈。而此次東北縣制改革中，奉系政權對縣級行政人員的訓練與考試近乎完全按照國民黨的要求進行，盡顯奉系政權的國民黨化趨勢，詳見表 6-1-1。

表 6-1-1：遼寧省與國民政府所定縣地方自治人員訓練和
　　　　　考試科目比較表

國民政府所定科目	遼寧省所定科目
一、現任縣長訓練科目	一、現任縣長訓練課程
1. 黨義（建國方略、建國大綱、三民主義、第一次代表大會宣言及本黨政綱、決議案、宣言等）	1. 黨義（建國方略、建國大綱、三民主義、第一次全國代表大會宣言及本黨政綱、決議案、宣言等）
2. 國恥史略	2. 國恥史略
3. 各國近時政況	3. 各國近時政況
4. 現行行政法規概要	4. 現行行政法規概要
5. 現行自治制度要義	5. 現行自治制度要義
6. 警政要義	6. 警政要義
7. 衛生行政大要	7. 衛生行政大要

〔註37〕《民政月刊》，1929 年第 2 期，專件，第 1 頁。
〔註38〕中國國民黨中央委員會黨史委員會編訂：《國父全集》第一冊，中央文物供應社，1981 年，第 751～752 頁。

8. 體操或國技

二、縣長考試資格與科目

甲、凡中華民國國民年滿二十五歲以上，具有下列各款資格之一者，得應縣長考試：

1. 在國內外大學或專門學校修習法律、政治、經濟、文哲社會學科三年以上畢業得有證書者

2. 在黨務學校一年以上畢業得有證書者

3. 在中學或有同等程度學校畢業得有證書並曾任行政職務滿二年以上有證明文件者

4. 曾應各種文官、法官考試及格者

乙、有左列各款情事之一者不得應縣長考試：

1. 受褫奪公權之宣告尚未復權者

2. 被國民黨開除黨籍或受停止黨籍之處分尚未恢復者

3. 被告為貪官污吏、土豪劣紳經法庭判決確定者

4. 虧欠公款尚未結清者

5. 有吸食鴉片或施行嗎啡等不良嗜好者

丙、考試分第一試、第二試、第三試、第四試，第一二三試以筆試行之，第四試以口試行之。

（一）第一試科目如左：

1. 三民主義、建國方略、建國大綱

2. 中國國民革命史

（二）第二試之科目如左：

1. 法學通論

2. 經濟學原理

3. 政治學原理

4. 中外近百年史

5. 中外人文地理

（三）第三試之科目如左：

1. 現行法令概要

2. 國際條約概要

3. 本省財政

8. 地方財政要義

9. 國際法要義

10. 民刑訴訟要義

11. 民刑法要義

12. 體操或國技

二、縣長任用資格

甲、本省各縣縣長之任用在未依據縣長考試暫行條例舉行考試以前依本條例之規定任用之。縣長任用資格如下：

1. 曾在國內外大學或專門學校三年以上得有畢業文憑並曾任行政職務滿一年以上者

2. 曾任高等文官或法官考試及格並曾任行政職務一年以上者

3. 曾任縣知事或其他薦任職官著有成績者

4. 曾任行政職務三年以上著有成績薦任職相當資格者

乙、有下列情形之一者不得任為縣長

1. 有反革命行為查明屬實者

2. 貪官污吏土豪劣紳經人告發曾經查有實據者

3. 曾受刑事處分者

4. 曾受褫職尚未復職者

5. 曾任公職虧短公款尚未清繳者

6. 有訴訟案件尚未清結者

7. 有精神病者

8. 曾受宣告破產者

9. 有不良嗜好者

三、區長訓練課程

部章共 21 門，茲擬擇其切要者 8 門講授，以期實用。

1. 三民主義

2. 實業書大要

3. 統計學概要

4. 地方自治實施法

5. 現行地方自治制度

4. 本省實業及教育	6. 市政概要
5. 本省路政及水利	7. 本省現行法令
（四），第四試科目如左：	8. 公文程式
1. 關於學科之問答	
2. 關於經驗之問答	
三、現任公安局長訓練科目：	**四、縣財政局長考試科目**
1. 黨義（建國方略、建國大綱、三民主義、第一次代表大會宣言及本黨政綱、決議案、宣言等）	1. 黨義
	2. 公牘
	3. 國文
2. 國恥史略	4. 經濟概要
3. 現行警察法規概要	5. 財政學
4. 實用警務概要	6. 法制概要
5. 衛生警察須知（內分檢疫、防疫、救急療法、檢查飲食物、交通衛生、建築衛生、家畜衛生及其他衛生事項）	7. 口試
6. 法警大要	
7. 體操或國技	
8. 軍事訓練	
四、各縣現任地方行政人員〔註39〕訓練科目	**五、縣政府佐治人員〔註40〕任用資格**
1. 黨義（三民主義、建國大綱、第一次代表大會宣言及本黨政綱、決議案、宣言等）	甲、佐治人員之任用須經考試，但在未舉行考試以前，以下列各項資格爲限：
2. 國恥史略	1. 本章程未施行前曾應縣科長考試及格及曾充縣署科長科員者
3. 現行行政法規概要	2. 在大學專門以上學校本科或預科別科畢業曾任行政職務一年以上者
4. 現行自治制度要義	3. 在中等學校畢業曾任行政職務一年以上者
5. 公共衛生要義	4. 曾任行政職務二年以上著有成績者
	乙、有左列情事之一者不得任用：
	1. 有反革命行爲者
	2. 曾經褫奪公民權或受破產之宣告者
	3. 有精神病或有鴉片嗜好者
	4. 貪污土劣經人告發有實據者

〔註39〕受訓練之現任地方行政人員包括：「1. 縣屬各局局長，但公安局長不適用之；2. 縣政府佐治人員；3. 區長；4. 村里長副；5. 閭鄰長。」參見《內政部公佈各縣現任地方行政人員訓練章程》，《國民政府公報》，1928 年 9 月，第 96 期，「部令」，第 21 頁。

〔註40〕縣政府佐治人員指縣政府各科科長及科員。

資料來源：《内政部公佈現任縣長公安局長訓練章程》，《内政部公佈各縣現任地方行
　　　　　政人員訓練章程》，《國民政府公報》，1928 年 9 月，第 96 期，「部令」，第
　　　　　18～24 頁；《縣長考試暫行條例》（1928.10.8），遼寧省檔案館編：《奉系軍
　　　　　閥檔案史料彙編》⑨，江蘇古籍出版社，1990 年，第 284～285 頁；《縣長
　　　　　考試暫行條例》（1930.1.27），《國民政府公報》，1930 年 1 月 31 日，第 383
　　　　　號，「法規」，第 1～3 頁；《遼寧省現任縣長訓練章程施行細則》，《東北政
　　　　　務委員會周刊》，1929 年第 21 號，第 8 頁；《擬定第一期訓練自治區長施
　　　　　行辦法》，《民政月刊》1930 年第 10 期，第 10 頁；《遼寧省縣財政局暫行
　　　　　組織條例施行細則》（1929.4），遼寧省檔案館編：《奉系軍閥檔案史料彙編》
　　　　　⑧，江蘇古籍出版社，1990 年，第 327 頁；《遼寧省縣政府佐治人員任用
　　　　　暫行章程》（1929.9.18）《東北政務委員會周刊》，1929 年第 28 號，第 15
　　　　　頁；《遼寧省縣長任用暫行條例》（1929.5），遼寧省檔案館編：《奉系軍閥
　　　　　檔案史料彙編》⑧，江蘇古籍出版社，1990 年，第 447 頁。

　　在東北地方政治制度改革過程中，各項法規、章程的制定都是以國民政
府頒佈的法規爲依據和準繩的，這一點我們從前文的論述中便可看到。而細
察該表，雖然我們可以看出奉系政權制定的縣各級行政官員任用資格、訓練
和考試科目與國民政府的規定相比，契合度很高，基本上是按照國民政府的
規定爲準，但同時也能看出其中奉系政權因兼顧東北特殊情形而所作的調
整。比如遼寧省現任縣長訓練課程比國府之規定多了四條，其中「國際法要
義」、「民刑訴訟要義」與「民刑法要義」三科目的增加就凸顯了東北的特殊
情形。一方面，東北地處日俄兩強之間，地方行政事務中很多都涉及與日俄
的關係，這就要求地方行政長官掌握一定的國際法知識。另一方面，民國以
來東北地方司法審判制度的建設非常滯後，設地方法院的縣很少，大部分沒
設地方法院的縣都是由縣知事兼理司法審判，這種情況一直延續到東北易幟
後都並無變化，所以要求現任縣長必須掌握一定的民刑法知識。東北各縣司
法大部分均由縣長兼理，而在省管理縣行政的同時就不可避免的要管理縣司
法行政事項，所以易幟前東北各省爲「管理司法行政事宜整設第五科」，即於
省長公署政務廳內設置第五科。易幟後對於行政機關監督司法，東北政委會
並未廢除而是延續，故有前述政委會決議將「省署第五科附入秘書廳」，即將
第五科從原政務廳下歸併至改組後的省政府秘書處第三科。〔註 41〕再如國府

<hr>

〔註41〕省公署政務廳第五科和省政府秘書處第三科均掌管司法行政事宜，參見《奉
　　　　天省長公署各廳職掌》第十條和《奉天省政府秘書處組織條例》第四條（遼
　　　　寧省檔案館編：《奉系軍閥檔案史料彙編》⑦、⑧，江蘇古籍出版社，1990
　　　　年，第 717 頁、第 105 頁）。

有「被國民黨開除黨籍或受停止黨籍之處分尚未恢復者」不得應試縣長之規定，而遼寧省則規定「有反革命行為查明屬實者」、「有反革命行為者」不得任用縣長及縣佐治人員。易幟後東北的國民黨組織並未立即建立起來，東北各級官員也並未立即加入國民黨，所以並沒有被開除黨籍等情況發生，也就無前述國府的規定。國民黨自命革命黨，將一切敵人均冠以反革命的帽子，而奉系為了表示服從三民主義和國民政府，自然要與反革命者劃清界限，站到革命陣營，縣級官員的任用資格也就體現了這種政治考慮。而這種規定也就突出地反映了易幟後東北地方政治的國民黨化傾向。

易幟後東北地方政治制度的改革顯然是在國民黨統一中國的大趨勢下進行的，是以國民黨由革命黨轉變成為執政黨，黨的意志上昇成為國家意志後向全國範圍推行為背景的，即東北的省縣制改革具有很大的被動性，是不得不為。而通過上述論述我們又可以發現，在這種被動的改革中又包含了主動與自覺的因子，即在不違背國民黨黨義、法規的前提下作符合東北特殊情形的規定。如上述道尹改市政籌備處長兼交涉員、公安管理處直屬省政府及縣級行政人員訓練、考試和任用中的地方性規定等。這些一方面說明在易幟後的東北地方政治運作中，國民黨產生著巨大影響力，另一方面也說明奉系堅持自我的意識與原則。如何將國民黨外衣與東北實際情形有效地結合起來，堅持有利於東北政權的政策取向，實現自身利益的最大化，實際上這正是這一時期奉系正在思考和企圖解決的問題。在內政領域，奉系基本堅持以國民黨為主以東北為輔的政策取向；而在外交領域，奉系則堅持以東北為主以國民黨為輔的政策取向（詳見第七章）。奉系面對國民黨和日蘇在東北內政外交兩個領域的滲透與糾纏，分別制定了兩種政策。對國民黨的內政政策奉系基本獲得勝利，國民黨從黨政兩方面向東北的滲透，雖然取得了巨大成就，東北地方制度實現國民黨化，國民黨在東北取得合法地位並公開發展，但東北還是奉系的東北，人事、財政、稅收、黨權等核心權力仍舊掌握在奉系手中（詳見第三、第四、第五章），並借助中原大戰再次實現進軍關內，勢力大增。而奉系對日蘇的外交政策則以失敗告終，對蘇戰爭慘敗，對日交涉不利，最終日本侵略東北還是沒能避免，奉系藉以生存與發展的基地從此丟失，奉系開始走向解體與滅亡。

3、地方自治的施行──以村自治為例

地方自治是國民黨建國理論的重要內容之一，在孫中山親定的《國民政

府建國大綱》中，對於國家建設如何從訓政步入憲政有詳細的闡述。〔註42〕在孫中山建國理論中，縣自治是地方自治的基礎，無縣自治的完成便無省自治的實現，更無憲政的開始。孫中山的自治理論是從建國的高度，提出以縣爲自治單位，具有提綱挈領之意。而在具體實施地方自治時，面對從未受過任何「四權」訓練的民眾，縣自治又該以何處爲起點，以何爲單位，這便是南京國民政府成立後在推行地方自治時必須首先加以解決的問題。〔註43〕最終國民政府決定對縣制進行改革，於 1928 年 9 月頒佈《縣組織法》，在縣下設區，區下設村裏，村下設閭鄰，並以村爲自治的基本單位。1929 年 6 月，國府修正《縣組織法》，規定區下設鄉鎮，鄉下設閭鄰，村裏與鄉鎮實際同級，僅是名稱不同而已，均以百戶以上爲標準。〔註44〕

　　遼寧省「在民國 12 年間，即已施行區村制章程，頗爲完密，只因區長程度問題，遂致滋生流弊，人民極爲痛惡。」於是 1928 年 11 月省長公署決定廢除區制，改革村制，未及實行改組而東北已然易幟。易幟後「原擬於省政府設村政處專辦其事，嗣經省委會議決改爲民政廳附設村政研究委員會，業經釐定組織規則，由省委會通過，東北政委會核示，現已預擬村政大綱及各項規約」，〔註45〕準備擇期實行。所以雖然國府於 1929 年 6 月將修正的《縣組織法》頒佈到遼，但由於奉系剛剛將區制廢除不久，故對恢復區制及實行區自治頗爲遲滯。遼寧省僅擬定分期試辦區自治，而內容則以訓練區長爲主，「指定瀋陽、遼陽、錦縣、東豐、昌圖等五縣爲第一期試辦自治及訓練區長縣分，俟有成績再行指定第二期試辦縣分。」並規定「上列指定各縣辦理自治，暫以區自治爲止，區以下仍按村制施行，所有鄉鎮閭鄰各自治統行從緩。」〔註46〕即奉系有選擇性地實施地方自治：有限度地試行新區制，全面推行新村制，暫緩鄉鎮閭鄰制。

　　對於各縣自治如何進行，地方政治如何刷新，遼寧省民政廳廳長陳文學

〔註42〕 孫中山地方自治的理論可詳見《國民政府建國大綱》，中國國民黨黨史委員會編訂：《國父全集》第一冊，臺北：中央文物供應社，1981 年，第 752～753 頁。
〔註43〕 有關討論可參見：《縣自治單位的討論》，《革命評論》1928 年第 4 期，第 20～21 頁。
〔註44〕 該兩法詳見《國民政府公報》，1928 年 9 月，第 92 期，「法規」，第 1～5 頁；《國民政府公報》，1929 年 6 月 6 日，第 184 號，「法規」，第 1～5 頁。
〔註45〕 《民政月刊》1929 年第 2 期，第 2 頁。
〔註46〕 《擬定分期試辦自治及訓練區長辦法大綱》，《民政月刊》，1930 年第 10 期，第 7 頁。

曾決定於 1929 年 8 月 1 日召開各縣縣長行政會議，以爲商討。〔註47〕後來由
於民政廳籌備村政研究委員會及中蘇關係緊張，「會期正值夏防，各縣地方治
安，關係重要，若多數縣長，均離任所，誠恐不無影響」，故對會期一推再推，
最後「展至 9 月 20 日舉行」。〔註48〕在行政會議開幕時，陳文學曾發表致詞
對於召集此次會議的意圖進行了如下闡述：

> 我們對於這種會議，是抱著什麼宗旨，目的和願望？……各
> 縣長應該明瞭注意：現在我們東北的地方，政治設施，爲全國所
> 重視，亦且爲世界所重視。是以中外各方面，先後都來參觀、考
> 察我們。本省又向是東北首善之區，一舉一動吉江兩省都看著做
> 榜樣。……我們現處黨治之下，講三民主義，是不是要先重民生，
> 又當著訓政時期，要想政治上進步，是不是要先解除人民痛苦？
> 目下人民所痛苦者，是不是不能聊生之匪患？這個答案，也毋庸
> 在說了。

可見易幟後國民黨對東北政治之巨大影響，「三民主義」與「黨治」、「訓政」
等國民黨話語似乎一下子成了奉系政權政治行爲評價的準則。

此次行政會議共收到「提案 231 起，內除密案 5 起，正在請示，暫不
發表外，其餘須呈候省政府核示者，計 17 起；當場通過應由職廳逐行飭縣
照辦者，計 50 起；又當場否決撤銷者，計 30 案；其餘事關財政、教育、
建設、農礦、司法、警務、交涉，應行咨請各該主管機關核辦者，計 129
案。」〔註49〕其中有關村自治，民政廳提出「擬定本省村制大綱及各項村
制章程案」：

> 查村政爲民治基礎，關係地方至爲重要。在辦理之初，自必先將
> 各項章則，分別擬定，始足以便遵守，而利施行。本廳自奉令籌設村
> 政研究委員會以來，即經飭科參照河北、山西兩省村製辦法，並體察
> 本省從前區村制情形，斟酌損益，擬定村制大綱及各項村制簡章，共
> 11 件，交由村政研究委員會常務委員會審核，復先後提經全體委員

〔註47〕本次行政會議召開之目的，除了籌商興革地方庶政及籌辦自治，更重要的是
　　　籌商應付韓民入籍問題，關於該問題此次行政會議共有秘案 5 件，詳見本章
　　　第二節相關內容。
〔註48〕遼寧省民政廳行政會議秘書處編：《遼寧省民政廳第一次行政會議紀要》，（無
　　　出版者），1930 年，第一編，第 12 頁。
〔註49〕遼寧省民政廳行政會議秘書處編：《遼寧省民政廳第一次行政會議紀要》，（無
　　　出版者），1930 年，第一編，第 15 頁。

會修正通過。惟事關全省村制，特檢同各章則提付公決。〔註50〕
提付公決的大綱、章程為：《遼寧省暫行村制大綱》，《遼寧省村公所章程》，《遼寧省村民會議章程》，《遼寧省村長副訓練章程》，《遼寧省村監察委員會章程》，《遼寧省村息訟會章程》，《遼寧省村公約章程》，《遼寧省村長副獎懲章程》，《遼寧省村長副待遇及保障章程》，《遼寧省各村攤款章程》，《遼寧省村長副村董選舉規則》。〔註51〕

會議議決通過該提案及各法規，呈省政府核准後公布施行。村自治各法規通過後，遼寧省民政廳隨後制定了村制施行程序時間表，並於12月末飭令各縣按期辦理村自治。（參見表6-1-2）

表6-1-2：遼寧省各縣村制施行程序時間表

事　項	完成呈報日期	呈報時應注意之要點
劃村	1930年1月15日	應說明全縣劃分若干村，是否按照舊日原村，如係更定並應述明更定原因及情形，並送簡明村界圖
召集村民會議	1930年1月底	是否全縣各村一律成立，如未能一律成立是何原因
選舉村長副、村董	1930年1月底	應附送村長副、村董人名表
成立村公所	1930年2月15日	應造送各村公所執行村務人名冊
成立村監察委員會及息訟會	1930年2月15日	應造送各村監察委員、息訟委員名冊
訓練村長副	1930年2月底	應造送講演員及受訓練之村長副人名冊

資料來源：《村制施行程序期間表》，《民政月刊》，1930年第9期，第7頁。

通過遼寧省與國府村自治各法規的比較，我們可以看出，東北村制改革及村自治的推行與前述省縣制改革一樣，均具有國民黨法規與東北地方特殊情形結合的特點。（參見表6-1-3）

〔註50〕　《擬定本省村制大綱及各項村制章程案》，遼寧省民政廳行政會議秘書處編：《遼寧省民政廳第一次行政會議紀要》，（無出版者），1930年，第二編，第11頁。

〔註51〕　此次會議提案及該法規詳見《民政廳行政會議議案一覽表》，遼寧省民政廳行政會議秘書處編：《遼寧省民政廳第一次行政會議紀要》，（無出版者），1930年，第二編，第10～80頁。

表 6-1-3：遼寧省與國民政府所定村自治主要內容比較表

國府法規	遼寧省單行法規
一、劃鄉	**一、劃村**
凡縣內百戶以上之鄉村地方為村，其不滿百戶者得聯合數村編為一村。	凡村內居民滿 300 戶以上者為獨立村，不足 300 戶者應聯合附近小村為一村，由縣指定戶口較多之村為主村。
二、鄉民大會參加資格	**二、村民議會參加資格**
中華民國人民無論男女在本鄉鎮區域內居住一年或有住所達二年以上，年滿 20 歲經宣誓登記後為鄉鎮公民，有出席鄉民大會或鎮民大會及行使選舉、罷免、創制、複決之權。有左列情事之一者不得享有前項所定之權： 1. 有反革命行為經判決確定者。 2. 貪官污吏、土豪劣紳經判決確定者。 3. 褫奪公權尚未復權者。 4. 禁治產者。 5. 吸用鴉片或其代用品者。	村內居民在 20 歲以上之男子均得參與村民會議，但有左列各款情形之一者不得參與會議。 1. 劣紳土豪營私舞弊欺壓鄉民確有實據者。 2. 販運吸食鴉片及其他毒品者。 3. 窩賭及賭博者。 4. 酗酒好鬥不務正業者。 5. 有精神病者。 6. 受禁治產宣告者。 7. 曾受刑事處分尚未復權者。 8. 經村民會議議決不准參與會議者。
三、鄉長副及監察委員資格與鄉務會議	**三、村長副及村董資格與村務會議**
甲、鄉鎮公民年滿 25 歲，有左列資格之一者得為鄉長副及監察委員之候選人： 1. 候選公務員考試或普通考試高等考試及格者。 2. 曾在中國國民黨服務者。 3. 曾在國民政府統屬之機關任委任官以上者。 4. 曾任小學以上教職員或在中學以上畢業者。 5. 經自治訓練及格者。 6. 曾辦地方公益事務著有成績經區公所呈請縣政府核定者。 乙、有左列情事之一者，雖具前項資格仍應停止當選： 1. 現役軍人或警察。 2. 現任職官。	甲、村民在 25 歲以上，50 歲以下，具有左列資格之一者，得被選為村長副及村董。 1. 曾在中等學校畢業辦理行政職務在一年以上者。 2. 曾任地方公職或行政職務二年以上者。 3. 辦理地方公益確有成績者。 4. 品行端正家道殷實素孚鄉望者。 乙、有左列情事之一者，不得被選為村長副及村董。 1. 武斷鄉曲欺壓善良確有實據者。 2. 侵吞公款確有實據者。 3. 品行不端弗齒鄉里者。 4. 曾受刑事處分未復公權者。 5. 沾染不良嗜好者。 6. 不通文義素無恒產者。

3. 僧道及其他宗教師。 丙、鄉務會議由鄉長召集左列人員出席，以鄉長為主席： 1. 副鄉長。 2. 各該鄉所屬閭長	丙、每村組織村公所，設村長副各 1 人，村董 5 人至 11 人。村公所以村長副及村董組織之。村務會議須有村董三分之二以上出席方得開會，議事取決於多數，同數取決於主席，即村長。
四、鄉民大會職權	**四、村民會議議辦事項**
1. 行使選舉、罷免、創制、複決權。 2. 制定或修正自治公約。 3. 審核預算決算。 4. 審議上級機關交議事項。 5. 審議本鄉公所及鄉務會議交議事項。 6. 審議所屬各閭鄉或公民提議事項。	村民會議附設於公所內，議辦如下事項： 1. 選舉村長副董及村監察委員息訟會評議員。 2. 彈劾本村辦事人員失職事項。 3. 省縣法令規定應議事項。 4. 縣政府交議事項。 5. 監察委員會提交事項。 6. 議定及修改公約事項。 7. 村長副提議事項。 8. 本村興革事項。 9. 村民 20 人以上之提議事項。 10. 村務會議提交事項。
五、鄉公所辦理事項	**五、村公所辦理事項**
1. 戶口調查及人事登記事項。 2. 土地調查事項。 3. 道路、橋梁、公園及一切公共土木工程、建築修理事項。 4. 教育及其他文化事項。 5. 保衛事項。 6. 國民體育事項。 7. 衛生療養事項。 8. 水利事項。 9. 森林培植及保護事項。 10. 農工商業改良及保護事項。 11. 糧食儲備及調節事項。 12. 墾牧漁業保護及取締事項。 13. 合作社組織及指導事項。 14. 風俗改良事項。 15. 育幼養老濟貧救災等設備事項。 16. 公營業事項。 17. 自治公約擬定事項。 18. 財政收支及公款公產管理事項。	村公所直隸縣政府，受縣長監督指揮辦理左列事項。 1. 整理村界。 2. 會同警察調查戶口。 3. 籌辦保衛團。 4. 協助警察偵緝匪徒。 5. 報告盜案災款及外國人僑居調查並其他特別發生事項。 6. 查禁煙賭取締游民。 7. 提倡及整頓學務。 8. 發展實業。 9. 改良農田水利。 10. 備築鐵路橋梁。 11. 提倡種樹造林。 12. 辦理救濟事項。 13. 提倡種痘及衛生事項。 14. 禁止邪教巫覡。 15. 保存古物古跡。 16. 經理會產及因公攤款事宜。

19. 預算決算編造事項。 20. 縣政府及區公所委辦事項。 21. 其他依法賦予該鄉鎮應辦事項。	17. 執行村民會議議決事項。 18. 宣佈官廳命令。 19. 執行縣政府委辦及警區委託事項。 20. 幫同警察催徵課賦。 21. 其他關於各種公益事項。
六、鄉監察委員會職權	**六、村監察委員會職權**
1. 隨時調查各該鄉公所之賬目及款產事宜。 2. 鄉鎮財政之收支及事務之執行有不當時監察委員會得隨時呈請區公所糾正之。 3. 監察委員會糾舉鄉長或鎮長違法失職情事得自行召集鄉民大會或鎮民大會。	監察委員會附設於村公所內，由村民會議於村民中選舉 3～7 人組織之，但監察委員不得兼任村公所內其他職務。監察委員為無給職。其職務如下： 1. 監察村財政。 2. 監察村內辦公人員有無瀆職情事。 3. 受理村民 5 人以上之請求關於監察事項。
七、鄉調解委員會職權	**七、村息訟會職權**
鄉公所應附設調解委員會辦理左列事項： 1. 民事調解事項。 2. 依法得撤回告訴之刑事調解事項。	1. 兩村以上村民如有爭執事件由各該村評議員組臨時息訟會處理。 2. 評議案件以民事為限。 3. 附設村公所內，由村民會議選舉評議員 5 或 7 人組織之，無給職。

資料來源：《縣組織法》，《國民政府公報》，1928 年 9 月，第 92 期，「法規」，第 1～2 頁；《鄉鎮自治施行法》，《國民政府公報》，1929 年 9 月 19 日，第 273 號，第 3～12 頁：《遼寧省暫行村制大綱》，《東北政務委員會周刊》，1929 年第 32 號，第 11 頁：《遼寧省村公所章程》、《遼寧省村民會議章程》、《遼寧省村監察委員會章程》、《遼寧省村息訟會章程》，《東北政務委員會周刊》，1929 年第 39 號，第 7、15、17、19 頁。

通過各自法規的比較，我們可以看出，遼寧村自治的實施基本還是按照國府法規進行的，而其地方性差異主要有以下幾點。第一，村組織規模不同。易幟前遼寧實行區村制時，村長副均為義務職，沒有薪水，而此次改革時村長副董均為公職，有薪水，[註52]所以村規模如果太小則村民負擔自然加重。

[註52] 根據《遼寧省村公所章程》規定，村公所經費標準為：「1. 村長月支薪水 12 元至 20 元；2. 村副月支薪水 10～15 元；3. 雇員月支薪水 8～10 元；4. 村丁月支工資 4～10 元。」「村公所經費由縣政府斟酌各村財力，事務繁簡，於上列標準數內酌定，造預算書呈民政財政廳核准，由各該村攤籌。」《東北政務委員會周刊》，1929 年第 39 號，第 7 頁。

爲此遼寧省才規定獨立村要以 300 戶爲準。

　　第二，參加村民會議的村民資格不同。關內各省戰亂頻繁，人口流動性強，而東北從 1905 年日俄戰爭之後便沒有大規模的戰亂發生，鄉村土著人口流動性差。所以國府有居住年限和登記鄉鎮公民的限制，而東北無此要求。此外國府規定參與村民大會男女不限，而東北則規定僅男子有資格與會議事，女子無此資格。可見東北還保留著濃厚的男尊女卑思想，與國民黨提倡男女平等的進步思想差距較大。

　　第三，村公所組織構成不同。國府規定鄉公所設鄉長副，附設監察委員會和調解委員會，而遼寧省則規定村公所設村長副及村董，附設監察委員會和息訟會。其中主要的不同是遼寧省對村董的設置，而息訟會雖然與調解委員會名稱不同但職權基本相同。國府規定鄉下設閭鄰，並以鄉長副及閭長組織鄉務會議，而遼寧則向無閭鄰之設置，故增設村董以補其缺，以完善村公所而利村務會議之進行。

　　「查村制施行程序早於上年 12 月末核定通令，時逾半載，關於表列事項辦理完竣者，僅遼中、金川、遼源三縣。其餘各縣或僅報劃村、選舉或僅報成立村公所、訓練村長副等一二事，於表列原定事項均未完成，且辦理程序亦與原定多不相符。其遼陽、黑山、盤山、義縣、興城、錦西、柳河、岫岩、清原、康平、鎮東、雙山、突泉等 13 縣，自通令以來迄未將經辦詳情具報，該縣長等身任地方對於此種要政竟敢視同具文，殊堪痛恨。」〔註53〕這便是 1930 年 7 月遼寧省民政廳對新村制推行半年來的總結。雖然東北村自治法規的制定已經兼顧了地方特殊情形，但在新村制推行中還是無法避免地發生了諸多問題。

　　新村制推行中遇到的主要問題是劃並村屯的紛爭。在重新劃並村屯中，由於有些縣沒有遵從民俗民意，而是按其主觀意圖強行分拆原有村落重新劃並，觸及了眾多村民切身利益，由此引發了眾多糾紛，有的告到省裏甚至還驚動了東北政委會。

　　如撫順縣鮑家屯與二沖村〔註54〕爭奪臺山堡一案。鮑家屯村長李春文稱：「民村原劃入臺山堡，時係經李前分局長首倡，當經發票選舉結有六村公約，後五道沖到縣呈請將臺山堡仍歸該村，奉令飭查，而李分局長並未通知民村，僅據五道沖片面之詞，率爾具覆，竟將臺山堡復劃歸五道沖」，「就民

〔註53〕《民政月刊》，1930 年第 10 期，第 9 頁。
〔註54〕該案中「五道沖」、「二沖村」、「下頭沖村」均指同一個聯村，此處以二沖村指代。

村之戶數總計爲 315 戶，土地爲 4090 畝，並有財政局商租與日韓土地 700 餘
畝，較之五道沖戶數地畝均屬相差。」二沖村村長蕭萬鍾稱：「自去歲劃村時，
原擬以太平溝劃歸民村，臺山堡劃歸鮑家屯，當場表決。後太平溝反悔，回
公家寨子村。而民村太平溝未得，臺山堡復失，遂具呈縣政府請將臺山堡仍
歸原村，以免偏枯。經縣飭李前局長查明具覆准歸民村在案」，「全村計共有
土地 670 餘畝〔註 55〕，戶數共 420 餘戶。」雙方各執一詞，而當事方臺山堡
村董李喜亭及民戶代表劉永閣等稱：「民村向與五道沖聯村，辦事多年，並有
槍械器物等項均繫公共所買，如果民村劃歸鮑家屯所有，公購物品實難分劈，
無論如何民村不能歸鮑家屯。」經派員前往鮑家屯和二沖村進行調查覆核後
發現「該兩村所報戶數、地數均有不符之處，查照職區 18 年戶口總計冊，二
沖村其爲 504 戶，鮑家屯戶口爲 330 戶，兩相比較二沖多於鮑家屯 174 戶，
但土地數目該兩村所報是否實確，因區無舊存底冊，無從查核。」對此紛爭，
撫順縣將解決辦法呈省政府：「查臺山堡劃歸下頭沖原村時，曾經令該管分局
查明，論地論戶均屬適宜，且鮑家屯已有戶口 330 戶之多，按照規定並非不
足成村，兼以臺山堡村董李喜亭等稱種種理由不能與該村聯合，該村自無強
求臺山堡聯合之必要。李春文等曾堅持再議控爭當經職縣批駁在案。查職縣
此次新劃村制，各村多有爭執，若不秉公遵照省令規定處理，任其爭執，恐
永無辦結之期，村政實施將待何日。臺山堡劃歸下頭沖村，論地論戶均屬適
宜，且臺山堡村民亦不願劃歸他村，所有李春文等原請各節似應毋庸置議，
以免紛爭。」〔註 56〕該案便是經東北政委會訓令遼寧省政府飭令撫順縣核查
處理的，最終不得不以尊重民意，維持原有區劃而收場。

再如岫岩縣花紅峪村民以劃村不當呈請重行劃分一案。「據該縣花紅峪村
公民呈，大桃溝在花紅峪之東，偏處一隅，村居山谷。民村花紅峪扼鳳海要
衝，商鋪較繁，儼然鄉村一小集鎮，是故郵局設有代辦，治安又有警察，其
地址扼要繁隆，較之大桃溝、黑峪不問可知。況花紅峪興隆會成立至今，已
垂四百餘年，四民居處相安互助，共謀生存，已成習慣。今縣政府不審地勢、
不納輿情，強令大桃溝、黑峪、花紅峪三村合併兩村，將花紅峪瓜分與大桃
溝、黑峪兩村，民等無法挽回，爲此叩懇鈞廳轉飭該縣重行區劃，將大桃溝

〔註 55〕 該畝數有誤，疑因印刷排版疏漏，似應爲 6700 餘畝。
〔註 56〕 《呈省政府爲具報查明撫順縣民李春文等控告徐文彬破壞村制一案情形
　　　　 文》，《民政月刊》，1930 年第 11 期，第 9～10 頁。

或黑峪劃歸花紅峪，不然三村獨立辦事，以順輿情。」民政廳認為該村民「所稱各節尚屬不無理由，如何另行規劃以重習慣，令該縣長查核具報。」〔註57〕

　　各縣之所以頻發劃村糾紛，主要原因是各縣在具體施行劃村過程中沒有尊重民意民俗，沒有因地制宜。民政廳查究此原因後便通飭各縣要求對於劃並村屯要採取因地制宜之方法：

> 查村制大綱第二條規定 300 戶以上為獨立村一節，原為減輕人民負擔起見，所定戶數不過大概標準，並非限定每村必在 300 戶以上若干戶以下不可。各縣實行劃村時自應斟酌當地情形，體察立法本意，總以不背習慣、不違輿論及求地勢上種種便利為歸宿。如某村在習慣及地勢上果有應成獨立村情形，則雖不及 300 戶或超過 300 戶一倍以上，亦未始不可劃定為一村，固不必拘泥定章，致違民意也。乃近聞營口縣對於劃村一事，竟限定非 300 戶以上 400 戶以下不可，以致爭端紛起，至今尚未規劃就緒。如果屬實，未免誤會定章辦事，特通飭各縣於劃村一事務須因地制宜。〔註58〕

而各縣在劃村中所以沒有因地制宜，除了沒有「體察立法本意」而「拘泥定章」外，一個重要的因素便是東北鄉村教育落後村長副人選困難。早在遼寧省民政廳召集第一次行政會議時，便有邊縣縣長提出村長難選問題，如臨江縣縣長提出《邊縣村長難選應如何辦理案》，內稱：「查邊縣地廣偏僻，文化晚進，與內地情形，迴不相同。鄉僻人民識字者極少，間有文理通順之人，非腦筋腐舊，即品行不端。對於村長人選，萬分為難，以故各村長副，多有目不識丁者，必須雇用書記，代行職權，不惟多增人民負擔，即其應行村政，實亦難望刷新，應如何辦理，始臻完善。」〔註59〕這一客觀問題當時並未引起民政廳重視，故僅以「應遵照村政章程辦理」加以敷衍。因為如果村制各章程能夠解決村長人選問題〔註60〕，便不會有該提案了。而在新村制實施中

〔註57〕《訓令岫巖縣為據該縣村民呈以劃村不當請重行劃分一案》，《民政月刊》，1930 年第 13 期，第 9 頁。

〔註58〕《呈省政府為通飭各縣對於劃並村屯應因地制宜以利進行文》，《民政月刊》，1930 年第 10 期，第 19 頁。

〔註59〕《邊縣村長難選應如何辦理案》，遼寧省民政廳行政會議秘書處編：《遼寧省民政廳第一次行政會議紀要》，（無出版者），1930 年，第二編，第 75 頁。

〔註60〕參見表 6-1-3，村制大綱對村長副人選資格的規定，中等學校畢業資歷足以任縣佐治人員（見表 6-1-1），所以在鄉村以中等學校畢業為村長副人選資格，自然難以選拔。

果然村長人選問題暴露出來，並引起了諸多劃村問題。如輯安縣在向省府呈報更定村界情形時，稱：「因職縣山嶺重疊、戶口稀少，前雖設村五十四，全屬溝岔，並無村落，亦無村會，辦事均在八區公所〔註 61〕，不覺困難。近因村制施行，民智晚開，讀書識字之人口百不一二，故村長、村董各會會員之人選頗感困難。茲特放大村界將全縣更定爲 16 村，係按地勢區劃，因山嶺之間阻，以致戶口、地畝未免出入，庶幾人選較易，辦事較便。」而對此，民政廳認爲不妥：「查該縣以村長副人選困難擬放大村界，將原設 54 村改劃爲 16 村，核與村制大綱第二條規定戶數未免懸殊太甚。且村之面積愈大，戶數愈多，村長副辦事上愈感困難，所擬未妥。」並擬定整改和補救方法：「該縣村民總數 2 萬餘戶，若照原設 54 村規劃，每村仍足 400 餘戶，尚覺易於治理。至村長副資格，如果實無相當者，不妨酌量變通降格，以求一面照章訓練，以資造就。」〔註 62〕

在遼寧省村自治法規中本來是有對村長副進行訓練的內容的〔註 63〕，但由於很多縣降格選拔村長副，這些初識文字甚至目不識丁者僅僅通過短短 40 天的集中訓練，顯然無法眞正領會黨義及各項專門知識，很難達到指導村民充分訓練「四權」的目的，村自治恐將僅流於形式，而鄉村社會組織的政權化傾向恐將加劇。新村制將成爲奉系政權向東北鄉村社會延伸的載體，奉系對東北鄉村社會的控制將得到加強。

新村制實施中遇到的另一個重要問題是村公費的來源與支配。在新村制實施中，洮安縣長曾就辦理村制事項花費如何抵補一事請示省政府：「奉令頒發各項村公會所規章並辦理所屬各村村公所業已依期次第舉辦。惟查印製選舉票紙，辦理各村選舉派員監察應需川資食宿暨發村公所圖記，所有一切花費種種需款爲數不少，將來係歸何項抵補。」對此，民政廳擬就如下辦法：「查村長副村董選舉章程第二條第二款對於印製選舉票紙業經規定得由縣酌收工

〔註 61〕易幟前奉天省尚未廢除區制時，各縣統一均下設八區，置區公所。

〔註 62〕《呈省政府爲據輯安縣呈報更定村界情形文》，《民政月刊》，1930 年第 10 期，第 30 頁。

〔註 63〕村長副訓練期爲 40 日，每日訓練以 7 小時爲限，其訓練科目爲：「1. 黨義三民主義；2. 村制大綱及村制各項章則；3. 村長副職務須知；4. 地方自治要義；5. 與村政有關之現行法令；6. 其他關於村內行政一切應有之常識。」後來又增加一科「農村及農業改進問題」。詳見《遼寧省村長副訓練章程》，《東北政務委員會周刊》，1929 年第 39 號，第 12 頁；《咨農礦廳爲奉令訓練村長副科目內增加農村及農業改進問題請核定課本》，《民政月刊》，1930 年第 10 期，第 7 頁。

本費用。辦理圖記一項，每顆需款應飭各該村公所攤繳。至監察員一項可派就近公安分局或分所人員前往監視，以資便捷，自無另開川資。惟應用飯食准由選舉村供給，在併入村花銷內分攤，但以普通飯食為限，不得需索美食，致滋苛擾。」〔註64〕

對於各村攤款，民政廳早已制定了攤款章程，規定：「按地攤派，應採屬地主義，以縣政府糧冊地數等為標準。地主自種者由地主擔負，招佃者如何擔負從其契約，無契約者依地方習慣。如村戶無地而有資財者得由村務會議議決酌量攤派」；「遇有全縣攤款時，除由商工各界擔負外，應按全縣地畝均攤，不得以村為單位，全區攤款時亦同」；「各村經常費用應於每年6月及12月各攤一次，其臨時用款隨時攤籌」；「未屆攤款時期以前，得按用款數目先行按戶預借，但須經村務會議議決」。〔註65〕

少數富裕村屯有村公產收入，還可以少量攤派以資彌補，而大部分貧苦鄉村村公費來源只能依靠村民攤款，雖然攤款章程中規定是「按地攤派」，但這實際上仍然無法減輕村民的負擔，因為按地攤派的實質僅是保證攤款能順利地得以收繳，而當時東北鄉村是以壯勞力為分地原則，孩童與老弱病殘者無地，所以按地攤派其實也是按戶攤派，只不過地多者多攤，地少者少派而已。

對於村財政，雖然有村監察委員會進行監督，但由於是「無給職」，其對村長副使用村公費情況很難限制。而在村制改革中發生諸多劃村紛爭，使大量村公費充作村長副訴訟費，而村民呈控又需攤派，既增加村民負擔又使縣政府纏訟不止。如鐵嶺縣發現該問題後向省政府呈報如下：「省政府頒發村制大綱內附各村攤款章程，規定辦法限制甚嚴，不容冒濫。惟自新村制施行以來，各屯因並村爭選種種糾紛不一而足，爭議既起，訴獄繁興，以致民戶攻訐村長副侵蝕公款冒濫支銷者有之，村長副呈控花戶擾鬧會務抗納會費亦有之，紛至沓來應付不暇。其村長副身允公職，因涉訟來城所有川資旅費概由會費支銷，乃花戶到縣攻訐村長副時一切花銷亦由攤派而來，兩造均恃款有所去一切花費不感困難，以致纏訟不息，迄無寧日，似此互相苛款浪費增加人民負擔荼毒閭里莫此為甚。縣長有見及此，擬定涉訟花費限製辦法四項，

〔註64〕《呈省政府為核飭洮安縣辦理村制事項花費如何抵補一案》，《民政月刊》，1930年第10期，第31頁。

〔註65〕《遼寧省各村攤款章程》，《東北政務委員會周刊》，1929年第39號，第14頁。

預為嚴行制止，以儆頑貪而紓民困。」對於鐵嶺縣擬定的辦法，民政廳認為「係為預防村民藉端纏訟耗費公款起見，辦法甚是」，並「准照辦理，通令各縣一體查照辦理，以示限制而杜訟端。」〔註 66〕鐵嶺縣所擬定涉訟花費限製辦法如下：

一、各村長副如因花戶擾鬧會務、抗納會款，不必來縣控究致耗旅費，盡可請由該區鄉農會轉請縣政府專案究辦，以免村會多耗公款而輕人民負擔。

二、各村花戶如因村長副侵佔會款、舞弊劣跡來縣呈控時，所有旅費及一切花銷無論訴訟勝敗概須原告人自備，不准回村按地攤派，違者重究。

三、各村長副如係因公訴訟非親身到縣不可者，所有川資旅費及一切正當花銷亦應撙節支用，事畢詳開清單連同單據回村報由村監察委員會公同核議，表決通過始准由公款動支核實報銷，否則仍須自己負擔，倘敢故違任意支用即以侵佔公款論。

四、各村花戶攻訐村長副，如係村長副理曲，除原告人仍須自擔自己花銷外，村長副川資旅費由村長副自己擔負，如原告之理曲，所有村長副一切花銷即須原告人賠償，不得抗違，違則重懲。

該辦法雖然以預防耗費公款、減輕村民負擔為出發點，但制定辦法之取向卻是袒村長抑村民。該辦法除第一條明確規定者外，其餘何者為「非親身到縣不可」，何標準算是「撙節支出」，均無明文規定，其對村長副公款報銷之限制力度如何便可想而知了。雖然該法可以有效打擊少數劣戶訟棍假公濟私行為〔註 67〕，但同時也無辜地打擊了大部分樸實理直的村民。因為呈控村長副侵吞公款等劣跡，維護的是全村村民的共同利益，對於貧苦村民而言由全村攤款並不為過，而該法卻將全村之公事強行化為呈控者之私事，增加其訴訟成本，必然打擊其揭發村長副劣跡的積極性。而揭發渠道受阻後，村長副侵

〔註 66〕 《呈省政府為核飭鐵嶺縣擬定限制各村涉訴訟花銷辦法文》，《民政月刊》，1930 年第 10 期，第 34 頁。

〔註 67〕 當時東北鄉村多有以訴訟謀私利者，如遼陽縣民夏萬好「性好訴訟，鄉里有此莠民實為害群之馬，其捏陷已構成刑事罪名，依法送交法院查辦。」詳見《呈省政府為據遼陽縣查明民人夏萬好控村長姜文愈挾嫌陷害縣長偏聽擅押一案情形文》，《民政月刊》，1930 年第 9 期，第 3 頁。

吞公款行為又無法單靠村監察委員會抑制，該辦法防耗費、減負擔的初衷也就自然無法真正實現。

面對在新村制實施中遇到的諸多問題，遼寧省不得不將村制大綱及各章程進行變通以利實施：「關於村制大綱規定各節應酌予變通。查新法，分割各自治區域一節，實行各級自治，首重人才之訓練及智識之普遍，本省各縣自治人才現在尚缺乏，遽議舉辦恐利未見而害先隨之，清末民初之覆轍可為殷鑒。該廳所請仍照本省現行辦法辦理，自係為因地制宜起見，惟現在各縣因劃並村莊、選舉村長、支配村費辦理未善，爭議迭起，呈控之案不一而足，即以村制三百戶以上者為獨立村，不及三百戶者聯合各小村為一村之規定，對於若干戶以下並未明定限制，推行能否盡利不無研究餘地。況各縣村莊形勢之廣袤互異，戶數之多寡不同，劃分配置貴在順勢利導，不宜強為牽就，致生事實上之窒礙。譬如三百戶以上者得為一村，係指一村人口而言，其不及三百戶或僅一二百戶者，如因形勢習慣關係不便與其他各小村聯合者，亦可單獨為一村以期適合。乃聞各縣竟強不齊而使之齊，或竟限定均以五六百戶為一村，為村長者儼同從前區長戶數。雖屬劃一，實際殊多流弊，事關自治基礎，究以如何明定區劃為宜，自非審查各縣實際情形斟酌損益不足以便實施，而期妥善。再舉辦村政，人才經費均為要著，村長應如何訓練選委使其程度提高，村費應如何統籌減輕人民負擔，必此數者首先規劃妥協準備完全，然後方可舉行，實行日期不能過於迫促，致有欲速不達之虞。」〔註68〕

1930 年 8 月，遼寧省民政廳對已辦理新村制八個月之久的各縣進行考覈，並限令於 9 月 1 日前必須辦理完成，而此時早已超出村制實施程序時間表規定的期限達半年之久了。「至今日關於表列事項辦理完成者僅有遼中、綏中、安圖、輝南、金川、洮南、遼源、安廣、東豐、臨江、義縣、新賓等 12 縣，其餘多未完成，尤以黑山、盤山、錦西、岫岩、鎮東、雙山等六縣已否舉辦竟無隻字具報。就各該縣辦理情形分別酌加獎懲，以重村政而儆疲頑。查核已完成之遼中等 12 縣傳令嘉獎，已辦未完之瀋陽、遼陽、營口、海城、蓋平、鐵嶺、開原、西豐、西安、錦縣、新民、北鎮、興城、臺安、復縣、安東、興城、寬緬、通化、桓仁、輯安、長白、撫松、撫順、本溪、海龍、柳河、莊河、清原、昌圖、懷德、開通、梨樹、康平、洮安、法庫、彰武、通遼、

〔註68〕《呈省政府為遵令核覆各縣劃並村莊選舉村長支配村費各節業經妥擬辦法另呈文》，《民政月刊》，1930 年第 10 期，第 35 頁。

瞻榆、突泉等 40 餘縣，雖據呈報進行，惟迄未辦理完竣，殊嫌遲延，姑先從寬申斥，以示薄懲。至始終未報之黑山等 6 縣，漠視功令玩忽要政，各予記過一次，照章扣俸，以示懲戒。以上已辦未完及未報告各縣，無論現在已辦至如何程度，均限於 9 月 1 日前一律按照前發程序表克速辦理完成，倘再逾延定予呈請從嚴懲處。」〔註69〕

　　本來預計兩個月完成的村制，結果八個月尚未最後辦竣，可見即便是考慮了東北特殊情形而制定的村自治法規，仍然無法完全適應東北的情況，說明國民黨以其實際控制的江南各省為藍本制定的法律法規還不具有全國普遍性，東北地方政治制度的國民黨化顯然只能是掛羊頭賣狗肉式的，以國民黨法規為外衣，以東北舊有習慣法為內容，即東北地方政治制度的發展方向，實際仍處在奉系政權的掌握中。

二、奉系對東北經濟資源的保護

　　對於民國時期的地方實力派來說，要想維持並增強自身集團的實力，其根本無外乎對人才與財政的掌控。奉系自然也是如此，對於該兩項前文已有論述，但主要是從東北政委會與國民政府和東北各省政府關係的角度加以闡釋，而對於奉系政權如何維護關係其財政命脈的經濟資源並未談及。參與經濟資源爭奪的列強在東北的經濟勢力，以日本為最大，其次是蘇俄，此外還有英、美、法、瑞典、丹麥等國。〔註70〕日本和蘇俄對東北的經濟侵略均以鐵路為主要目標，即分別以南滿鐵路和中東鐵路及其附屬地為中心。

　　為了對抗南滿鐵路與中東鐵路，在張作霖時代時，奉系就積極籌建東北自己的鐵路網，以打破日蘇對東北鐵路運輸的壟斷與控制。這一努力直到張學良時期才告基本完成，形成了東西兩條幹線，與南滿鐵路平行的鐵路網，吉林、黑龍江兩省的大量物產可以順利地通過北寧鐵路運往關內，大大減小了對南滿鐵路和中東鐵路的依賴。〔註71〕1930 年，東北交通委員會又在東北

〔註69〕《訓令各縣為遵令考覈各縣辦理新村制情形酌加獎懲一案》，《民政月刊》，1930 年第 11 期，第 4 頁。

〔註70〕日蘇等國在東北的經濟勢力比較及在各行業分佈情況，可參見孔經緯：《東北經濟史》，四川人民出版社，1986 年，第 310～313 頁。

〔註71〕東幹線為奉吉鐵路，由京奉、奉海、吉海等鐵路構成；西幹線為奉黑鐵路，由京奉、打通、四洮、洮昂、昂齊、齊克等鐵路構成，兩幹線均以京奉鐵路為基礎聯絡關內鐵路。張作霖時期的鐵路計劃參見馬尚斌：《奉系經濟》，遼海出版社，2001 年，第 115～116 頁。

已有東西幹線鐵路網基礎上制定了以葫蘆島港為中心的東西南三大幹線計劃，延長原東西兩大幹線至吉黑腹地和邊陲，同時新建遼熱平鐵路，如此不僅可以加大吉黑物產向關內的運輸量，打擊南滿鐵路和中東鐵路，更可以葫蘆島港打擊大連港。〔註72〕然而日本還企圖越出鐵路附屬地和商埠地，圖謀利用華人和韓人謀取東北腹地的土地資源〔註73〕，亡我東北之心更甚。

1、韓人入籍問題與奉系對日本奪取東北土地資源的抵制

奉系政權的財政主要來源於稅收，而在各種稅收之中田賦所佔比例很大〔註74〕，加之農林牧礦等各行業無不依賴土地資源，既涉及稅收等利權，又事關國家主權，所以奉系對日人奪取東北腹地土地資源的陰謀非常重視。奉系政權曾多次密令各縣嚴禁私賣私租土地與外人行為，如易幟前 1927 年 11 月奉天省長公署曾密令各縣：

> 查不准外人租用土地，久經懸為屬禁。近聞日人準備大宗資金，假手於駐在金州之華人在遼海一帶及蒙邊各縣購買多數土地，為大規模之經營以實行其拓殖之計劃，如果屬實則妨害主權影響於東省地方至為重大。……責令將此事利害密向村民說明，切實禁止，一面嚴密訪查，並由區長區官出具負責切結。此後如查有以土地直接、間接賣給外國人或甘為外人作倀者，立即報告本省長不惜盡法懲治。倘各區長等查禁不力或扶同隱瞞，一併嚴重懲處。〔註75〕

<hr>

〔註72〕東大幹線：從葫蘆島海港起，以北寧、沈海、吉海鐵路為東大幹線的基礎，從吉林向北經五常、方正、依蘭、富錦、同江，終點至綏遠（今撫遠），計劃全長為 1623 公里；西大幹線：從葫蘆島海港起，以北寧路的打通支線、四洮路的鄭通支線和鄭洮幹線、洮昂路、昂齊路、齊克路為基礎，從齊克鐵路向北經訥河、嫩江，終點至黑河，計劃全長 1549 公里；南大幹線：從葫蘆島海港起，以北寧鐵路的錦朝支線為基礎，從海港至金嶺寺，在向北經過朝陽、赤峰、圍場，終點至多倫諾爾；另一條幹線從朝陽向西經過承德，終點至北平，修築第二條關內外鐵路幹線，南大幹線全長 1135 公里。詳細計劃見馬尚斌：《奉系經濟》，遼海出版社，2001 年，第 117～120 頁。

〔註73〕日本利用華人掠奪東北土地資源的方式主要有「租賃」和「合辦」，參見孔經緯：《東北經濟史》，四川人民出版社，1986 年，第 329～337 頁。

〔註74〕田賦占全部稅收比例：遼寧省約 1/10，吉林省與黑龍江省約 1/5。參見東北文化社年鑑編印處：《東北年鑑》，東北印刷局，1931 年，第 828、839、849 頁。

〔註75〕《奉天省長公署為嚴禁將土地賣與日人給各縣知事密令》（1927.11.4），遼寧省檔案館編：《奉系軍閥檔案史料彙編》⑥，江蘇古籍出版社，1990 年，第 620 頁。

再如易幟後 1929 年 3 月東北邊防軍司令長官公署咨請遼寧省政府飭令各縣查禁私賣土地行為：「據探報，各縣人民對於所有土地仍有私自租與外人或賣與外人等情，似此辱國喪權殊堪顧悉，應請貴政府轉飭各縣從嚴查禁，以重國土而免交涉。」〔註76〕

奉系雖屢次嚴令查禁，然而效果並不顯著。為了有效禁止華人私賣私租土地給日人，奉系政權隨後準備制定《盜賣國土懲治條例》，以法律對私賣私租行為加以禁阻。如 1929 年 7 月 30 日，金縣發生日人強買土地情況後，遼寧省國民外交協會就曾議決，印製《盜賣國土懲治條例》散發金縣人民，〔註77〕並致電遼寧省政府，「懇乞鈞府將盜賣國土懲治條例，迅予公佈」〔註78〕。1930 年 1 月中旬，遼寧省農礦廳為撫順縣民舒玉文盜賣國土與日人該如何懲處，向遼寧省政府請示辦法：「對於該舒玉文究應如何懲辦之處」，「職廳未敢擅議，至於以後對於盜賣國土案犯，在此單行條例向未制定公佈以前，並應如何辦理之處，呈請鑒核示遵。」對此遼寧省政府指令：「據查明該民舒玉文盜賣國土殊屬膽玩已極，應即轉飭撫順縣先將舒玉文暫行看押，一面由縣將界外之地妥為交涉收回，一俟盜賣國土懲治條例奉令核准到府，再行核辦。」〔註79〕而且根據日方資料，東北政務委員會於 1929 年 8 月制定了《盜賣國土督辦條例》〔註80〕，於 1931 年 5 月又制定了《盜賣國土懲罰法》，並頒到各省政府飭令查禁。〔註81〕可見當時東北政委會確實在研究制定懲治盜賣國土的單行條例。

〔註76〕《奉天省政府為將東北邊防軍司令長官公署查禁將土地私自租賣外人致各縣代電》（1929.3.19），遼寧省檔案館編：《奉系軍閥檔案史料彙編》⑧，江蘇古籍出版社，1990 年，第 235 頁。

〔註77〕《遼寧國民外交協會工作日誌》，《國民外交周報》，1929 年第 2 期，第 13 頁。

〔註78〕《請省政府頒佈盜賣國土懲治條例電》，《國民外交周報》，1929 年第 12 期，第 27 頁。

〔註79〕該案詳情亦詳見《遼寧省農礦廳為據撫順縣報查明舒玉文盜賣國土究應如何懲處給省政府呈》（1930.1.18），遼寧省檔案館編：《奉系軍閥檔案史料彙編》⑨，江蘇古籍出版社，1990 年，第 514 頁。

〔註80〕條例名稱差異是由於中日文互譯造成的，有關遼寧省國民外交協會及懲治盜賣國土的單行條例之內容參見本書第七章第二節相關內容。

〔註81〕〔日〕水野明著，鄭樑生譯：《東北軍閥政權研究——張作霖、張學良之抗外與協助統一國內的軌跡》，臺北：國立編譯館，1998 年，第 308～309 頁；《遼寧省政府國土盜賣懲罰標準制定》，日本外務省編：《日本外交文書》，昭和期 I 第 1 部第 5 卷，1994 年，第 88～89 頁。

　　然而儘管盜賣國土案不斷，加之遼寧省國民外交協會要求政府公開頒佈懲治條例，但奉系始終沒有公開該法規，甚至否定存在該法規。1931 年 8 月 15 日，最高法院東北分院致遼寧省政府函：「查盜賣國土行為，前聞貴政府曾定有禁令及單行章程等項，未知是否屬實，確有前項文件務希錄案移送一份過院，以供裁判上之參考。」然而遼寧省政府的回覆卻是：「查本府並無此項禁令及單行章程，無憑錄送。」〔註 82〕不僅否定存在懲治盜賣國土行為的單行法規，連前述飭令各縣查禁盜賣國土行為的密令也一併否定。可見上述密令與法規的秘密性質，然而僅限於行政系統而無法在司法系統實行的秘密法令顯然無法有效遏制華人私租私售國土的行為。

　　儘管如此，但是從全國範圍內來說，奉系的這部秘密法規還是有其意義的。當時的中國，華人私租私售國土與外人的情況時常發生，然而國民政府並沒有一部規範華人處置土地行為的法規出臺。國民政府研究私租私售國土者如何懲治的問題要比東北遲的多，是在 1933 年，起因於國民黨湖南省道縣黨務整理委員會有關該問題的呈。國民政府的研究經過及決定的制裁辦法如下：

　　　　奉行政院訓令開，……據道縣黨務整理委員會呈稱，查內地居民有以國土售與外籍僑民或外國教徒者，政府應否予以制裁，法律有無是項規定：又外人向內地居民租賃土地者，應否呈由當地政府批准，其手續如何，法令有無是項規定。……奉批交行政院查覆，……準此經交內政、外交、司法行政三部會同核議，旋據覆稱，案經三部會同核議，僉謂外人在內地除教會得用教會名義依《內地外國教會租用土地房屋暫行章程》租賃土地外，並無租賃土地之權。至內地居民有以國土售與外籍僑民或外國教徒者，除撤銷其轉移外，對於售地人似應酌予以行政處分。惟現行法令並無若何規定，究竟應否處分及如何處分應請均院核示等情。經提出本院第一一三次會議，議決交內政、司法行政、外交三部，南京市政府及本院政務處會同審查具覆在案。……

　　　　附原審查記錄

　　　　……

　　　　審查結果：內地中國人民移轉土地於外國人民或違背《內地外國教會租用土地房屋暫行章程》轉移土地於外國教會者，原則上應

〔註 82〕《最高法院東北分院函調取盜賣國土單行章程》（1931.8.17），奉天省長公署檔，JC10-1-17092，遼寧省檔案館藏。

予制裁。但現行法並無規定，似應另經立法程序訂定法律，規定制裁辦法。惟此項辦法對於各方情形必須兼籌並顧，非短時間內可以制定，在該項法規未制定以前，似應由行政院嚴令各省市政府轉飭各地方政府嚴屬執行《內地外國教會租用土地房屋暫行章程》，如遇有中國人民違背該章程或條約私自轉移土地於外國教會或人民者，應由地方政府斟酌情形妥慎辦法咨內政外交兩部以備查核。〔註83〕

國民黨地方黨部與中央黨部，行政院及有關各部似乎都不願制定制裁辦法，雖然最後由行政院及有關各部會同審查決定了要經立法程序制定法律，即把問題推給立法院，但在法規未出臺前如何辦理仍未作具體規定，僅是將問題推給地方政府，讓其「斟酌情形妥慎辦法」。中央政府都無良策，地方政府就更難有妥慎辦法了。相比於國民政府直到 1933 年仍未出臺任何法規與政策，奉系地方政權卻制定了《盜賣國土懲治條例》，雖然只是並未公開實行的單行法規，但卻是規範華人處置土地行為的首部法規。這當然與東北所面臨和承受的外來侵略壓力更大有關，但不可否認在抵禦外來勢力謀取中國土地資源的問題上，奉系還是走在了國民黨和國民政府的前面。

　　對於日本利用華人謀取土地，奉系採取了制定法規對華人進行嚇阻的對策，而對於日本利用韓人入籍謀取土地，奉系則針對韓人入籍程序進行限制，阻其入籍，加以抵制。日本企圖利用韓人侵略東北的陰謀，國民黨於 1929 年春便接獲報告，並立即將該情報通知了奉系，〔註84〕以為防備。而與此同時，奉系對於日本移民東北計劃也得到了其情報機關的密報：

　　　　據公安管理處呈，……日本……對於滿蒙移民及其他政策、侵略計劃均有特別之討論……聞其最要者則為最先施行其對滿移民政策，其初步辦法由山本社長歸滿蒙提倡組織滿洲移民農業會社，基本金由政府撥發金票五千萬元。該會社總部設於大連，其他南滿沿線，

<hr />

〔註83〕《省令發內地居民以國土售與外人之制裁辦法》，《福建省政府公報》，1933年 8 月 3 日，第 339 號，「要件」，第 2～4 頁。

〔註84〕「據通化縣黨務指委會呈稱，職會最近據韓國人李本山、金光玉、安義順、金秀媛等報告，日本帝國主義者侵略滿蒙最近方法有二：（一）使朝鮮人為先鋒隊，雜居滿蒙，然後日本人再由朝鮮繼續進至滿蒙，（二）使其走狗亦朝鮮人得中國國籍，混入本黨以資破壞。職會接見報告之後，深恐發生意外，應如何制止，呈中央執委會。」《遼寧省民政廳為嚴防日本利用韓人侵略滿蒙的密令》（1929.4.10），遼寧省檔案館編：《奉系軍閥檔案史料彙編》⑧，江蘇古籍出版社，1990 年，第 302 頁。

如奉天、營口、遼陽、安東以及北滿之長春、哈爾濱、延吉等處均設置支部。其宗旨擬以多金訪買中國人田地房產或以輕利息借貸與華人，惟須有田地房產契約爲抵押品，始能有效，以將田地房產吸爲己有，而實行移民兼擴充滿洲農業計劃，預定該會社成立三年後可由日本及朝鮮内地移來滿洲日鮮農民二十萬人。關於農事擴張之計劃首注重稻田，茲因近年日本朝鮮内地稻田歉收，民食軍糧均行缺乏。比移民擴農計劃實行後，其移民政策不但爲願即與民食軍糧亦有莫大之利益補助，日本陸軍省呈准政府擬以此次移民耕獲之稻糧運入國内存儲，以備將來對外戰事之準備三個年間足用之軍糧。滿鐵社長山本條太郎業將該移民農業會社内部組織完竣，其自兼任總裁之職，委佐野正雄爲總理事長，並委曾在滿洲一帶充任日本警察官吏及滿鐵職員之高橋信、北村野三太郎、光谷、中村、野田、尾崎、作忠、川賢、林村貞二、阿部扈三等十人爲理事，分赴組織支部事宜。此外聘用曾充大連西崗子日警署巡捕之邵貴呂、金州日警署巡捕王滿堂、復縣流氓高曉樓、前營口警察廳翻譯李鴻遠、遼陽縣人楊健中、長春人沈忠祺、吉林雙城人劉樂洲等爲介紹委員，月金一百五十元外，並酌給置買地房每起獎金二三百元不等，而日方利用此項華人冒名購買田地房產或由彼等介紹買入或典押。查此批華人多係流氓與各縣士紳土豪惡霸，又一般無業流民，有聯絡一旦充任斯職，則與日本移民政策之進行實有莫大利益之補助，遺害我國非淺等情。〔註85〕

對此遼寧省民政廳認爲「此種移民政策若非預籌制止，將來滿蒙隱患殊屬堪虞」，並指令各縣「認眞調查隨時具報」。偵得日本移民計劃後，奉系對於日本在東北涉農行動均格外注意，並加以制止。如南滿鐵道株式會社請求在營口縣調查農產一事：「據營口縣呈報，……查調查農產事關年成豐歉，固無所謂秘密，然亦無宣佈之必要，乃彼方事不於己竟亦注意，其爲別有用心，殆可想見，應請准如該縣所擬予以拒絕……密令各縣一體遵照，俾免分歧。」〔註86〕對此，

〔註85〕《遼寧省民政廳爲認眞調查日本政府計劃由日本和朝鮮向東北大量移民的密令》（1929.4.15），遼寧省檔案館編：《奉系軍閥檔案史料彙編》⑧，江蘇古籍出版社，1990 年，第 306 頁。

〔註86〕《遼寧省政府爲拒絕日本南滿鐵道株式會社調查農產給各縣密令》（1929.7.25），遼寧省檔案館編：《奉系軍閥檔案史料彙編》⑧，江蘇古籍出版社，1990 年，第 547 頁。

遼寧省政府也認同交涉署和營口縣意見，並密令各縣「一體遵照」。

而就在國、奉分別偵得日本利用韓人華人謀取土地移民東北侵略計劃的前夕，剛發生了韓民代表團崔東昕等呈請解決東三省韓民歸化問題一案，顯露了日本陰謀利用韓人之企圖。關於韓人入籍問題的應對，東北政委會令飭遼寧省會同吉林省切實詳覈妥議辦法。對該案，遼寧省政府認為：

> 日本侵略中國方法大致有三：（一）武力。……此方法已不甚適
> 宜。（二）經濟力。分為兩種：甲，工商業。……乙，金融權。……
> 此宜一方從根本研究補救，一方從政治上入手抵制之。（三）民族自
> 然力。即韓人被日本種種政策之壓迫自然趨入中國是也。今就此問
> 題單獨研究之。韓人流入中國於中國國計民生無重大關係，惟於國
> 權上關係甚大，其原因乃在領事裁判權方面。領判權未裁廢以前，
> 日領對於韓人一律適用，韓人所到地方即日本領判權所到地方，亦
> 即中國主權喪失地方，可謂有百害無一利之事，但使吾人力所能及，
> 自宜以不准流入為確定不移之宗旨。

> 韓人歸化中國與不歸化並無區別，其結果不過成一種復國籍
> 人，因日政府並不認其出籍也。此項韓人反可於中取巧，欲享權利
> 則稱中國人，欲得外援仍稱韓人，以引起日方干涉。依此言之，與
> 其許可歸化無寧不許之為愈也。……韓人為我舊屬，我失其保護以
> 致並於日本，今不勝日方虐待仍求生活於祖國，我義不當摒棄，使
> 無所歸，此就中韓歷史關係言之也。日本地狹民稠，將空韓地以殖
> 日人，驅韓人以入中國，我不收容於日方實不利益，日方之欲我收
> 容有必然之隱表，此又就日方言之，亦日方之弱點也。我倘利用此
> 弱點與日方為下列之提議，似有可能性：

> 一、韓人旅居中國者，我視為無國籍人，日方對之放棄其領判權，
> 　　一切均不得干涉。韓人歸化中國者當然脫離日本國籍，如此
> 　　則我對於韓人之入境可取放任主義。
> 二、倘日本對此項提議不肯承認，則我對於入境之韓人照約一律
> 　　取締之。

> 日本之視韓人採用於日本人，我自應一律辦理，照約日人旅行
> 中國至通商口岸以外地方須有日領所發經中國官府簽字之護照，並
> 先期行知中國地方官方能前往，否則我方查無護照進入內地者可即

拘送日領館懲辦。今韓人入境從不照行此種辦法，日領向不過問，更無簽照之可言，是可證明日本之待遇韓人原不同於日人也。……日雖狠毒，於其棄民未必不欲我之收容，況其利用我之收容乎。據此提議當有可能性，……上述提議日方如肯承認，則韓人入境於主權既無所損，可不必嚴加取締，審核歸化亦可取寬大主義，崔東昕等請願之事尚有研究餘地。但日方意不可測，將藉韓人為前鋒行其侵略政策，此種提議焉能承認，……如其絕無磋商餘地，則我方亦應將下列事項乘勢聲明：

一、日方既視韓人同於日人，則韓人旅行中國，凡至商埠百里以外地方自應一律照約先由日領發給護照，經我方簽字然後通行保護。

二、凡在商埠百里以外地方無護照之韓人，我方照約一律罰辦，或拘送就近日領懲辦，送回本國。

三、凡非通商口岸，無論有無護照，均不准外國人居住營業。

　　此項聲明乃將條約已有規定及吾國向來慣例久經各國公認之事，重新申明，促其注意。日方應無反對理由，以後實行照此庶免臨時誤會。而實行方法亦有研究，因韓人雜居東省者以數十萬計，事實上焉能悉數拘送，且恐操之過急，滋生他變，尤不能不通盤籌劃，似可依下列方法進行：

一、清查已往嚴禁將來，凡現有韓人雜居地方切實查明造具詳冊，以後只准退出不准增入，凡現無韓人地方概不準有雜居之事。

二、斟酌所在地情形，凡現有韓人其勢可以立時驅逐或拘送日領館時，以不至釀生他變為限，務必竭力辦理，儘其排除能事。

三、密令地方官對於現有韓人不予以實際上保障，按照條約華洋訴訟，華人為被告時，歸中國審判，此事自可辦到，藉促韓人自行退去。

四、將驅除韓人問題進行方針責成各地方官辦理，特定一種考成條例以防疏辦。

　　以上所舉不過進行方針，其詳目自可於實施時切實規定，如此則為虎作倀之韓人或免將來隱患。

按現狀言，韓人雜居東省雖已受病不淺，尚不至不可收拾。今以屬行驅除為目的，其結果作退步想，縱不能驅除有效，而禁其增入一節似可辦到。然非趕緊設法切實辦理不可，……專將韓人戶籍注意實行尚未難能之事，其居處邊移生死變動如能切實特為編查按冊稽考有減無增，桑榆非晚載可補救，若疏忽其為患恐有甚於今日者矣。〔註87〕

遼寧省政府認為日本侵略中國無外乎三種方法，但並不認為日本將以武力侵略中國，認為「此方法已不甚適宜」，顯然是戰略研判的重大失誤。而且認為「就中韓歷史關係言之」，「韓人為我舊屬」，「我義不當摒棄，使無所歸」，可見東北仍存在濃厚的宗藩意識。儘管存在上述問題，但就韓人入籍問題的研究而言，還是看到了該問題的實質即領事裁判權問題，只要日本不承認韓人出籍，則「領判權未裁廢以前，日領對於韓人一律適用，韓人所到地方即日本領判權所到地方，亦即中國主權喪失地方」，同時所擬定的上述限制對策也是頗具可操作性的，將韓人分為出日籍與否兩種情況，出籍者視為無籍人或中國人對待，未出籍者一律視為日本人對待，以此將韓人納入條約體系內約束，以達到限制韓人入籍抵制日本侵略的目的。

遼寧省在確定了對待韓人入籍問題基本對策後，為了詳細制定限制方法決定召開遼寧省行政會議，召集各縣縣長與會共商。「各縣長身任地方，對於韓僑居住情形平日行動必能洞悉，綦思面加詳詢，共議取締，以期合轍而利進行，此文學召集行政會議之所由起也。故當召集之始，限令舊東邊洮昌道區邊遠各縣均須親來出席，迨開會議即密提取締韓僑辦法及清查農民私將地畝典賣租押與外人兩案交付討論，幾經審查修正眾議，檢同將取締韓僑辦法一案議決通過，其從前公佈之管理雇傭韓僑墾種稻田辦法亦復提出研討加以修正，至清查私自典賣租押土地與外人一案，決議另訂檢舉辦法。此外柳河等縣復提性質相同者三案，亦皆同係重要，一一通過。此項秘密各案，匪特為此次會議之中心，抑亦關吾遼之至計」。陳文學提到的該五個密案為民政廳交議的「取締韓僑辦法案」和「清查農民私將地畝典賣租押與外人案」，柳河縣長提議的「韓僑學校收歸我國辦理以杜交涉而

〔註87〕《遼寧省政府為限制東省韓僑入籍問題給黑龍江省政府咨覆》（1929.7.29），遼寧省檔案館編：《奉系軍閥檔案史料彙編》⑧，江蘇古籍出版社，1990年，第562頁。

資利用案」和「韓僑所有之槍械宜根據協定辦法一律沒收案」，以及懷德縣長提議的「已入籍僑民使之同化案」。〔註88〕其中取締韓僑辦法案詳列如下：

　　　　爲秘密交議事，……乃查各縣居留韓人逐年有增無減，而一般貪利莠民則將地畝照舊租押耕種，仍假託雇傭名義，藉圖掩飾，若不嚴切取締，後患何堪設想。茲特另擬取締韓僑辦法提付公決，……決議通過先行密呈省政府核示。

　　　　遼寧省取締韓僑辦法。

　　　　各縣現有之韓人實在數目與狀況必須徹底清查，應由各縣長劃分區段於所屬公安局分局長或局員中指定專員面授機宜，酌定限期，責令會同當地村長副按照左列事項逐一查明。

　　　　1. 韓人姓名；2. 男女人數；3. 居住地點；4. 已否入籍；5. 領有僑居遷移證者若干人；6. 未領僑居證書者若干人；7. 各該韓人現在職業（如租種水田旱田或其他營業）；8. 租住房屋若干間；9. 地主及房主姓名住址；10. 該韓人耕種地之坐落及畝數；11. 地內有無該韓人建築物；12. 地主與韓人有無締結契約；13. 是否實行改租爲雇；14. 如係租約原定期限若干年；15. 現已經過幾年；16. 契內中保人姓名及其住址；17. 地主原得租價若干或雙方議定分劈稻糧概數；18. 雇主與雇工現訂工資價目並是否以糧代資。

　　　一、東邊各縣爲適用雙方商定辦法區域（此辦法係民國十四年所定，普通稱爲協定，下文即簡稱爲協定。）

　　　經此次清查以後除呈報外應依下列方法辦理：

　　　（甲）凡已領有僑居證者，如有正業確爲安分良民，應驗明原證，另行換發，否則即撤銷原證，設法驅逐出境。

　　　（乙）凡有未領僑居證者，如有正業，確係安分良民應補發僑居證，否則設法驅逐出境。

　　　（丙）凡已領證僑居之韓人，應依協定施行細則之規定，按照清鄉章程實行互保連坐。

　　　（丁）凡已領證僑居之韓人，其所種地畝不論水田旱田，如係

〔註88〕後四件密案詳見《遼寧省民政廳爲報送五件議決密案給省政府呈》（1929.12.24），遼寧省檔案館編：《奉系軍閥檔案史料彙編》⑨，江蘇古籍出版社，1990年，第311～316頁。

租種立有契約者，應密傳該地主勒令自行設法取消改爲雇傭，暫以一年爲限，請領雇傭證，其取消之契約仍飭繳呈由縣驗明註銷；其原無租種契約者應密傳該地主，勒令自行設法退租，必不得已亦准其改爲雇傭，請領雇傭證。以上各地主如有抗延不遵，即予嚴押並將該地強制查封沒收充公。

（戊）凡已領證僑居之韓人，如係租房營業立有租約者，應秘傳該房主勒令期滿收房，不准續租，將原租約繳呈由縣註銷；其原無租約者，則勒令該房主設法退租收房。該房主如抗延不遵即予嚴押懲辦。

（己）凡領有僑居證雇傭種地及租房營業之韓人，除按照清鄉章程實行互保外，並須由地主房主負責具結作保。

（庚）以上各韓人如有遷移，應飭隨時報告該管村長或警區轉報縣政府填發遷移證，否則由遷移之地方查明送回原僑居之地方，追繳其僑居證及雇傭證，驅逐出境，並惟原保之地主或房主是問。

（辛）前項應發之僑居證向歸警務處製備，由公安局請領填用，嗣後應改由各縣政府領用填發照章收費，遷移證亦由縣政府照章製備填給酌收工本費。以上僑居證及遷移證均須照章貼用印花。

二、內地各縣（即除東邊各縣而言）不適用協定辦法，經此次清查以後除呈報外應依下列方法辦理：

（甲）對於現在所有之韓人不發僑居證及遷移證。

（乙）對於種地之韓人，凡係私租未經改爲雇傭者，不論有無契約，應嚴傳該地主勒令設法退租遣送出境，不准改爲雇傭。該韓人如不允退租，准地主呈明由縣驅逐出境，該地主如抗延不准，即予嚴押並將該地強制查封沒收充公。

（丙）凡已改爲雇傭之韓人，領有雇傭證者應傳該地主到縣勒令期滿解雇遣送出境，不准繼續，其尚未領用雇傭證者飭傳該地主姑準給領，但只以一年爲限，限滿亦勒令解

雇遣送出境，不准繼續，如該韓人不允解雇及該地主抗
延不遵即按照乙項規定手續辦理。

（丁）凡雇傭之韓人應由地主負責具結作保。

（戊）如有租房營業之韓人，不論有無契約應密傳房主勒令設
法退租收房，如該韓人不允或該房主抗延不遵即按照乙
項規定手續辦理。

三、各縣此次實行清查時，如發現韓人藏有槍械軍器及其他違禁
品者應立時逮捕，東邊各縣則依照協定辦理，內地各縣則解
送交涉署核辦。

四、此次實行清查後，各縣應秘密召集各士紳及農會、公安局官
吏、各村長副秘密宣佈面諭，屬於東邊者以僑居證人數為
限，屬於內地者以領有雇傭證人數為縣，此外無論何人何時
不准再有添雇或將房屋給租，違則一經查明或被舉發即予嚴
押並將地畝房屋沒收充公，前項舉發人應於沒收充公之房地
先行估價提給二成充賞以示獎勵。

五、各縣對於雇傭之韓人應依照修正管理雇傭韓僑辦法切實辦
理。

六、凡屬雇傭之韓人不准集會、結社及設立學校。

七、各縣自經此次實行清查以後，對於所有之韓人仍應責成該管
公安官吏會同各村長副隨時監察，並按月查報一次彙報民政
廳查核轉報。

八、各縣於此次清查時對於已經入籍之韓人應另行列表呈報。

九、凡已入籍之韓人應勒令連同家族一律改裝中服，用中國語言
文字，遵從當地禮俗，子弟並須入中國學校，無論何時不准
再服韓裝用韓文字及其子弟回國或入韓人學校，違則取消其
入籍，驅逐出境。

十、如有請求入籍之韓人，應先令其呈驗該國允許出籍證書，並
覈其是否與國際法條件相符，再為據情呈請核辦。

十一、各縣按照本辦法處理韓人案件，應隨時專案呈報民政廳查
核。資數目，上工年月，雇傭期限，工作住所，稻田畝數坐
落，均詳細開明報由該管村長副報告公安分局轉報縣政府，

候由縣確切查明核准後，填發雇傭韓僑證，方准雇傭，一面由縣轉行各分局查照，一面仍由該稻戶分報該管水利分局備案。

十二、前條雇傭韓僑之期限至多不過一年。

十三、前條由縣填發之韓僑雇傭證每韓僑一名發給一張，每張收費現洋五元，印花一元，由稻戶負擔繳納具領，轉給此項雇傭證由省政府頒定樣式。

十四、受雇傭之韓僑責成稻戶隨時監察，如認爲有妨害秩序或滋擾情事時由稻戶及互保鄰祐人等或該管公安官吏村長副等查出應立時報告縣政府隨時解除其雇傭，取消字據，追繳雇傭證，勒斥出境。倘稻戶扶同隱匿包庇，互保鄰祐人等默不舉發，該管公安官吏及村長副疏於查報，由縣一律重究。

十五、受雇傭之韓僑，如違背雇傭字據或怠於工作或有其他不法行爲時，亦得由稻戶呈報縣政府隨時解雇取消字據，追繳雇傭證，如有不服即予勒斥出境。

十六、縣政府對於稻戶雇傭之韓僑，如認爲必要時得隨時飭傳該稻戶勒令將該韓僑立予解雇，按照前條辦理。

十七、凡受雇傭之韓僑，不准藏帶槍械軍器（但鳥槍不在此限），及違禁物品，一經查出或被舉發，由縣政府隨時逮捕驅逐並解除其雇傭，取消字據，追繳雇傭證。

十八、凡受雇傭之韓僑，應隨時受該管公安官吏及村長副之檢查。

十九、凡受雇傭之韓僑，如係已經入籍，而查明確不跨籍者，應換著中國服裝以便工作。

二十、凡受雇傭之韓僑，不准於住所私自容留閒人，並不准自行轉雇傭他人，亦不准集會結社設立學校。

二十一、凡受雇傭之韓僑，如因事必須外出，須先報名稻戶及該管公安官吏村長副之許可。

二十二、本辦法如有未盡事宜得隨時增訂修正之。〔註89〕

〔註89〕《遼寧省民政廳爲報送五件議決密案給省政府呈》（1929.12.24），遼寧省檔案館編：《奉系軍閥檔案史料彙編》⑨，江蘇古籍出版社，1990 年，第 311～316 頁。

上述取締韓僑辦法，前七條是對未入籍韓人的各種限制，以停止韓人入境並驅逐未入籍韓人出境爲出發點；後十餘條則是對已入籍韓人的各種限制，以約束和同化已入籍韓人爲出發點；而對於請求入籍之韓人，要求必須呈驗日本允許出籍證書，而實際上這是韓人根本無法取得的，因爲任何國家法律均無出籍證之規定，而且即便日本有此規定爲了領事裁判權利益也不會發給該證。所以該取締韓僑辦法的確名副其實，概括而言其核心思路是關閉入籍之門，驅逐未入籍韓人，停止韓人入境，約束與同化已入籍韓人。

　　然而對於遼寧省應對韓人入籍問題的辦法，吉林省卻並不完全贊同：「查貴政府提案用意於韓僑歸化嚴予限制，以杜弊混，實洞察此中病結，爲東省對韓之要計，本省極端贊同。惟對於韓民歸化各手續上核與吉省向來辦法頗有異同，事關三省大局，討論不厭求詳，因於上月 30 日（10 月 30 日——筆者注）提交本省政委會，根據貴省從嚴限制主義，仍於手續方面徹底研究，經各委員一致決議陳述意見，密呈東北政委會核議定奪咨部接洽並請分令遵行，以期一致應付。」〔註90〕吉林省密呈東北政委會的意見如下：

　　　　韓民前來東省爲數號稱百萬，而歷史地域條約事實等種種關係，其中複雜糾紛實爲方今國際間所罕見。……不過輾轉根究，必以韓民歸化問題爲本案之重心，……遼吉兩省對於韓民請願歸化在手續上已微有異同，遼省則取嚴格主義，吉省則採懷柔政策。究之無論主義政策如何，推闡至盡，均不能無困難之點，蓋應付韓民非應付背影之日本〔不可〕，〔否〕則其變化操縱，稍一疏略，即爲所乘也。

　　　　日前準遼寧省政府密咨，……主張韓民歸化須先領日本出籍證書，許可證收費應定爲二十二元，一年一換，換必照章收費。其理由以韓民歲有增加，其背影有日人操縱，爲國防民生起見，是以取嚴格主義特別限制等因。查來咨辦法在精神上絕端贊同，本省一切對待韓民向亦從限制入手，爲請願事件以按照吾國國籍法嚴格審查爲斷，此則與遼省先領出籍證書辦法略有寬嚴之別。其所以不同之故，蓋自日韓合併以後，日本政府迭經聲明鮮人爲日本臣民，凡鮮人所到之處即日政府國權所及之處，每遇鮮人滋事，一經本省按法

〔註90〕《吉林省政府給遼寧省政府咨》（1929.11.28），遼寧省檔案館編：《奉系軍閥檔案史料彙編》⑨，江蘇古籍出版社，1990 年，第 307 頁。

拘治，日本領事即出頭橫加干涉或派日警先期袒護或事後要求引渡。在我應付固極困難，猶賴有入籍一層，則以歸化人已領歸化證書應照中國人一律處置之說，據以嚴拒，日領雖以鮮民不適用日本國籍法不認出籍為言，究之各據理由爭執已久，彼此亦遂認為懸案。然事實上凡鮮人之歸化者，我即逕行拘治，依中國法律辦理，未歸化者即送交日領辦理，此等案件層見不鮮，而日領亦無異議。甚有歸化可疑之點，日領亦來照查問某人究係何年何處歸化，要求查覆足見日方在事實上已有半承認歸化之勢。其在延琿和汪四縣居住已久之鮮人，我方一概視為墾民，遇事仍引用圖們江界約，向不免有爭執之處，要以上述理由辯拒之，尚可以資鈐束，否則以吉林一省計有數十萬之鮮人散居邊腹各縣，入籍不得一概視為日本臣民，其危害誠不堪思議焉。

論者多謂歸化人及墾民最大之流弊在取得中國土地所有權，……查鮮人凡歸化人及墾民居住區之墾民，在我則均視為中國人，自須服從中國法律，不妨專定此項人民購買不動產及雇佃章則以限制之，籍可補救其弊，即兩害取輕之義。且吉省東北各縣如寧安等均有韓民足跡，往往有土地所有權，其居住累積數十年，此等韓民驅逐既難辦到，收回土地權又難實行，惟有任其入籍，猶有以上之操縱餘地。情形既與遼省不同，辦法亦遂因之稍異。……

遼省嚴格限制之議，自屬磕不可易，惟先領日本出籍證書一層，猶有應得商榷者三端：查我頒國籍法第三條規定外國人或無國籍人經內政部許可得歸化，而第二項一二三四各款及國籍法施行條例聲請歸化時均無須先領歸化人本國出籍證書之規定。今若必令先領出籍證書，則非先修改國籍法不足以杜人藉口，且對舊俄人請求入籍者已辦成案亦無先領出籍證書之辦法，同在東省獨對鮮人歸化而有此限制，事實亦不劃一，至許可證一年一換之必照章收費，在中國國籍法既未如此規定，亦失法律之依據，此應行商榷者一也。

其次對待韓民要旨，第一在確定韓民地位。在日方則利在韓民地位之不確定，忽韓忽日，以神其用，而□婦宿，又必以韓民即日民為其侵佔主權之工具，故吾之敲定韓民地位應以韓民為另一民族，不使與日人同科為較有辦法可言。若令先領日本出籍證

書，是明認韓人即日人，推究利害則不啻日人早已雜居，害一：
日方將隨處設警保僑，害二；土地權既已獲得仍以日民視之，勾
串牽連患將無止勢，且舉人民主權隨土地俱去，所謂立國三要素
可以蕩然無存，害三。反之韓民即日民，日方雖屢有聲明究之實
際上日韓人民始終不能視同一致，在吾方人民既視韓人爲非中非
日，在日人方面亦視韓人顯分軒輊，是吾認韓民爲另一民族，本
亦具有理由。且衡之今日世界，各弱小民族在國際地位上之先例
盡有可援之口實而不使日方舞弄於日韓之間，比較自爲得策，此
應行商榷者二也。

　　再日本出籍證書韓民無從領得，行此辦法以後韓民已無入籍之
可能。然前已入籍者是否有效，查國籍法施行細則第一條之規定則
依前國籍法及施行規則取得國籍者仍屬一律有效，是前後對待截然
不同。而所以推翻成案之故，又未便對外昌言，一方則已有土地權
未取得國籍之韓民，所謂驅逐不可，收回不能者，到此殊苦無術應
付。重以韓民仍繼續前來既絕其入籍之途，彼或襲日人故智亦以忽
韓忽日自居，是驅韓人與日人合而謀我，吾且防不勝防矣，此應行
商榷者三也。

　　以上三端就其犖大者言之，長慮卻顧有如此者，故本省以爲韓
民歸化問題或迎或拒，本無絕對善法。惟嚴其審查以爲限制之具，
一面則留其入籍之路，不使回面向日而吾尤有片面之理由可據，偏
端之辦法可言，似此比較上略形穩健。……〔註91〕

對于吉林省意見，東北政委會認爲「呈稱各節於應行商榷諸端顧慮備極周詳，
事關三省大局應即妥籌辦法以歸一致」，因此再次令遼寧省政府「詳覈具復以
憑辦理」。研究吉林省呈文內各種顧慮後，遼寧省政府呈東北政委會，根據本
省情況對此進行了解釋，並堅持禁止韓人入籍方針：

　　查韓民歸化問題，吉省商榷三端擬於限制之中留其入籍之路，
具見顧慮周詳。惟本省與吉省情形不同，吉省主懷柔，本省主嚴格，
緣本省韓人眾多，凡韓人所到之處，即日政府權力所及之處，一遇
交涉發生幾無一案能易於解決者。故爲懲前毖後起見，一面應逐漸

〔註91〕《東北政委會給遼寧省政府密令》（1929.12.11），遼寧省檔案館編：《奉系軍
閥檔案史料彙編》⑨，江蘇古籍出版社，1990年，第308～309頁。

設法減少，一面又須防止再來。而防止之法最切要者莫如阻止其入籍，欲阻止其入籍除限制索要出籍證書外，實無其他良策。國籍法雖無此規定，然爲適用於實際，屆必要時呈請補充亦未嘗不可。至謂對外不能劃一，厚此薄彼，國際上原不乏先例，更不成問題。其次日方對彼韓人忽韓忽日，以神其用，在我爲因時制宜計，不妨即以其人之道還治其人之身，例如不利於我者，凡内地雜居以及通商遊歷，雖韓人亦應以日人論，至對於耕種水稻之韓僑則適用雇傭韓僑章程，對於擾亂地方之韓匪則適用中日協定取締韓人辦法，日方亦無異詞。吉省所謂認韓民爲另一民族，本省固不待援引，早已具此事實。至韓民前已入籍者法律不通，既往固屬當然有效，若謂絕其入籍之路，則將合而謀我，寬其入籍之路則可不使回面向日，此則未必盡然。蓋現在之韓人已非從前之韓人可比，加之背影之日人，又隨而操縱之，方便之門一開，將見韓民紛至而踏來，韓民移至東省，日人即可移居韓境，不居移民之名而獲移民之實，此爲日方已定之策，盡所謂間接移民者是也。對於移至之韓人，在吉省尚可援引圖們江約以拘束之，本省既不能援引此約，若不加以阻止，則貽害無窮。故爲抵制日人侵略計，不能不出於此也。吉省情形既異，似可不必強同。……〔註92〕

遼寧省與吉林省由於情況不同，所以一個主張嚴禁，一個主張懷柔，但到底哪個方針能達到阻止日本利用韓人侵略中國的目的，還要看日本到底是如何利用韓人的，這一點我們可以從國民黨員孫萬山對琿春、汪清、延吉、和龍四縣日本警察和朝鮮民會調查表及日本活動情況報告中得到答案。孫萬山密報如下：

> 日警民會一覽表。計開日本警察和民會之地點。會長，一正一副，普通每年一換，副會長升正會長；薪水，若沿江臨朝鮮國近處則薪水少，深入中國之處薪水多，警察亦如之。

　　（表略〔註93〕）

〔註92〕遼寧省檔案館編：《奉系軍閥檔案史料彙編》⑨，江蘇古籍出版社，1990年，第 310 頁。

〔註93〕該表僅列舉了該四縣日警及民會所在之地點，別無其他內容，從略。從表看，該四縣一共有日警派出所和朝鮮民會各18個，其中琿春縣各3，汪清縣各3，延吉縣各8，和龍縣各4。

一、由東亞帝國委員到龍井協同各處民會開會救濟朝鮮貧民，每戶一元六角，至期如數奉還（六月一期），並無利息。

二、8月16日，由日本東京帝國來電至龍井日領事館，云於本國韓民遷居到開島或間島舊有各村戶遷移轉換的救濟，每戶7元，定期一年，利息一分，至期本息交還。

三、9月1日朝鮮民會通令各鄉村每戶代表二名開會，由龍井村領事代表提議年景不佳籌備救濟貧民金。第二條令韓人覓保用國款到敦化、寧安、黑龍江饒河縣等處購買地土或遠邊中國內地，需款須經民會介紹發給執照。至銀行取款蓋無利息，屆期交還。第三條間島範圍內所有韓民通中語者，皆受日本帝國委任調查中國事實報告民會，一月二次，月薪日金約四五十元之譜。第四條民會各鄉調查華韓戶口、土地、牲畜、地畝、產生物、糧食數目，一年二次報告日本帝國。第五條植桑養蠶，出產物龍井江岸兩處日本收買，每日斗日金五元。每韓戶若養蠶一石至二石，則給獎金三十元左右。第六條各韓民應納會費九角，一年分二次納完。第七條牛有瘟疫送到民會注射血清，各家須講究衛生。於10月26日由龍井領事派日人三名、韓人二名協同八道河子民會書記李楨勤、巡查金通事〔到〕各鄉實行調查戶口、土地、糧食、注射牛馬防疫血清，而兼牛左角上皆打火印，並諭令墾民以後彼此涉訟都歸日警、朝鮮民會審判，不得任意擅自至中國法院云云。現在日本將龍井（即六道溝）新改稱間島，拓務省領事館改作拓殖評議院，救濟會改作拓殖株式會社出□所，我華民因金錢之困難，地照多半抵押在此，惟金融部未改仍照舊。

四、日本設立普通學校教導墾民。和龍縣智新社七道溝上掌明新學校、大楡洞新東學校、明東村明東學校、德新社八道河子中興學校、三□□懷慶□□懷學校，延琿和汪四縣共計四十七處。〔註94〕

〔註94〕《遼寧省政府為轉發內政部咨送日在琿汪延和各縣設警所民會一覽表的密令》（1930.2.12），遼寧省檔案館編：《奉系軍閥檔案史料彙編》⑨，江蘇古籍出版社，1990年，第610頁。

從該報告中，我們可以看出日本對在華韓人的利用顯然是有組織、有目的、有計劃的，只要有韓人在東北即可達到日本目的，入籍與否並無多大影響。由此可見，遼寧省禁其入籍、驅其出境、阻其來華的嚴禁政策較之吉林省懷柔政策更能切中日本要害。

2、奉系對民族工業的保護──以東北火柴專賣為例

運用「經濟力」侵略中國，並非日本獨有方式，實為當時列強侵略中國的共同方式。當時各國在東北勢力中，以日蘇為最大，但並非每個行業均處於壟斷地位。比如火柴業，屬於近代中國民族資本主要集中的輕工業之一，便是東北民族資本占主體。不僅如此，在世界火柴業巨頭瑞典火柴公司面前，日本火柴業同樣不堪競爭，在瑞典火柴向亞洲擴張過程中，日本火柴業大半被其收購，其在中國東北的幾家火柴公司也同樣未能幸免。於是在瑞典火柴向中國大舉侵略之時，如何捍衛民族資本，保護民族工業就成為政府不能不予以重視的問題。

瑞典火柴股份公司是「世界火柴托拉斯」，「其勢力浸及於 28 國，聯合之火柴工廠 150 餘所，使用工人在 5 萬以上，世界之火柴工業迨已為所支配矣。」「現在瑞典之火柴托拉斯，如以其在美國所直屬之公司及世界各地附屬之公司之生產總額計之，約占世界火柴總生產額百分之七十乃至百分之七十五。假使有火柴輸出國與之競爭，則其生產能力有擴張至世界全生產額百分之九十之餘裕。是以瑞典火柴公司對於世界之任何國家，其勢力均將侵入。又何況世界之二十八國已受其支配也哉。」〔註 95〕可見瑞典火柴公司實力之雄厚與強大。〔註 96〕

中國人口眾多，消費市場廣闊，又擁有豐富的工業原料，而且民族工業尚不發達，這些自然使中國成為世界壟斷巨頭侵略的對象，而東北便是瑞典火柴公司對中國侵略的主要方向之一。瑞典火柴對中國的輸入始於一戰後，並逐年擴張最終取代了日本的地位。〔註 97〕面對瑞典火柴巨頭的直接威脅，

〔註95〕《瑞典火柴托拉斯侵略我國火柴工業之野心及其托拉斯在國際上之地位》，《工商半刊》，1929 年第 13 期，「撰述」，第 2 頁。

〔註96〕瑞典火柴公司對歐美亞各國市場的壟斷與控制及其發展、資本和經營概況等，還可參見《論瑞典之火柴托辣斯》，《錢業月報》，1930 年第 6 期，「叢載」，第 1～2 頁；《稱霸世界之瑞典火柴業現況》，《時事月報》，1931 年第 4 卷合訂本，第 139～144 頁。

〔註97〕瑞典火柴於一戰後對中國輸入與擴張情況參見中國日用化工協會火柴分會編：《中國火柴工業史》，中國輕工業出版社 2001 年，第 22～26 頁。

東北火柴業首先做出反應，早在 1927 年 10 月便決定組設東三省火柴同業聯合會，團結內部共同抵禦外敵。在當時奉天惠臨火柴公司協理金恩祺等人給張作霖的呈文中說明了東北火柴業發展狀況〔註 98〕及成立東三省火柴同業聯合會之緣起：

> 以火柴一項論之，……而國人原無，單獨首創之者，先是中日合辦之日清燐寸會社成立於長春，日辦吉林燐寸株式會社開設于吉林。應社會之需要乘歐戰西洋製品無暇東輸之際，營業大爲發達，乃實行擴充，既設分廠於長春，復於民八收買民五日人所辦之東亞燐寸會社作爲奉天分廠，於是東省火柴幾爲其專利。

> 國人沉沉大夢始一警醒，營口關東、三明開設於前，吉林增昌、金華興辦於後。……瀋陽爲東北大埠，……商人張志良等爲應社會之需要，……乃發起組織奉天惠臨火柴股份有限公司，於民國 11 年 12 月呈准立案。業業兢兢，與日人相頡頏，吉林燐寸株式會社鑒於大勢之推移，乃表示讓步，於 13 年 11 月將奉天分廠以日金十萬元之代價全部出兌於惠臨公司，經惠臨公司改組爲製造總廠，以原小西邊門外者爲製造分廠。同時復有蛙蛙公司設於營口，魯昌公司設於龍江，皆爲國人所興辦者。

> 惟工廠開設既多，出品因以充斥，供過於求，互相競賣，遂致均虧成本，形將衰閉，不得已於 14 年 7 月間由奉天惠臨、營口關東、三明、蛙蛙四火柴公司發起組織奉天火柴同業聯合會，……先由奉省著手組設總批發處於省城，分批發處於營口、四平街、開原、洮南、錦縣等處，經理售貨。復聯合吉林各火柴公司訂立售貨公約，共同遵守以昭劃一而謀均衡。

> 事經二載不無成效，但團結不堅，……況近今瑞典火柴公司擁有巨大資本，實懷壟斷野心，因欲左右世界火柴市場，故與美國鑽石火柴公司相提攜，於 1924 年投資增至 1.8 億克洛尼（每克洛尼約合華幣五角餘），並於印度之加爾各答、孟買以及南洋阿拉梯馬得拉斯科侖布、仰光等地之舊有火柴工廠多數被其收買，攫得利權。復於 1925 年乘日本火柴工廠尚未組合互相競賣之際乃實行收買，於是日本火柴

〔註 98〕有關清末及北京政府時期中國火柴業發展概況可參見中國日用化工協會火柴分會編：《中國火柴工業史》，中國輕工業出版社 2001 年，第 13～19 頁。

業數十年之勢力經營強半歸其掌握，近始組織聯合營業方見轉機。復以瑞中洋行〔註99〕名義謀在華設廠製造，冀圖壟斷而資壓迫。

　　吾華火柴同業尚在幼稚，若不合力抵拒，勢必受其荼毒。……最近調查統計，東省所有各廠每年生產量總在 40 萬箱以上，而三省需要不過 30 萬箱，所餘尚非少數，正苦銷路無由。設再增開工廠製造火柴則貨品充斥，不但新營業推銷匪易，舊公司保持愈艱，是直接妨礙原有公司之營業，即間接阻礙吾國實業之發展，國家經濟社會前途實堪顧慮。於是乃由奉吉黑三省已辦之火柴公司聯合組織東三省火柴同業聯合會，草擬章程以聯合同業維護利權，矯正弊害，力圖營業之均衡及協力抵制外貨之侵入為宗旨。……〔註100〕

金恩祺等人在呈該文時還一併將東三省火柴同業聯合會章程、該會發起人一覽表〔註101〕和該會選定職員一覽表〔註102〕呈送審核。該聯合會章程規定：「本會設會長一人，副會長一人，董事五人，皆名譽職」，「設事務所於奉天省城」，「以維持同業公共利益，矯正營業之弊害及協力抵制外貨之侵入為宗旨」；「本會會員以現在成立之東三省各火柴公司為限，每公司為一會員，並應於該各公司現任董事或經理指派一人為代表」，「會員要交納會費，正式加入本會享

〔註99〕瑞中洋行於 1915 年在上海設立，是瑞典正式在我國設立的火柴行銷機構，經理是尤霖·歐倫，主要任務是將瑞典火柴販運到中國推銷。中國日用化工協會火柴分會編：《中國火柴工業史》，中國輕工業出版社 2001 年，第 22 頁。

〔註100〕《鎮威上將軍公署給奉天省長訓令》（1927.10.22），遼寧省檔案館編：《奉系軍閥檔案史料彙編》⑥，江蘇古籍出版社，1990 年，第 602 頁。

〔註101〕該會發起人：魯侯東，奉天惠臨火柴公司總經理，53 歲；金恩祺，奉天惠臨火柴公司協理，33 歲；秦嘉勤，營口三明火柴公司經理，40 歲；孫家樹，營口蛙蛙火柴公司經理，44 歲；劉天榮，營口關東火柴公司副經理，51 歲；佐藤精一，吉林燐寸株式會社專務取締役，44 歲；前田伊織，長春日清燐寸株式會社取締役，38 歲；孫光烈，吉林金華兄弟火柴工廠經理，49 歲；孫錦英，吉林增昌火柴公司經理，29 歲；譚法周，黑龍江魯昌火柴公司代表，34 歲。《東三省火柴同業聯合會發起人一覽表》，遼寧省檔案館編：《奉系軍閥檔案史料彙編》⑥，江蘇古籍出版社，1990 年，第 606 頁。

〔註102〕該會選定職員：會長，金恩祺，奉天惠臨火柴公司協理，33 歲；副會長，佐藤精一，吉林燐寸株式會社專務取締役，44 歲。董事，秦嘉勤，營口三明火柴公司副經理，40 歲；孫家樹，營口蛙蛙火柴公司總經理，44 歲；前田伊織，長春日清燐寸株式會社取締役，38 歲；孫光烈，吉林金華兄弟火柴工廠經理，49 歲；譚法周，黑龍江魯昌火柴公司代表人，34 歲。《東三省火柴同業聯合會選定職員一覽表》，遼寧省檔案館編：《奉系軍閥檔案史料彙編》⑥，江蘇古籍出版社，1990 年，第 607 頁。

受及擔負本會一切權力義務」；「本會會議分爲左列兩種：一、定期會議。年會每年一次，於陽曆 12 月間舉行之，職員會每月兩次，於每月 1 日、15 日舉行之。二、臨時會議。無定期，於必要時由會長或董事 2 人以上或會員 5 人以上請會長召集之」；「本會經費以會費充之。會費分入會費、常年會費、特別會費三種。一、初入會之會員須納入會費現大洋 200 元。二、常年會費各公司按制出成品每箱提繳現大洋三分，每年分四期繳納，於 1、4、7、10 各月初旬徵收之。三、特別會費於本會有特別支出時由會員分擔之。」〔註103〕

　　由上述呈文及章程可知，東北火柴業不僅要抵禦外貨，內部亦有競爭。爲了協調內部關係，奉天火柴公司組織了奉天火柴同業聯合會，並與吉林火柴各公司訂立公約，避免內部惡性競爭。而隨著 1927 年瑞典火柴公司的逐步東侵，企圖以「瑞中洋行名義謀在華設廠製造」，東三省火柴業又決定加強團結合作，聯合起來組織東三省火柴同業聯合會，一方面分配產額調整內部關係，另一方面則共同研究抵禦外貨方法，並以法團資格使東北火柴業與東北政府可以形成直接聯絡，傳遞下情，如請求政府禁止中外商人再在東北設立火柴工廠，以此保護民族工業，便是這種作用的體現。而通過該聯合會發起人及所選定職員又可看出，東三省火柴業在面臨世界火柴業壟斷巨頭瑞典火柴公司的威脅時，希望聯合昔日的競爭對手在東北的日本火柴公司共同合作以排斥強敵。但當時正值奉系應付國民黨北伐時期，因時局關係致使東三省火柴同業聯合會並未如願成立。

　　瑞典火柴公司向日本侵略時，曾「設東亞總賬房於神戶，收買日本各燐寸會社爲根據，與日本火柴業開始競爭，折本售貨」，使日本火柴業「強半歸其掌握」。1928 年瑞典火柴公司「復謀發展其勢力於我東省，設賬房於哈爾濱，任英人波蘭恩爲東三省總代表。初擬以籠絡手段收買各公司股份，而各公司爲國家體面計，嚴予拒絕。」「近乃實行破壞手段」，「以瑞中洋行名義，設廠大連，製出得寶牌火柴，冒充國貨」，「發售奉營一帶」，「向中國火柴業開始攻擊」。同時又「擬利用合資名義，設東方火柴工廠於奉天、營口，由該行出資供料交華人出名辦理」，而據「該行說明書內稱，俟其東方火柴廠成立，火柴每箱 5 元 5 角，即能銷售等語。現在我東省各公司所製火柴，每箱最低成本尚須 6 元左右，無論如何不能再行低廉，此可由官家實行工廠監察，即明眞象。如該行預計價

〔註103〕詳見《東三省火柴同業聯合會章程》，遼寧省檔案館編：《奉系軍閥檔案史料彙編》⑥，江蘇古籍出版社，1990 年，第 604～605 頁。

格，非惟與奉營各埠之成本相差懸殊，即吉林日商火柴向不納稅，原本特別低廉，亦難辦到。該東方火柴廠如果成立，結果我東省各火柴廠勢必全數荒閉，我東省火柴工業將為彼一家外商所捏奪，況該行野心純係經濟壓迫，倘不幸至我東省各工廠全因此而失業，彼必任意操縱壟斷」。〔註104〕

　　1929 年 3 月，駐遼英總領事致函外交部遼寧交涉署，稱：「茲據英商東三省瑞典國火柴公司總代表波蘭恩稟稱，現擬在本城商埠地創設一火柴製造廠，惟尚未覓得相當地點，俟勘有一定地址組設開辦時，再為函告，本總領事先行函請貴交涉員查照，即希轉達該管商埠地方官員知照」。〔註105〕 面對瑞典火柴公司謀求在遼設廠，企圖低價擠兌壟斷市場的危險局面，奉天火柴同業聯合會立即給省政府呈文，請求阻止瑞典火柴公司在遼設廠以保護奉天火柴工業。在該呈文中，奉天火柴同業聯合會對東三省火柴業的發展與現狀、內憂與外患、從前內部之聯合與東北政權對其之保護經過均做了回顧與闡述，進而指出「今東省火柴業內憂外患，既相逼而來，非有官廳之保護，實無以善其後」，並提出保護辦法三條：

　　（一）須統籌三省全局，因勢利導，先行籌設東三省火柴同業聯
　　　　　合會；

　　（二）減免火柴課稅。奉省各火柴公司所制國貨原納銷場稅，一
　　　　　道行銷省內概不重徵，17 年 12 月底即行期滿，仍應准予
　　　　　展期，方能與外貨竟售。對於外貨之輸入，嚴令各稅局堵
　　　　　徵捐稅，免其暢銷；

　　（三）嗣後無論中外商人在東三省境內有呈請設立新火柴製造公司
　　　　　者，一律予以禁止。官廳既興以保護，更可實行監督，責成
　　　　　聯合會按照工本評定價格，逐月呈報以防壟斷，設工廠監察
　　　　　員隨時調查製造販賣火柴實在情形，俾免舞弊。〔註106〕

〔註104〕《奉天火柴同業聯合會為請阻止瑞典火柴公司在遼寧設廠以保護奉天火柴工業給翟文選呈》（1929.3.27），遼寧省檔案館編：《奉系軍閥檔案史料彙編》⑧，江蘇古籍出版社，1990 年，第 242～244 頁。

〔註105〕《遼寧省會公安局局長白銘鎮為應否禁止瑞典火柴公司在商埠地設廠給遼寧省政府呈》（1929.3.28），遼寧省檔案館編：《奉系軍閥檔案史料彙編》⑧，江蘇古籍出版社，1990 年，第 246 頁。

〔註106〕《奉天火柴同業聯合會為請阻止瑞典火柴公司在遼寧設廠以保護奉天火柴工業給翟文選呈》（1929.3.27），遼寧省檔案館編：《奉系軍閥檔案史料彙編》⑧，江蘇古籍出版社，1990 年，第 242～244 頁。

對於成立東三省火柴同業聯合會的作用，呈文中進行了如下解釋：東北火柴同業組織東三省火柴同業聯合會，通過「評定價格，調劑產景」，以達到「矯正營業弊害，營謀公共福利」之宗旨，同時「實行團結，以便對該行（瑞中洋行──筆者注）一致防禦，相約各公司不得轉讓股份於該行，遇同業中有無力支持者公同籌款救濟，有被該行擠兌賠累者共同設法補助，若該行故意低價售貨傾軋華商時則出資收買，以調劑市價，同業等謀私營業之存立無非在使我東省火柴市場不為該行獨霸，生活必需之品不為該行操縱，庶於國家實業社會經濟兩有裨益。」

在組織東三省火柴同業聯合會的計劃中，東三省火柴業本想聯合日本在東北的兩家火柴公司，以期共同抵禦瑞典火柴的入侵，並對聯合日本火柴業能否引起弊端進行了分析與釋疑。「已在吉長成立之外國公司，如仍竭誠投入誓守規約合於聯合會之章程者，不妨允其加入。蓋外國公司在民商法及國際私法上，肯與本國公司盡同一之義務，即可享同一之權利，事實既不便區分，法理亦不能區分也。外商雖加入聯合，但國人火柴營業多於外人者數倍，聯合行動取決多數，實權操之於我，決不至為外商所左右，且可羈縻外商，但合資合同、契約條文非經我國官廳許可批准不能成立。官廳認為不當時，得臨時取消，是取決之權在我，同業予奪之權在我，政府似此辦法即不虞其超出範圍害我民生。」因此，奉天火柴同業聯合會曾於 1929 年 2 月 3 日函請吉長日本兩火柴會社入會，「但日久不復」，原來瑞典火柴公司此時已「收買日人經營之日清、吉林二燧寸會社股份十分之六」。該兩會社並「於 2 月 25 日在吉林會社開股東總會，議決主要事項：一、絕對遵從神戶大股東賣價政策（大股東即瑞典公司駐神戶之總賬房，買賣政策即折本售貨，擠兌華產，倒閉後再居奇擡價壟斷權利──原文注）；二、火柴聯合會公私一切，完全拒絕。現在吉林會社專務取締役佐藤精一因主張不同，已被排擠退職矣。瑞中洋行果存和平營業心理，則在東省已有大連、日清、吉林三火柴廠，即應與我合作，以謀共存，乃必欲百計破壞，致我死命，是其侵略野心彰彰明甚。」

面對瑞典火柴公司必欲「致我死命」之局面，奉天火柴同業聯合會「為營業計，為國家實業及社會經濟計，決不甘受資本帝國主義之壓迫，爰於 3 月 15 日召集全體會員連日開會，群情憤慨，議決抵拒，大體辦法：一、請求官廳保護圖存，如減免課稅運費及協助指導民眾對外運動；二、喚起民眾注

意，即設法宣傳阻止民眾不與該行火柴業工作，並購用國貨而預防將來經濟壓迫。」〔註107〕

對於瑞典擬在瀋陽商埠地設廠一事，遼寧省政府於 4 月令遼寧交涉署會同農礦廳核議辦法，後又令該署廳會同遼寧總商會一起核議應對辦法。在此期間，遼寧火柴同業聯合會於 5 月又向參與核議應對辦法的遼寧總商會呈文，從事實與法律兩方面向政府提出阻止理由，以便堅定其阻止決心：

乃近來竟有瑞典火柴公司代表英人波蘭恩者，擬在商埠地設立火柴工廠，……均以該公司資本雄厚存心侵略，小有犧牲即能制我火柴業死命，並深悉日本火柴業被其收買大半，肆行壟斷，朝野痛惡。該英人波蘭恩原以日人久彌田等名義在附屬地設廠，關東廳、滿鐵領事各方面洞燭其奸，均不理之。茲復來遼施其侵略陰謀……近聞該英領越級函請總座核示，實屬居心叵測。按諸國際法之通例，外國人在內國通商應服從所在地內國之一切法令與章程，吾奉前實業廳既有不准再設火柴工廠之明令於前，則瑞典火柴公司之代表人即應遵守勿違，何得再妄請設立工廠，致妨害吾國幼稚工業。且近世國際間之通商原以彼國投資者無礙於此國商情國情與經濟狀況為原則，查吾遼火柴產額已經供過於求，倘瑞典公司再行設廠製造，產額蓋形充滯，則吾遼火柴業之經濟狀況勢必發生劇烈變動。再國際私法及各國民法對於內外國商人向採權利平等主義，外國商人在內國者與內國商人應盡同一之義務，享受平等之待遇，吾遼既限制本國人不准在省境內再設火柴工廠，今又以同一之辦法限制瑞典公司之代表英人波蘭恩，正與內國人與外國人待遇平等之原則相符。況國際通商慣例，原以力行誠意遵守國際道德為主，覆查1859年1月 17 日英國照覆吾國天津條約有嚴飭各領事官凡非體面和厚之人萬不許給照之規定。今波蘭恩為瑞典公司之代表，專以破壞吾國火柴業為能事，該代表在東省已有吉林、長春、大連三燐寸會社歸其操縱，本年 2 月 25 日在吉林燐寸會社開股東會議決折本售貨以擠兌我幼稚之火柴業，並限制其營業人與吾同業斷絕一切公私間關係，

〔註107〕以上均詳見《奉天火柴同業聯合會為請阻止瑞典火柴公司在遼寧設廠以保護奉天火柴工業給翟文選呈》（1929.3.27），遼寧省檔案館編：《奉系軍閥檔案史料彙編》⑧，江蘇古籍出版社，1990 年，第 241～245 頁。

議決後即實行其政策，並製造得寶、雙喜等牌火柴，冒充吾國國貨運銷遼瀋吉長一帶，存心欺蒙，肆行侵略，違背通商慣例，不顧國際道德，必置吾國火柴業於死地而後已，其非體面和厚之人毫無疑義。按其從前照覆，英領即應自動禁止其設廠，更何能為之代請，該英領乃竟不查條約不照法則，一意孤行，肆無忌憚，如不設法取締，任其為所欲為，則吾遼寧實業與社會經濟前途將不堪設想矣。〔註108〕

6 月初，上述三部門將核議結果呈報省政府：「經職署會同廳會核議，咸以該公司代表英人波蘭恩恃有雄厚資本，侵略吾國火柴業，百計營謀在遼設廠，冀遂其壟斷之野心，除早已拒絕外，無論如何我官商決不任其設廠製造，以符成案」。〔註109〕隨後遼寧省政府將決議辦法呈東北政委會核示，7 月初經政委會核議後指令遼寧省政府：「查東省火柴工廠林立，出品既已供過於求，自未便再准添設新廠。英商瑞典火柴公司擬在遼寧省城商埠地覓地設廠一案，應飭由交涉署向英領事具函聲明理由，阻其進行，一面分行商埠、公安兩局及總商會知照」。〔註110〕

　　瑞典火柴公司請求在瀋陽商埠地設廠被拒後，並不甘心，而是在商埠地假借亞細亞煤油公司建築倉庫名義於 7 月初修建火柴廠，企圖矇騙過關。遼寧火柴同業聯合會發現該情況後，於 8 月再次呈遼寧省政府，並以江蘇、天津等地火柴業同受瑞典火柴公司壓迫而形成中央與地方「一致反對」的局面為由，請求阻止該公司偷建火柴廠：

　　　　查本年 3 月間瑞典公司代表波蘭恩擬在商埠地建築工廠製造火柴，……該波蘭恩知個人請求設廠必受批駁，乃在商埠地亞細亞煤油公司地皮假亞細亞煤油公司建築倉庫名義，呈請商埠局領得 86 號許可證，於 7 月 1 日開工，11 月 25 日工竣。茲據惠臨火柴公司經理佟殿元報稱，8 月 17 日前往瑞典公司買妥之亞細亞公司地皮，查看內有工人 20 餘名，運土搬石，如火柴工廠應設之烘燥室、女工廠、

〔註108〕《遼寧火柴同業聯合會給遼寧總商會呈》（1929.5.10），遼寧省檔案館編：《奉系軍閥檔案史料彙編》⑧，江蘇古籍出版社，1990 年，第 392～393 頁。

〔註109〕《劉鶴齡金恩祺王鏡寰等給遼寧省政府呈覆》（1929.6.8），遼寧省檔案館編：《奉系軍閥檔案史料彙編》⑧，江蘇古籍出版社，1990 年，第 395 頁。

〔註110〕《東北政務委員會給遼寧省政府指令》（1929.7.11），遼寧省檔案館編：《奉系軍閥檔案史料彙編》⑧，江蘇古籍出版社，1990 年，第 396 頁。

挾機部、賬房等均已規劃就緒，各部圍牆亦多砌起二三尺高，並非只限倉庫等語。查該地於去年冬季亞細亞公司已以四萬元代價賣給瑞典火柴公司，前領許可證仍用亞細亞公司名義，顯係存心蒙混，且所請許可僅建倉庫，而工程盡係製造火柴，規模亦與原報不符，狡詐伎倆誠屬可畏。覆查瑞典火柴公司久存壟斷東亞火柴業之野心，……以籠絡手段收買〔東三省〕各公司股份，而各公司深明大體嚴予拒絕，近乃貶價售貨，以實行擠兌吾國火柴業，現已勢難支持，復巧計在遼設廠製造，野心益熾毫不顧忌。聯合會前為欲該公司在東省和平營業，當派吉林燐寸會社日人四戶往勸神戶該公司總辦皮洮利醒悟侵略火柴業之非是，茲據覆稱，悉被拒絕，並認波蘭恩之方針正有可觀不能輕易變更等語。……又 7 月間接江蘇火柴同業聯合會來函，稱已受瑞典公司擠兌，吾國火柴業業經呈准工商部轉令各省總商會調查壟斷及損失實況，以憑查禁。復於 8 月 24 日接準丹華火柴公司函，以瑞典公司貶價競賣收買華廠壟斷市場情形，前經電請工商部轉咨財政部徵收屯並稅，以保護吾國火柴業。頃奉部批略謂本部為提倡國貨，保護華商利益起見，久擬舉辦屯並稅以防制洋貨之不當廉賣，令將近年來跌價程度侵略情形詳覆核辦，並應聯合東三省同業，勸導勿被收買墮其計中或隨時呈請地方主管機關加意防範，期合官商之力，共同抵制各等語。是該公司侵略陰謀業已暴露，全國一致反對。……況甫經動工，如不查禁一旦工廠造成，縱再嚴屬制止難免藉口損失要求賠償，辦理愈行棘手。〔註111〕

對於瑞典火柴公司假借名義企圖建廠一案，遼寧省政府遵從東北政委會前指令，令省城公安局派員前往勒令停工。而瑞典火柴公司仍不敢罷休，繼續玩弄伎倆企圖開工建廠。10 月 18 日瑞典火柴公司代表波蘭恩又向省城商埠局「呈請准予繼續開工建築」，該局則以「此案既已遵奉鈞府明令查禁，且經亞細亞火油公司向遼寧火柴同業聯合會出函證明，其有假藉名義蒙請違築情事，無論如何自不能准予其建築」，進行據理駁覆，並抄亞細亞原函。然 10 月 25 日，「該商又來一函，詢問如何呈請方合手續。而同月 29 日又據亞細亞火油公司

〔註111〕《遼寧火柴同業聯合會為請阻止瑞典公司在商埠地假亞細亞煤油公司名義修建火柴廠給遼寧省政府呈》（1929.8.26），遼寧省檔案館編：《奉系軍閥檔案史料彙編》⑨，江蘇古籍出版社，1990 年，第 10 頁。

來函聲明取消前言，同月 31 日波蘭恩又稱亞細亞公司既已聲明取消前言，則假藉名義蒙請建築一層，已無問題，仍請准予建築各等情前來。查亞細亞之出函證明，係由遼寧火柴同業聯合會轉函到局，始詳□□，原先亞細亞既未與職局直接來函，則此次聲明取消前言，自屬無案可藉，且未奉鈞府明令解案，自然繼續查禁，當又分別駁覆各在案。」「乃波蘭恩不肯甘服」，又於 12 月 6 日函稱：「敬啓者，接奉昨日華函，欣慰之至。惟來函內出，即遞呈手續相合，亦不准許建築火柴工廠事，敝不知因何不准許。敝人在商埠地建築火柴工廠，祈待使示知不甚感激。再者敝人不能遵奉貴國省令，除敝國領事證明外，敝不能接受。況敝人今在奉天建築火柴工廠係根據條約頗甚合法，此業亦非貴國享獨銷權，故敝已堅欲享受敝人之合法權利」。「查不准該商建築火柴工廠，原因已經再三通知，而該商仍以因何不准見問。職局實不堪其擾，已於此次通知內聲明，此後關於同樣之來函不再作覆矣。惟是該商用意如此堅決，倘監視不周，難免發生強行建築情事，應請鈞府轉飭公安局通飭該管警察隨時注意查禁，以免疏虞」。接到瀋陽商埠局報告後，遼寧省政府飭令省城公安局隨時查禁具報。該局局長白銘鎮奉令後，即「令該管商埠第二分局遵照飭屬切實查禁」。該分局奉令後「當即立派譯員徐濟舟，協同該管土馬路分所長楊殿舉前往禁止。嗣據該員等復稱，瑞典火柴公司自前次勒令停止之後，並無私自建築工作情事」。經該局覆查核實後，指令分局「隨時查禁」，並將查禁情形呈報省政府。〔註112〕

　　面對瑞典火柴公司的大舉入侵，東三省火柴業數次呈請政府保護，其提出的保護辦法也全部得到奉系政權的採納。除了上述對瑞典火柴公司設廠屢加禁止外，還批准東三省火柴業成立東三省火柴同業聯合會，同時批准繼續減免課稅，按照銷場稅徵收辦法「再准展緩一年，以示體恤，自 18 年 1 月至 18 年 12 月止，逾期即照章繳納各種捐稅」〔註113〕。而對於瑞典火柴在東北的銷售也令各稅捐局嚴查懲辦其偷稅行爲。同時 1930 年 1 月，遼寧省政府於國民政府在全國實行統特稅之前還制定了《遼寧省火柴特稅章程》，並呈請東北政委會核准後實行。該章程規定：該「特稅以貼用印花徵收之」，「每箱貼一印花，收現洋 1 元 5 角」，「凡在遼寧省製造火柴及由外運入者」，均照章徵

〔註112〕　《白銘鎮爲報查禁瑞典火柴公司在商埠地建築火柴工廠情形給遼寧省政府呈》（1929.12.30），遼寧省檔案館編：《奉系軍閥檔案史料彙編》⑨，江蘇古籍出版社，1990 年，第 383 頁。
〔註113〕　《奉天財政廳訓令各稅捐局》，《奉天公報》，1929 年第 6006 號，第 5 頁。

收該特稅，並且「不論何種火柴，凡未貼此項印花者不准銷售」，「本省製造各種火柴，須於裝箱時購領印花，照章黏貼」，「由外輸入之火柴，一到指銷地點，即須購領印花按箱黏貼」，凡違反者「除責令補貼印花外，並處以五倍之罰金」〔註114〕。

該特稅章程「施行以來，凡在本省境內行銷各種火柴均經照章納稅，並未發現外商反抗情事，惟聞有暗行透漏拆毀大箱零包售賣希圖省稅者」。〔註115〕而該「希圖省稅者」即瑞典火柴公司。當時東北的外資火柴主要是瑞典系的火柴公司，即收購日本在吉長的兩家火柴公司和以瑞中洋行名義在大連設立的公司，因此該章程對其成本影響自然最大。因為雖然規定每箱「中外一律貼印花稅1元5角」，但由於奉系政權早已批准東三省火柴業繼續按照銷場稅徵收辦法實行，所以「實際上華廠則只納稅洋3角」〔註116〕。按諸前文，瑞典火柴每箱在東北售價5元5角，而東北火柴每箱售價最低6元左右，加稅後，瑞典火柴每箱為7元，東北火柴每箱為6元3角左右。顯然對瑞典火柴的銷售必將產生嚴重影響，而瑞典火柴公司則採取拆箱零售不貼印花的方法進行抵制。奉系自然不能允許該外商的偷漏稅行為，於是飭令各稅捐局進行嚴查懲辦。如7月遼寧省財政廳訓令各稅捐局：

> 據遼寧火柴同業聯合會呈……查滿鐵附屬地到有大宗瑞典公司得保牌火柴，不貼特稅印花廉價出售，影響各公司出品銷路甚巨，又有將箱皮倒出改成包裹向附屬地外推銷，透漏國稅公私兩有損失，請嚴查重罰，以杜流弊。……據此查瑞典火柴公司藉滿鐵用地為護符，零售火柴希圖省稅，如果實在，殊堪痛恨。令該局隨時注意，嚴行堵截，查獲重罰，以儆效尤。〔註117〕

當時瑞典火柴公司不僅僅要壟斷東北火柴市場，而是企圖控制全中國的火柴市場，所以在關內中國主要火柴產地如平津、江浙滬等地同時進行擠兌。有鑒於此，關內各省火柴同業聯合會及全國火柴同業聯合會均向國民政府呈

〔註114〕《遼寧省火柴特稅章程》，遼寧省檔案館編：《奉系軍閥檔案史料彙編》⑨，江蘇古籍出版社，1990年，第513頁。

〔註115〕《咨吉林財政廳為咨覆徵收火柴特稅辦法由》，《遼寧財政月刊》，1930年第50號，第23頁。

〔註116〕《全國火柴業會議》，《工商半月刊》，1931年第2期，「工商消息」，第4～5頁。

〔註117〕《為瑞典火柴公司零售偷稅嚴查懲辦由》，《遼寧財政月刊》，1930年第49號，「公牘」，第50頁。

文，歷陳保護民族火柴業意見，並請求制止瑞典火柴公司在內地設廠。〔註118〕對於如何保護民族火柴業，國民政府曾研究過實行火柴專賣制度。「工商部近據廣東土造火柴行商業公會及全國火柴同業聯合會等呈詢政府與瑞典火柴商是否商訂借款，准許該商在中國專利等情。該部當將此次籌辦火柴專賣經過情形錄示該會，原文如下：查我國火柴業受外商侵略一案，前據各方紛紛簽請救濟，並奉行政院交案到部，經本部詳加研究，以為根本救濟辦法，宜由官商合作，試辦專賣制度，方足以防止外柴侵略，當經擬具火柴專賣施行原則，提經行政會議議決通過原則，並飭妥籌詳細辦法。當以此項專賣制度，在我國為首創之舉，與商人尤有密切關係，而各地情形容有不同，允宜廣事咨詢，實地調查。即經令行全國火柴業聯合會及該會徵詢關於專賣意見，並派本部設計委員徐祖善、主管科長王世鼐等分往滬、漢、平、津、遼寧、吉林等處調查火柴市場及製造之狀況，外商壓迫之情形。嗣據該聯合會呈覆意見，復據該員等回部報告調查情形，即由本部綜合各方意見參照中外商情草擬試辦火柴專賣辦法草案，並派定委員徐祖善專任試辦火柴專賣事宜，嗣復奉行政院令交財政部會同本部商訂辦法各在案。茲據該會呈稱各節完全與事實不符合，亟錄示經過情形。」〔註119〕

憑藉雄厚資本，通過借款取得該國火柴專賣權，以壟斷其市場，是瑞典火柴公司向歐亞美等洲各國進行擴張的主要方法之一。〔註120〕面對瑞典火柴的威脅，全國火柴同業聯合會曾向國民政府提出火柴專賣辦法，並得到國府同意由工商部試行專賣。因此瑞典火柴公司乘機與國民政府接觸，企圖以500～2000萬元貸款作為誘餌，換得其在中國50年的火柴專賣權。該消息為香港報紙披露，引起全國火柴業的反對和輿論譁然，因此才有工商部的上述釋疑，在各方反對之下此事最後不了了之。〔註121〕而實行火柴專賣制度也為東北應對瑞典火柴入侵提供了可選擇的方案。

〔註118〕 詳見《浙江火柴工會請願制止瑞典商設火柴廠》，《工商半月刊》，1929 年第12 期，「工商消息」，第28～29 頁；《全國火柴業會議》，《工商半月刊》，1931年第 2 期，「工商消息」，第4～5 頁。

〔註119〕 《火柴專賣真相》，《工商半月刊》，1930 年第 23 期，「工商消息」，第23～24頁。

〔註120〕 參見《稱霸世界之瑞典火柴業現況》，《時事月報》，1931 年第 4 卷合訂本，第140～141 頁。

〔註121〕 中國日用化工協會火柴分會編：《中國火柴工業史》，中國輕工業出版社2001年，第25 頁。

在遼寧省實行火柴特稅之後，東北政委會便令遼寧省研究火柴專賣事宜。1930 年 6 月，遼寧省財政廳擬具火柴專賣意見並附呈專賣條例呈省政府轉呈東北政委會核示。〔註 122〕到 8 月吉林省財政廳向遼寧省財政廳咨詢徵收火柴特稅辦法時，東北政委會對火柴專賣與否還尚未做出決定，遼寧省財政廳在咨覆中僅稱：「至由省專賣一節，聞東北政委會有此擬議，能否實行尚未可知。」〔註 123〕到了 10 月份，經過近四個月的研究，東北政委會就「擬設火柴專賣局一節准予試辦」，頒佈《東北火柴專賣條例》，令遼吉黑熱四省政府遵行。而其「設立火柴專賣局進行辦法如下：（1）調查東省火柴工廠數目及名稱；（2）各工廠資本金額及開設地點；（3）每年銷售額數及暢銷何地，一俟查明後即行成立。」〔註 124〕經過各項前期準備後，決定於 1931 年 5 月 1日正式實行火柴專賣。〔註 125〕

由遼寧省財政廳擬定經東北政委會核准的《東北火柴專賣條例》共 38 條，詳細規定了火柴的來源、配額原則、銷售程序、專賣價格、設火柴廠與出讓限制、稅收規定、製造火柴器械與材料管制、入境火柴限制及罰則等各方面內容。〔註 126〕其主要內容如下：

> 第一條　東北政務委員會在遼吉黑熱四省境內有火柴專賣權。
>
> 第二條　東北政務委員會為實行火柴專賣，設立火柴專賣局主管火柴專賣事宜。專賣局組織章程另定之。
>
> 第三條　在專賣局未設製造廠以前，得收買東北四省境內各火柴廠所製及輸入之火柴，並委華商火柴同業會承辦之。前項委託華商火柴同業會承辦章程另定之。
>
> 第四條　非專賣局所賣之火柴，不得在東北四省境內行銷及使用。

〔註 122〕《呈省政府為擬具火柴專賣意見附呈條例請鑒核轉呈文》，《遼寧財政月刊》，1930 年第 48 號，第 19 頁。

〔註 123〕《咨吉林財政廳為咨覆徵收火柴特稅辦法由》，《遼寧財政月刊》，1930 年第 50 號，第 23 頁。

〔註 124〕《遼寧財政月刊》，1930 年第 52 號，第 6 頁；《東北政務委員會週刊》，1931 年第 95～96 號並刊，第 2 頁；《東省擬設火柴專賣局》，《黑龍江財政月刊》，1931 年第 66 號，「雜記」。

〔註 125〕《東北火柴專賣稅率》，《銀行週報》，1931 年第 17 號，第 6 頁。

〔註 126〕《東北火柴專賣條例》，《民政月刊》1930 年第 14 期，「本省法規」，第 1～3頁；《東北火柴專賣條例》，《工商半月刊》，1931 年第 1 期，「法令與規章」，第 10～12 頁。

第五條　各廠每年之製造火柴種類及數量，由專賣局按市場需要狀況爲標準比例支配之。

第九條　專賣局收買各廠製造火柴，分別貨色等差，按照成本價加給利益，得自百分之十至百分之二十作爲收買價。

第十一條　專賣局收買境內火柴廠製造火柴，認爲已足供給市場需要之時，對於外來進口火柴得拒絕收買。

第十二條　火柴專賣價格由專賣局核定呈報東北政委會備案，但比照收買價至多不得過百分之三十。

第十三條　火柴之販賣分爲整賣商和零賣商。

第十四條　整賣商以整箱爲限，零賣商以整包零盒爲限，均不得將貼有專賣印花之各種火柴箱包拆開改裝分售。

第十五條　整賣商及零賣商販賣火柴於專賣局規定專賣價格以外所得利益至多不得過百分之十。

第十六條　專賣印花由火柴同業會向專賣局請領發給火柴廠，於製成火柴包裝時黏貼之。

第十七條　專賣印花，不論何種火柴，均按每百枚小盒貼印花二釐，其不足百枚者按百枚論，百枚以上不足二百枚者貼印花四釐，以此類推。

第十八條　進口火柴收買後，交指定之倉庫保管，按箱貼花，其黏貼額數，按內容包數枚數計之。

第二十條　專賣印花價款，不論火柴已否賣出，由火柴同業會請領印花時即須將款呈繳專賣局。

第二十一條　凡在東北四省境內設立火柴製造廠，須經專賣局許可。

第二十三條　火柴廠之許可設立，以其製造火柴爲專賣局必須收買之數爲限，如火柴產量已足供給市場需要之時，即不准添設新廠。

第二十四條　火柴廠讓於他人時須經專賣局核准。

第二十五條　完全華商設立之火柴廠不得讓於外國人。

第三十條　自專賣條例施行後，在東北四省境內如有私賣未貼印花之火柴，按下列情形分別處罰，並沒收其火柴。

　　1. 火柴廠私賣者，照所查見私賣火柴之價格百倍處

　　　　　　　　罰，並取消其製造權。

　　　　2. 整賣商，照五十倍處罰。

　　　　3. 零賣商，照二十倍處罰。

由該條例可知，東北火柴實行專賣，第一是產與銷分離，生產商僅能將火柴賣與專賣局而不准私自售賣；第二是生產實行配額，按市場需要由專賣局對各生產商劃分配額並進行調節；第三是生產與銷售利潤實行定額，專賣局的收購價與整賣零賣商的售價均有固定比例額度；第四是不准再新設火柴廠，以保證現有火柴廠正常開工為前提。這些措施顯然對保護東北火柴業具有巨大好處，首先瑞典火柴公司僅在東北有三家火柴廠，其生產又實行配額，而且不准其再建新廠，生產能力已固定；其次生產利潤定額，專賣局按照成本價以固定比例加給利益，瑞典火柴即使成本再低廉也只能與東北火柴業一樣獲得同比例利潤。

　　然而仔細研究條例，我們又能發現火柴專賣在排斥外資火柴保護本土火柴業的同時，實際上獲利最大的還是規則的制定方——東北政委會，因為火柴專賣局在收取鉅額印花稅的同時，還能獲得專賣價與收購價的巨大差額。以前述東北火柴業製造一箱火柴需要 6 元成本為例，一箱火柴需貼印花稅 4.8 元〔註127〕，總成本為 10.8 元。專賣局的收購價是在「分別貨色等差」後按照成本價加「百分之十至百分之二十」，其收購價為 11.88～12.96 元。其專賣價則「比照收買價至多不得過百分之三十」，即 11.88～15.444 元或 12.96～16.848 元。而其規定的售價則是至多不得過專賣價格的百分之十，即 13.068～16.9884 元或 14.256～18.5328 元。可見在生產商、專賣局、銷售商三者中，專賣局獲利最豐，僅印花稅獲利便至少是其他兩方的 2～3 倍，而如果以最高專賣價計算則其總獲利要比其他兩方多 4～5 倍。（參見表 6-2-1）

表 6-2-1：火柴專賣後各方獲利比較表

	生產商	專賣局	銷售商
流通獲利（元）	1.08～2.16	0～3.564 或 0～3.888	1.188～1.544 或 1.296～1.685
印花稅獲利（元）		4.8	
總獲利（元）		4.8～8.364 或 4.8～8.688	

〔註127〕一箱為 2400 盒，該條例規定印花稅為每小盒 2 釐，一箱則為 4.8 元。

三、結語

在東北易幟後，東北政委會積極調整與國民政府的關係，按照國府法律法規並根據東北實際情形進行制度改革。在改革中，奉系制定的單行法規雖然已經注意與東北特殊情形結合，但由於國民政府法規是以關內尤其江南各省情形為標準，故很難完全適合東北的情況。而且這種不適合度隨著改革由省到縣，直至鄉村，逐級向下而不斷暴露出來。這種情況的出現，一方面是由於東北人口稀少，且教育不發達，導致人力資源不足以滿足改革的需要；另一方面，最主要的是原因還是東北經濟力量尚弱，各級政府稅收少，導致財力不濟不足以支持改革的持續與深入。

國民政府推行的各級政制改革，與北京政府時期官制相比，無不是增擴機構與官職。而機構的增擴，官佐員額的增加，又無不需要財政的支持。在東北省制改革中，僅僅是四個省長公署增擴為省政府，增加數名委員，增編部分廳局和員額，其需要增加的支出各省政府尚可支持。而東北縣制改革和村制改革，新增和擴編的機構和員額則數以百計。遼寧省 59 個縣，吉林省 41 個縣，黑龍江省 42 個縣，熱河省 15 個縣，一共 157 個縣。每縣僅擴編機構便至少 3 個，即公款處、教育公所、警察所擴編為財政局、教育局、警察局，實業較發達的縣還要增設實業局，而每縣平均轄村四五十個，僅所設村公所便要以千計，再加上試行區制，則新增擴編機構員額更多。政制改革中龐大的財政支出是東北地方政府難以長久維持的，所以在改革推行兩年後奉系政權不得不對其進行改組。

1931 年 5 月，遼寧省政府提出裁併地方機關辦法四條：「查本省被災及邊遠各縣原有地方機關酌量分別裁併以紓財力一案，……查各縣地方情形不同，地方機關名目亦極複雜，有為甲縣所有而為乙縣所無者，有為甲縣則宜存留而在乙縣則可歸併者，有機關雖應存在而經費則應裁減者，自應各就地方繁簡情形，分別規定，俾免窒礙。茲先就各縣公安、財政、教育各局而論，除公安關係地方治安，未便裁併外，其財政教育兩局裁併辦法可分為甲乙丙丁四種：（甲）兩局並存，人員切實裁減，但以縣長兼教育局長；（乙）以縣長兼財政局長，改教育局為教育科；（丙）財政局改科，將教育局事宜併入縣政府第一科承辦；（丁）兩局並裁，應辦事件歸併於縣政府原有各科辦理，不另設科。至某縣應按某種辦法辦理並經分別指定，俾使遵辦。此外其他機關，凡由地方款開支，無論直接間接隸屬縣政府者均一律切實裁併。……俟地方

財政充裕再行逐漸規復。」隨後 6 月初教育廳據此擬具裁併教育局改組辦法五條：「一、凡教育局存在局長由縣長兼任者，其兼任局長不另支薪，並免支公費，每局於局長之下設科長一人，以下各員視事務繁簡另表規定。辦公費應切實核減，並彙編預算呈廳核定。二、凡教育局改為教育科者，設科長一人，以下各員視事務繁簡另表規定。所有科內職員薪俸應由縣參照 19 年度實支數目酌編預算呈廳核定，但辦公費應切實核減。三、凡將教育局事宜併入縣政府第一科承辦者，應指定專員一人辦理教育行政並另設教育委員一人，其薪俸及辦公費應查照第二項辦理，將其應需數目列入 20 年度教育預算以內。四、凡教育局應辦事件歸併於縣政府原有各科辦理者，不另設員額亦不另支薪俸及辦公費。五、各該縣之督學除瞻榆應裁撤外，盤山、臺安、康平、彰武四縣應各設一人，其餘各縣均由教委兼充。」並另表規定盤山、臺安、康平、彰武、長白等五縣教育局長由縣長兼任，安國、撫松、金川、開通、鎮東、洮安等六縣改局為科，安廣、雙山、突泉等縣將局務併入縣府第一科，瞻榆縣將局務歸併縣政府原有各科，一切職員均不另設。〔註128〕

在東北政委會努力協調與國民政府關係的同時，對於外國勢力及其資本，東北政委會也在努力進行限制，希望保護東北經濟資源，以保證奉系政權的延續與發展。由於遼吉兩省情況差異較大，最終在韓人入籍問題上也未能取得一致，而分開辦理吉省又留有入籍口子，韓人在吉省入籍後再進入遼寧，則將使其取締韓人成為空談。雖然東北政委會對火柴實行專賣政策很大程度上遏制了以瑞典火柴為代表的外國資本的入侵，保護了東北火柴業。但由於其政策取向是實現官方利益的最大化，其專賣的結果僅能使東北火柴業維持生存，而根本無法談及發展。所以短期來看，奉系雖然能從中獲得豐厚利潤，但從長遠來看，該政策顯然對東北火柴業的現代化發展不利。而奉系政權在保護東北經濟資源方面的自利性，又必將反過來對其的延續與發展造成不利影響。

〔註128〕《遼寧省教育廳為遵令擬具各縣教育局改組辦法給省政府呈》（1931.6.12），遼寧省檔案館編：《奉系軍閥檔案史料彙編》（11），江蘇古籍出版社，1990年，第 711～713 頁。

第七章 外交：奉系地方政權蛻變因素考察

　　自皇姑屯事件後，奉系進入了張學良時代。雖然張學良時期的奉系地方政權曾再次將勢力伸入關內，並對當時的政局產生了巨大影響，但深處列強環視之中的東北終究沒能逃脫淪陷的命運。如前文所述，張學良爲了能延續政權曾努力改善與國民黨的關係，並取得一定成效；也曾努力阻止外國經濟勢力的介入，但由於東北受日本經濟侵略已深，這些局部努力終將無法扭轉東北受制於日本的現實。與此同時張學良也曾試圖努力發展經濟，但由於東北財政收入的絕大部分都用於了東北軍軍費開支，使得能夠用於經濟建設的資金實屬有限。而有限的資金又大都用在了爲對抗日本控制的南滿鐵路和大連港而修建的各條鐵路和葫蘆島港上，即日本所說的滿鐵「平行線」，而引發了中日間曠日持久的鐵路交涉，並與商租權問題一起成爲中日間所謂滿蒙懸案的主要問題。那麼，易幟後的奉系地方政權在對外交涉中到底有多大權限，實行的又是怎樣的外交政策，與九一八事變又是怎樣的關係，這便是本章將要討論的問題。

一、外交權的虛與實——以中東路事件前後交涉爲例

　　一般來講，在現代國際關係中，只有中央政府才能對外代表國家，擁有外交權，即便是在聯邦制的國家裏地方政府也不會擁有外交權。「可是在民國時期的中國，則普遍存在著地方政府的對外關係，這種在近代國際法、國際關係上極其特別的現象，被稱爲『地方外交』。地方外交發生的原因，第一爲辛亥革命以後中央政府統治功能的衰退、地方分權化和由內戰而引起的『正統』中央政府的分立；第二爲列強勢力向中國的侵透，設立所謂勢力範圍。

所以在東北、新疆、雲南等邊疆地區，由於上述兩個原因，致使地方外交根深蒂固。」〔註1〕

　　民國以來，爲了便於在地方直接處置對外交涉，北京政府實行了交涉員制度，在各省設置交涉署，各埠設置交涉分署，負責全省或全埠的對外交涉事宜。〔註2〕當時外交部在全國 20 個省設有交涉署，其中東北各省爲：（1）奉天交涉署，下轄營口、安東、遼源交涉分署；（2）吉林交涉署，下轄長春、哈爾濱交涉分署；（3）黑龍江交涉署，下轄璦琿、呼倫貝爾交涉分署。〔註3〕交涉署設特派交涉員一人，簡任職，下設總務、交際、外政、通商四科，交涉分署設交涉員一人，薦任職。特派交涉員和交涉員，都是直接承外交總長之命，掌理外交行政事務，並受各該省行政長官之監督。交涉員並非都爲專任，有的是由稅關監督或道尹兼任，如營口交涉員就是由任遼瀋道尹的佟兆元兼任。特派交涉員與交涉員並非統屬關係，然而各埠交涉員於職務上有關事務除了呈報外交部外，還須兼報該省特派交涉員，其中關於統一全省外交行政的事項，仍兼須商明特派交涉員才能進行辦理。民初對交涉員制度的規定，「原欲使交涉員除受各該省行政長官監督以外，與地方當局均處平等地位，惟後來軍閥割據，交涉員之地位不能維持，而竟成爲軍閥勾結外國之工具。」〔註4〕

1、東北地方外交傳統的承繼

　　就奉系控制的東北而言，交涉員雖然名義上由中央政府外交部「特派」，但實際上則是由奉系任免和指揮，外交部不過是事後追認罷了。比如 1921 年 9 月張作霖以奉天省長名義「令委佟兆元署理外交部特派奉天交涉員」，1923 年 2 月「奉天省長公署任命狀內開，任命史記常署理外交部特派奉天交涉員」，各該員奉令後不日便接印視事了。〔註5〕奉系在把持了東三省各省埠

〔註1〕〔日〕土田哲夫：《民國時期的「地方外交」──張學良東北政權的事例》，張憲文主編：《民國研究》第二輯，南京大學出版社，1995 年，第 83～84 頁。

〔註2〕有關清末至民國時期地方外交行政機關的沿革可參見邱祖銘：《我國地方外交行政機關之沿革──自五口通商大臣至視察專員》，《半月評論》第 1 卷第 5 期，第 9～13 頁。

〔註3〕陳體強：《中國外交行政》，商務印書館，1945 年，第 104 頁。

〔註4〕陳體強：《中國外交行政》，商務印書館，1945 年，第 105 頁。

〔註5〕《外交部奉天交涉署爲佟兆元任奉天交涉員的訓令》（1921.10.1），遼寧省檔案館編：《奉系軍閥檔案史料彙編》③，江蘇古籍出版社，1990 年，第 627 頁；《奉天交涉署爲史記常任奉天交涉員訓令》（1923.3.2），遼寧省檔案館編：《奉系軍閥檔案史料彙編》④，江蘇古籍出版社，1990 年，第 145 頁。

交涉署爲己用的同時，還於第一次直奉戰爭後宣佈東三省獨立時建立了北京政府定制之外的統轄東三省對外交涉的最高機關，即東三省交涉總署。1924年10月，東三省交涉總署成立，內設總務、通商、政務、交際四處，並訓令各縣知事：「各該縣交涉事向係呈請該管道尹兼交涉員核辦者，仍照舊章辦理，如遇發生重要案件應於呈請該管道尹核辦時，兼呈本總署查核，以期對外一致」。〔註6〕東三省交涉總署是「在奉天交涉署內籌設」建立的，署員均是由奉天交涉署抽調兼充，所以東三省交涉總署署長歷來由奉天交涉員兼任。第一任東三省總署署長是鍾世銘，他於1924年3月任奉天交涉員，10月兼任東三省交涉總署署長。由於他在該年對蘇交涉中貪污受賄，使奉系利益受損，而被張作霖趕出東北，「調任」北京財政次長兼鹽務署長兩個有名無實的虛職。在鍾之後繼任奉天交涉員和東三省交涉總署署長的是高清和，任職前他是奉天省會商埠局總辦，便經常與外國人打交道。高任職時間最長，終張作霖時期。1928年8月張學良主政東北後，調整高層人事，任命王鏡寰爲奉天交涉員和東三省交涉總署署長，直到1930年3月交涉署裁撤，而後改任外交部駐遼寧特派員。

表7-1-1：歷任東三省交涉總署署長姓名表

姓　名	籍　貫	任職時間
鍾世銘	直隸天津	1924.10.25～1924.12
高清和	奉天錦西	1924.12.24～1928.8
王鏡寰	遼寧北鎮	1928.8.25～1930.3

張作霖時期，除了交涉署的官方交涉機關外，還有其它管道輔助進行地方交涉。比如1927年6月奉系建立安國軍政府後，在安國軍總司令部下成立「外交處」作爲交涉機關，在與外交部爭權的同時還侵蝕著北京政府的外交功能。〔註7〕另外奉系還通過外國顧問或臨時派其代表進行對外交涉，甚至駐蘇聯遠東地區的中國領事館實際上也成爲了東北當局的常設使館，這主要是

〔註6〕《東三省交涉總署爲鍾世銘任該署署長仍兼奉天交涉署長的訓令》（1924.10.30），遼寧省檔案館編：《奉系軍閥檔案史料彙編》④，江蘇古籍出版社，1990年，第494頁。

〔註7〕參見唐啓華：《北伐時期的北洋外交——北洋外交部與奉系軍閥處理外交事務的互動關係初探》，《中華民國史專題論文集：第一屆討論會》，臺北國史館，1992年，第321～335頁。

因爲交通不便而且北京外交部也無力支持使得這些使館往往依靠東北當局的經費接濟或人員派遣。〔註8〕如奉系外交要員鄒尙友便於1927年任駐俄屬黑河總領事，1928年任駐海參崴總領事。〔註9〕

　　南京國民政府在成立初期仍延續了交涉員制度。如1927年11月國民政府頒佈《國民政府外交部特派各省交涉員及各埠交涉員服務條例》，規定「各省設特派交涉員，稱曰外交部特派某省交涉員，承國民政府外交部長之命辦理全省外交行政事務。各通商巨埠分設交涉員，稱曰外交部某埠交涉員，承國民政府外交部長之命辦理各埠外交行政事務。」「各省特派交涉員及各埠交涉員均兼受該省政府之監督。」〔註10〕1929年東北易幟實現，國民政府形式上統一了全國，而後開始積極統一外交權。該年1月16日國民黨中政會第171次會議通過了統一外交案，規定「所有各省對外交涉應歸中央辦理，由外部通告中外，無論何國凡與各省長官訂立協定，中央不能承認，不能發生效力」。〔註11〕不久國民政府又決定於1929年底廢除交涉員制度，裁撤各省埠交涉署。

　　1929年5月，國民政府通過外交部提出的裁撤各省及各埠交涉署案，「擬於今年八月底將各埠交涉署一律裁撤，今年年終裁撤各省特派交涉署。所有各該署被裁人員擬由本部斟酌情形，擇優錄用。至嗣後外人在各省通商遊歷各事項諸內政範圍者，均由地方官署妥愼辦理，隨時呈報本部考覈。如遇重大交涉事故發生，統應送部處理，以免貽誤。」而外交部裁撤各省埠交涉署的理由雖是爲了廢除領事裁判權，但更主要的則是要藉此統一外交權：「查各國外交事務均由中央政府通籌處理交涉，地方官署不能直接對外。遜清政府因初與外邦互市通商，華洋交涉至爲棘手，地方官吏又無外交常識，尤以各國對華有領事裁判權，應付維艱，爰就沿海各省設立洋務局以與各國駐領辦

〔註8〕陳體強：《中國外交行政》，重慶商務印書館，1945年，第110頁。

〔註9〕鄒尙友，奉天遼陽人，哈爾濱俄國高等商業學校畢業，1921年北京通才高等專門學校俄文教授，1923年東省特區行政長官公署宣傳處主任辦中俄交涉事宜，1925年東三省交涉總署通商處長，駐奉中俄會議專門委員，1926年鎭威上將軍公署諮議，東三省交涉總署參事，東北大學俄文教授，1927年3月駐俄屬黑河總領事，1928年駐海參崴總領事兼東三省交涉總署顧問，8月東三省保安總司令部秘書仍兼東三省交涉總署顧問。參見《東三省保安總司令部爲各軍事機關按春秋兩季造報履歷給秘書廳訓令》(1928.8.15)，《奉系軍閥檔案史料彙編》(7)，江蘇古籍出版社，1990年，第366頁。

〔註10〕《外交部公報》，1928年第1卷第1期，第18～20頁。

〔註11〕韓信夫、姜克夫主編：《中華民國大事記》第二冊（1923～1929），中國文史出版社，1997年，第943頁。

理地方交涉事件，嗣又改為交涉司署。民國成立前，外交部因欲令各省交涉機關統歸中央指揮監督起見，遂定各省特派交涉署及各埠交涉署官制，以此統馭。後以軍閥專權演變成地方割據之局，各地交涉員之任免亦聽各省政府自由處置，外人利用此機逕由各地駐領向交涉員私自交涉，以圖便利，往往局部外交不經中央裁可，喪權辱國流弊滋生，致失設立交涉署之初意。現在正在努力廢除不平等條約之際，關於領事裁判權之裁撤已向各國分頭交涉，逐步進行，以期本年年底辦妥，各地交涉署已成駢枝機關，自應及時裁撤，以一事權，而節靡費。」〔註12〕

7月，外交部制定裁撤各省埠交涉署善後辦法九條：

一、交涉署裁撤後，各地方所有外交案件，統歸中央政府處理，地方政府不得直接對外及設立類似交涉署之機關，以免分歧。

二、交涉署裁撤後，所有外人一切事件，除法令限制外與中國人民一律辦理。

三、交涉署裁撤後，所有不關外交之外人事務，如通商貿易、租地給契、遊歷護照、入籍以及關於僑寓外人之保護及取締等事項，在設有特別市政府地方由特別市政府辦理，在各省區由各市政府或未設市之縣政府辦理。各該特別市及市縣政府應按照事務之性質分配於其所屬之主管各局科分別辦理。

四、交涉署裁撤後，各特別市或市縣政府辦理前條外人事務遇有發生交涉時，應即呈送外交部處理。

五、外交部對於各特別市或市縣政府辦理關於外人事務認為必要時得直接命令指揮。

六、各埠交涉署裁撤後，所有未結之華洋上訴案件暫交各該省特派交涉署接辦，特派交涉署裁撤後一律移交相當法院辦理。

七、交涉署裁撤後，關於出國護照其外交護照一律仍由外交部發給普通護照，由外交部發交各通商口岸之特別市或市縣政府照章發給，仍按月呈報外交部備查。

八、交涉署裁撤時應由外交部通告各國駐使，自後凡外交案件均由中央政府辦理，其不關外交之外人事務應令行各地方領事飭令各僑民直接自向各主管機關陳情辦理。

〔註12〕《外交部公報》，1929年第2卷第4期，第58～59頁。

　　九、交涉署裁撤後，所有服務得力人員應酌量錄用。〔註13〕

對於該善後辦法各條之制定，外交部有如下解釋：「將來交涉署裁撤後，所有各地外交案件自應統由職部辦理，地方任何機關皆不應直接對外，並不應設立類似交涉署之變相機關。否則名義雖換，積弊仍存，不特事權益形分歧，且恐昔日之交涉員尤受職部之任命，爲職部之隸屬，此後之變相交涉員既爲地方政府所任命完全屬於地方，職部指揮監督益難收效。此所以有辦法第一條。……交涉署裁撤後，所有舊管事務除外交案件應直接由職部辦理外，其餘皆應由地方行政機關辦理。……按照事務之性質分配於其所屬之主管各局科，如關於外人通商貿易，市政府歸社會局辦理，縣政府歸建設局辦理；租地給契歸土地局辦理；遊歷護照、入籍保護取締歸公安局辦理，其餘以此類推。……領事與地方行政機關凡有往來，只能以通商等行政事務爲限，其遇有外交雖發生於地方，皆須呈由各本國駐使轉向職部交涉。舉凡以往種種中外人民不平等之地位，以及領事外交之惡習皆將於此一掃而空，此所以有辦法第二條、第三條及第八條之規定。……裁撤交涉署實與撤廢領事裁判權相□而行，惟領判權之撤廢，我國預定於本年年終爲期，而各埠交涉署本年八月即須裁撤，在此過渡期間不能不有相當辦法以資救濟，此所以有辦法第六條之規定。」〔註14〕通過該善後辦法及說明，我們更可以看出國民政府裁撤交涉署統一外交權的明顯意圖。而內政部將該說明連同該善後辦法一併轉發給遼寧省政府，目的顯然也是想讓奉方明瞭國民政府統一外交權的決心。

　　裁撤交涉署，事關東北對外交涉的大局，奉系自然不會不與國民政府討價還價。按照外交部限期裁撤交涉署步驟，各埠交涉署是於1929年8月底裁撤，而各省交涉署則是於是年底裁撤。而奉系收到裁撤交涉署善後辦法已然7月末，距離各埠交涉署的裁撤期限已是近在咫尺。所以對於「中央規定限期裁撤各埠交涉署一案」，東北政務委員會以「據各該省電陳窒礙」爲由，「特電行政院外交部應否從緩裁撤」。而外交部覆電仍主按期裁撤：「裁撤交涉署即既以無形減少各國領事之權，即爲取消領事裁判權之張本。除實有特殊萬不得已之情形須呈請政府從緩辦理外，仍以遵照中央通令依期裁撤爲宜。至

〔註13〕《外交部公報》，1929年第2卷第4期，第66頁；遼寧省檔案館編：《奉系軍閥檔案史料彙編》⑧，江蘇古籍出版社，1990年，第549頁。

〔註14〕《內政部轉發外交部裁撤各省交涉署善後辦法》（1929.7.26），遼寧省檔案館編：《奉系軍閥檔案史料彙編》⑧，江蘇古籍出版社，1990年，第548～549頁。

延吉等處裁撤後，如有特別事件發生，可由各該省特派交涉員隨時派員處理，
既於事無礙亦能貫徹中央外交政策，是各埠交涉署自應爲期裁撤。」儘管外
交部沒有鬆口，但奉方仍是將部定善後辦法做了「因地制宜」的解釋和修改：
「查部定裁撤交涉員善後辦法第三條載，交涉署裁撤後所有不關外交之外人
事務，如通商貿易、租地給契、遊歷護照、入籍以及關於僑居外人之保護及
取締事項，在各省區由各市政府或未設市之縣政府辦理等語。據此則各埠交
涉署裁撤之後，所有不關外交之外人事務應由各埠市政籌備處接續辦理，自
不待言。惟東省地位特殊，動與外人接觸，嗣後各埠發生交涉案件當非甚少，
若悉由各該省特派交涉員臨時派員處理，非惟往返需時，抑且情形隔閡，諸
感不便」，於是東北政務委員會「第六十三次會議議決所有遼吉江三省各埠交
涉署如期裁撤，嗣後各埠交涉案件如不能由省交涉員派人往辦，即委託各市
政籌備處代爲處理，庶於整齊劃一之中仍有因地制宜之意，此不過暫時過渡
辦法，以救一時之急」。〔註15〕

　　易幟前，東北各埠交涉員均由各省道尹兼任，而易幟後東北各省省制改
革中，道尹廢除，各埠均成立市政籌備處，籌建市政府，所以各埠交涉員便
由市政籌備處處長兼任，即各市政籌備處處長掌握著各埠交涉員的外交權。
而此次各埠交涉署裁撤，善後辦法將以前各埠交涉署辦理事務分爲外交案件
和不關外交的外人事務兩類，並將前者暫歸尚未裁撤的各省特派交涉員辦
理，而後者則劃歸市縣政府辦理。就東北而言，也就是將原本兼各埠交涉員
的市政籌備處處長的外交職能取消並轉移到了各省特派交涉員手中。而一旦
各省特派交涉員在於年底按期裁撤，則東北原本運作多年的地方外交體系便
會被徹底瓦解，奉系的外交權也就完全喪失。而作爲應對，奉系以「東省地
位特殊」的現實情況爲由，並充分利用外交部在覆電中所做的各埠交涉署裁
撤後「如有特別事件發生，可由各該省特派交涉員隨時派員處理」的補充解
釋，即遇有交涉案件由各省特派交涉員派員處理，而如果遇有交涉案件時各
省特派交涉員不能及時派員有效處理又該如何呢？所以東北政務委員會才作
出決議：「嗣後各埠交涉案件如不能由省交涉員派人往辦，即委託各市政籌備
處代爲處理」。市政籌備處爲市政府籌備機關，對尚未實行市政府制度的東北
來說自然是與市政府相同，在外交部善後辦法中又是接管各埠交涉署部分職

〔註15〕《東北政務委員會爲轉發裁撤各埠交涉署善後辦法的訓令》（1929.8.29），遼寧省
　　　　檔案館編：《奉系軍閥檔案史料彙編》⑨，江蘇古籍出版社，1990年，第16頁。

能的規定機關，而裁撤各埠交涉署後在各省特派交涉員無法派員處置地方交涉案件時，由其暫代特派交涉員處置，也就是暫代各埠交涉署的原有外交職能，自然也是如外交部所言「既於事無礙亦能貫徹中央外交政策」的辦法了。如此，各埠交涉署僅是名義上按期裁撤了，而各署原有的外交權限仍舊保留在了各市政籌備處，東北地方外交的基層體系也就得以保留。（參見圖 7-1-1）

1929 年 9 月，東北各埠交涉署均按期裁撤，其外交事宜亦均「改由市政籌備處接管」，﹝註16﹞而各市政籌備處在「代特派交涉員行使職權」的同時，其職權區域也仍暫時按各埠交涉署「舊區」，即舊時各道尹管轄範圍。﹝註17﹞這樣，原來各埠交涉署和市政籌備處兩個職能機關一個長官的格局合二為一演變成為市政籌備處一個機關同時掌管行政與外交兩種職能的格局。

在各埠交涉署善後處理完畢後，各省交涉署的裁撤又提上了日程，為此國奉雙方也進行了鬥爭與妥協。奉方以遼寧交涉署名義，「電商外交部擬核照上海成例設立駐遼辦事處」，而外交部「電覆以外部顧問名義，選派二員分駐瀋哈兩處」。該案提經東北政委會討論，認為「以顧問名義辦理外交，名實不符」，因此再次電商外交部「仍請准照前電設立辦事處或改其它名義」。最終由於中東路事件中奉方屢派人員對蘇交涉，國民政府為維護外交權統一而不得不做出讓步，由外交部覆電「准改為外交部特派員分駐瀋垣及哈爾濱二處辦事」。﹝註18﹞

1929 年 11 月 28 日，國民政府公佈《外交部特派員辦事規程》，規程共八條，主要內容為：

> 第一條　外交部於遼寧、吉林、雲南、新疆四省設特派員，秉承外交部部長之命令辦理一切交辦事務。
> 第二條　特派員於職務上遇有與地方行政或軍事關係事項，除呈報外交部核示外，得隨時商請該省政府或軍事長官辦理。

﹝註16﹞《蔡運升為將該交涉署裁撤改由市政籌備處接管給遼寧省政府呈及致遼寧省交涉署函》（1929.9.5～6），《周玉柄為將長春交涉署裁撤改由市政籌備處接管給遼寧交涉署咨》（1929.9.6），遼寧省檔案館編：《奉系軍閥檔案史料彙編》⑨，江蘇古籍出版社，1990 年，第 79～80 頁。

﹝註17﹞《營口市政籌備處為交涉署裁撤後舊管各屬外交事宜由本處代理致瀋陽縣政府函》（1929.12.15），遼寧省檔案館編：《奉系軍閥檔案史料彙編》⑨，江蘇古籍出版社，1990 年，第 361 頁。

﹝註18﹞《東北政務委員會為設立外交部特派員分駐瀋陽哈爾濱辦事處給遼寧省政府指令》（1929.12.24），遼寧省檔案館編：《奉系軍閥檔案史料彙編》⑨，江蘇古籍出版社，1990 年，第 371 頁。

第三條　特派員於職務上所關事項，得隨時分別函令地方行政、
　　　　司法及軍事各機關辦理，並將辦理情形呈報外交部核奪。

第四條　外交部特派員辦事機關稱曰外交部駐某省特派員辦事處。

第五條　外交部特派員辦事處設秘書二人、事務員四人，輔助特
　　　　派員辦理處內一切事務。〔註19〕

「依據規程特派員與地方政府無統屬關係，遇事接洽商辦，或委託地方當局辦理。但事實上此平行關係未能維持，反之，特派員受地方政府的控制。」因為「特派員皆派在中央勢力較弱的省份，可知政府不能不顧慮地方上特殊情形。而特派員之設，目的在適應此種情形。……特派員幾乎成為省政府與外交部共管的機關，與昔之交涉員相差無幾。」〔註20〕

在瀋陽和哈爾濱分設外交部特派員辦事處的同時，吉林和黑龍江兩省則置外交部特派員辦事處分處，〔註21〕並規定由駐遼特派員委一主任駐黑龍江，由駐哈特派員委一主任駐吉林。1930年3月，各省交涉署裁撤並改組完畢後，東三省交涉總署由於「不在規定之內」，也一併裁撤，「所有一切文卷器具著由駐遼外交特派員妥為保存」。〔註22〕所以，最後實際裁撤的僅是東三省交涉總署而已，其他各省交涉署則均改組成為了特派員辦事處和分處。（參見圖7-1-1）

而就東北而言，無論是特派員還是分處主任均是以前舊交涉員的留任，人事並未更動，〔註23〕僅是機構名稱發生了變化。特派員的稱呼似乎更像是昔日特派交涉員的「簡稱」。可見外交部特派員與以前的特派交涉員除了名稱不同外，實際職權與地位並沒有什麼變化。這也就說明國民政府在東北外交權的中央化與地方化爭奪中實際是失敗的。然而有著實際外交權的奉系地方政權在易幟後的對日和對蘇交涉中，並沒有時時使用其外交權。在對日交涉

〔註19〕　《東北政務委員會為摘轉外交部制定特派員辦事規程給遼寧省政府訓令》
　　　　（1930.1.7），遼寧省檔案館編：《奉系軍閥檔案史料彙編》⑨，江蘇古籍出版
　　　　社，1990年，第469頁；《外交部公報》，1930年第2卷第9期，「法規」，第
　　　　1頁。

〔註20〕　陳體強：《中國外交行政》，商務印書館，1945年，第108頁。

〔註21〕　《東北政委會第一一三次會議議決案通知書》（1930.3.5），JC1-2：《東北政委
　　　　會會議議決案通知書》，東北政務委員會檔，遼寧省檔案館藏。

〔註22〕　《遼寧省政府三月份紀念周報告》（1930.3.3～31），遼寧省檔案館編：《奉系
　　　　軍閥檔案史料彙編》⑨，江蘇古籍出版社，1990年，第654頁。

〔註23〕　如遼寧仍為王鏡寰，吉林為鍾毓，哈爾濱為蔡運升。

中，奉系始終「隱藏」其外交權，對日聲稱地方無外交權；而在對蘇交涉中，奉系則是在中東路事件的前後交涉中動用過外交權。

圖7-1-1：張學良時期東北地方外交機構演變圖

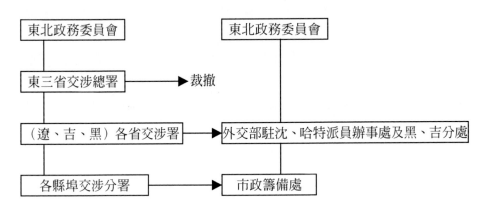

資料來源：南滿洲鐵道株式會社交涉部資料課編：《東北四省行政組織一覽》，1930年；
《東北政委會組織統系表》，東北文化社年鑑編印處編：《東北年鑑》，東北
印刷局，1931年，第179頁；〔日〕土田哲夫：《民國時期的「地方外交」
——張學良東北政權的事例》，張憲文主編：《民國研究》第二輯，南京大學
出版社，1995年，第86頁。

2、從中東路事件前後交涉看奉系外交權運用的困局

中東鐵路修建於清末，是沙皇俄國侵略中國東北地區的主要殖民機構。自從中東路建完後，沙俄先後以中東路爲據點，擴張勢力奪取了諸多附屬權利。〔註24〕而俄國十月革命後，北京政府和東北地方政府借俄國內亂時機陸續收回了中東路及其附屬地的一些權利，如護路軍隊權、中東路沿線各市普通警察權、鐵路警察權、司法權、市政權、航政權、地畝權等。〔註25〕1924年中蘇協定和奉蘇協定簽字，使中東路表面上成爲了中蘇兩國「共同管理」的「純係商業性質」的鐵路，但實際上上述協定均存在重大漏洞，使得「共同管理」僅僅停留在紙面之上。

中蘇協定和奉蘇協定〔註26〕規定：中東路設由10名理事組成的理事會爲

〔註24〕中東路修建於1897年，全線竣工通車於1901年。有關中東鐵路的緣起、修建經過以及俄國人奪取的各種特權可詳見雷殷：《中東路問題》，國際協報館，1929年，第1～58頁。

〔註25〕參見雷殷：《中東路問題》，國際協報館，1929年，第78～82頁。

〔註26〕中蘇協定和奉蘇協定的詳細內容參見王鐵崖編：《中外舊約章彙編》第三冊，三聯書店，1959年，第424、431～432、467～469頁。

議決機關，並由中蘇兩國各選派理事 5 人。理事會設理事長和副理事長，即督辦和會辦。督辦由中方理事兼任，會辦則由蘇方理事兼任。而理事會事務則由督辦和會辦共同管理並共同簽定各種文書。雖然上述兩個協定均對中東路管理機構進行了改革，在理事會中實行中蘇平分理事名額的原則，但實際上這僅僅是紙面上的平等和共同管理。原因有以下兩點：第一，中蘇協定規定理事會的法定人數為 7 人，所有決議必須得到至少 6 人同意才能通過。可見中方理事無論提出什麼建設性的意見都必須取得蘇方理事的同意才能在理事會通過，儘管這對蘇方理事也是一種制約，但由於中蘇協定和奉蘇協定簽字時，中東路管理體制仍是舊時沙俄時期體制，即中東路一切管理大權均操縱在路局局長手中，而兩個協定又均規定中東路管理局設局長一名且由蘇方充任，那麼在這種情況沒有發生根本改變時顯然對中方更為不利。第二，基於這樣的顧慮，兩個協定又均規定應在理事會成立後數月內（中蘇協定規定為 6 個月而奉蘇協定規定為 4 個月），由理事會將沙俄政府於 1896 年批准的《東省鐵路公司章程》進行修改，即將沙俄時期賦予路局局長過大權力的舊體制廢除，重新由理事會規定路局局長和副局長的權力。如果這條能夠順利實現，那麼中東路共同管理才能落到實處。而問題則是自從理事會成立後，在東北當局的一再要求下，雖然蘇方同意組織修改舊章委員會，但不是要求擴大蘇方局長的權限，就是提出與中東路無關的無理要求作為先決條件，以致到 1929 年的數年間理事會始終無法就此問題做出決議，中蘇協定和奉蘇協定關於修改中東路局長職權的規定也就無法落實。〔註 27〕而在這種情況下，蘇方路局局長便仍依據前沙俄政府在 1896 年 12 月所批准的《東省鐵路公司章程》發揮權力，而該章程對副局長職權並未作規定，中方副局長（兩個協定均規定設副局長 2 人，中蘇各 1 人）也就等同虛設。可見儘管中蘇協定和奉蘇協定簽了字，理事會也如期成立了，但中東路仍掌握在蘇方局長手中，「共同管理」顯然也就是空談。

（1）中東路事件前奉系對蘇交涉

儘管交涉屢屢受挫，但東北當局並未停止交涉。東北易幟後，奉系借蘇聯新派中東路會辦之機，再次向蘇方提出交涉，要求平分中東路權利。蘇方表示願先將各案做大體討論，於是奉方擬定提案六條，於 1929 年 3 月 1 日以書面形式正式通知蘇方：

〔註 27〕漢壽曾志陵：《中東路交涉史》，北平建設圖書館，1931 年，第 195～197 頁。

1. 路局局長發佈之各種命令、公函及他項文件，非由局長及華副局長會同簽字，不生效力。
2. 路局所有支出，應得稽核局之同意，否則不得動用款項。
3. 路局內未經解決各案，交理事會解決。
4. 路局各處科及沿線各段各站，由中國蘇聯兩方面平均分配首領。
5. 其它職員之平均分配辦法，逐漸實行之。
6. 辦事須中俄文並用。〔註28〕

而蘇方於 3 月 6 日由蘇理事提出許多與鐵路行政無關的問題，作為對案，〔註29〕並要求將其提案與中方提案一併審議。對於蘇方提案，奉方當即提出駁詰：「蘇聯方面提出各案，有涉及行政範圍者，有僅屬本身營業者，有片面主張而理由未必充分者，有事極尋常無研究之必要者，猶欲先行審議或與華方提案同時審議，儼若立於對等地位，而以此為交換條件，並置協定之原則不顧，深為遺憾。」並認為「蘇聯果有誠意，則前提各條，凡無關於協定者，可先行刪去，另案辦理。」〔註30〕並將蘇方此次對案逐條批駁簽注意見，提交蘇方理事。隨後雖經呂榮寰與齊爾金於 3 月 11 日和 14 日兩度談判，但終無結果。

　　3 月 20 日，針對奉方簽注案，蘇方亦提出了針對奉方首次提案的簽注案。儘管蘇聯並未完全同意奉方的條件，但還是做出了讓步。第一，華副局長會簽權問題。蘇方表示可以在不妨礙奉俄協定範圍之內提出具體辦法，賦予華副局長實地參與路務之可能，即規定華副局長對於路局文件僅有權會簽，如華副局長的意見與局長不同時，有權向理事會提出特別意見，但華副局長會簽與否與發生效力與否無關。第二，稽核局與路局關係。蘇方表示對於局長負責支出之款，如稽核局不予同意時，可定一最高數額，於一年內總額不得逾鐵路預決算總額百分之一，每次支付此類款項時，路局局長應同時聲明理由，報告理事會，而與行車無關之支出，每項不得逾萬盧布。第三，平均用人案。蘇方提出路局現有 24 處、理事會現有 6 處中，蘇方願由華人掌 21 處，

〔註28〕董顯光：《東路中俄決裂之真相》，上海真美善書店，1929 年，第 18 頁；漢壽曾志陵：《中東路交涉史》，北平建設圖書館，1931 年，第 197～198 頁。
〔註29〕蘇方此次所提對案參見漢壽曾志陵：《中東路交涉史》，北平建設圖書館，1931 年，第 198～199 頁。
〔註30〕奉方批駁簽注意見一併參見漢壽曾志陵：《中東路交涉史》，北平建設圖書館，1931 年，第 200～203 頁。

蘇方掌 9 處。即理事會，華方掌總務處、技術處、北京辦事處；路局，華方掌稽核局、工務處、材料處、電報處、醫務處、路警處、恤金處、地畝處、獸醫處、經濟調查局、華俄秘書處、法律處、房產處、學務處、航務處、印刷所、天文臺、中央圖書館。而蘇方在理事會掌商務處、財務處、法律處；在路局掌機務處、車務處、總務處、商務處、財務處、進款處。而此前理事會有 3 處、路局僅有 9 處屬於華方，此次蘇方願讓出 8 處。第四，華方及蘇聯對於各處處內及沿線人員之分配。蘇方表示對於路局各處及沿線職務之分配，如與職務能相適合願由華人掌理。各處現共有 96 科，華方現只有 18 科，願以 26 科，共 44 科屬諸華方。第五，中俄文字並用案。蘇方表示願逐漸改為中俄兩國文字並用，增用譯員。在不致影響鐵路業務前提下，先將理事會及與路局一切往來文件、票據、合同章程和路局會議議決案等實行兩國文字並用。〔註31〕

　　從當時中東路實際權利分配與蘇方對案比較，蘇方讓出了一些不重要的權力，而中東路路局的核心部門一概沒有讓出。如果奉系以此次提案為底線，則蘇方部分讓步當然不能使奉方滿意；而如果奉系依從前逐步收回利權的慣例，則此次蘇方讓步也可使奉方滿意，因為中東路路局權利已向奉方敞開，蘇方僅保有核心幾個處，奉系完全可以在未來利用合適機會再加以滲透逐漸平分以至收回路局核心權利。但從之後不久中東路事件的爆發，兩國交兵中國邊境的情況來看，顯然奉系此次交涉的提案是其目標底線，其交涉目的就是要平分中東路路局權利，並欲不惜借用武力手段迫使蘇方滿足奉方要求，甚至希圖藉此收回中東路。只不過奉系預判錯誤，蘇聯並沒有投鼠忌器，而是主動挑戰反而迫使奉系做出讓步恢復了中東路原態，而蘇方在對案中所作的局部權利讓步亦使奉系不可得。從最後結果來看，奉系莫不如當初同意蘇聯條件，尚可壓縮蘇聯在中東路的權利空間於幾個核心部門，而不至於最後一無所獲，甚至連再次要求平分路局權利的資格和條件都不具備了，當時歷史不可假設，這也只是筆者於事後的觀察罷了。

　　3 月 22 日，呂榮寰與齊爾金再次會議，關於正副局長權限、稽核局職權、平均用人等核心問題，作最後的談判。至 27 日，奉系提出最後讓步之提案六條：

〔註31〕蘇方簽注案詳見漢壽曾志陵：《中東路交涉史》，北平建設圖書館，1931 年，第 204～214 頁。

一、凡路局關於用人一切事項（任免調轉及其它一切命令）須局
　　長與華副局長共同會簽辦理，始能發生效力。如有意見不能
　　商榷解決時，應呈理事會核定。蘇副局長爲局長代理人，華
　　處長中資格較深者爲華副局長代理人。

二、路局會議議決案，如經華副局長或稽核局局長反對，提出特
　　別意見時，應即呈報理事會，在理事會未議決以前，不得擅
　　自施行。路局局長之意見，倘與路局會議議決案不同時，應
　　呈請理事會辦理，在理事會未議決以前，不得擅自施行。

三、路局用款，非經稽核局通過，不得動支，自行負責辦理之慣
　　例，應即取消。所有章程内所許之一切財政上之業務，如與
　　各銀行接洽及存款、買賣貨幣、售賣運費、借款貸款等項，
　　如無稽核局局長之同意，不得辦理，銀行支票，應由局長與
　　稽核局局長會同簽署。

四、平均分配路局各處時，於機、工、車、商四大處内應有兩處
　　劃歸華方，總務、財務兩處應有一處劃歸華方。路局各處科
　　長及沿線之段長、站長之半數，以及路線以外之商務代辦所
　　主任，均應改派華員，其它各項職員，亦應陸續改派華員，
　　至完全平均之日爲止。按照協定，各處只有正副處長各一
　　人，所有駢枝之副處長，應即裁撤。凡各處用人一切事項，
　　須由正副處長共同會簽辦理，始能發生效力，如有意見不同
　　時，應即呈請局長、華副局長會同審核。

五、華俄文並用，應取漸進主義，次第辦理。

六、以上各條，如蘇聯方面不能同意，華方仍主張第一次所提之
　　條件。〔註32〕

奉系此次提案，明確提出了要與蘇方平分的中東路權利，即路局的人事權、
財政權和核心各處。然而就在奉蘇間就中東路權利爭執不下時，發生了東
北當局搜查哈爾濱蘇聯領事館事件，而此次事件則爲奉系強行收回中東路
提供了理由和機會。1929年5月27日，第三國際在哈爾濱蘇聯領事館召開
會議，討論在華宣傳問題。事前蘇方開會消息被奉方獲知，在當局指令下
哈爾濱特警處長米春霖派出警察前往領館進行查抄，並查獲大量會議文件

〔註32〕漢壽曾志陵：《中東路交涉史》，北平建設圖書館，1931年，第214～215頁。

和議案。〔註33〕在這些文件和議案中，主要是關於中國尤其是東北方面的，對此國民政府和東北政委會均認爲這是蘇聯破壞中國統一和宣傳赤化的證據，違反了中蘇協定和奉蘇協定。

對於奉系搜查哈爾濱蘇聯領事館並查獲大量文件一事，當時國內各種政治勢力的反應是不同的，比如中共認爲「中國的軍閥不是因爲在滿洲領事館內搜得了許多可怕的文件，才佔據了中東路，才進行對蘇聯戰爭的準備，而是爲要進行反蘇聯的戰爭政策，才去搜查蘇聯領事館，才由中國警察帶了俄國白黨事前編造的文件，以便『製造』一個佔據中東路的理由。」〔註34〕中共的言論自然是以其政治利益爲著眼點的，所以否認蘇聯有宣傳赤化行爲，並質疑奉系搜查行爲是否具有目的性。實際上早在 1928 年 11 月哈爾濱發生學潮後，奉系就已察覺其間有共產黨宣傳鼓動，並認爲與蘇聯有密切關係，要求下屬機關加以注意察查防範。〔註35〕由此可見，奉系自哈學潮後便已嚴密注意蘇聯及中共行爲，所以此次哈警搜查哈爾濱蘇聯領事館一案，並非奉系爲收回中東路而密謀製造的理由，而是其長時間嚴密防範之必然結果。換言之，是蘇聯在哈秘密會議行爲，爲奉系收回中東路提供了契機和口實。

6 月 6 日，張學良電張景惠和呂榮寰：「蘇領館事發生後，則我原定辦法，自宜同時進行。良意對內兩公須將意見交換，謀定後，不分彼此，照一定方針去做，且須極端嚴密，非重要僚屬，不使參與，以免外界賄買、刺探等弊。對外則東路仍本協定精神，要求履行，繼續以前經過程序，向俄方催促，若再用延宕方法，則我方須利用此時機出以嚴厲之手段，解散職工會，封閉蘇俄所設商號，其餘檢查電信，限制居民，驅逐不良分子，皆將次第施行，務達我方所希望而後已。若蘇聯副理事長能就範圍，將我所要求者一一實現，

〔註33〕其主要有四類：（1）實行暗殺主義，（2）破壞中國統一，（3）操縱中東鐵路，（4）擴張共產宣傳。參見秦孝儀主編：《中華民國重要史料初編——對日抗戰時期》緒編（二），第 203～207 頁；MS/D820.11/6：《東北政務委員會檢送搜查哈爾濱蘇聯領館破獲各項文件書籍彙錄》，南京圖書館藏。

〔註34〕參見如炬：《搜捕哈爾濱蘇聯領事館的眞相》，《紅旗》1929 年第 37 期。

〔註35〕1928 年 11 月，東北憲兵司令部召開防共會議，並通過 11 條的「防共會議大要」，認爲防共同時應一併嚴防蘇聯：「東三省既發現共黨，該黨勢必與赤俄人聯絡一致實行宣傳，是以對於俄人尤應注意偵查」，參見《東北憲兵司令部防共會議大要》（1928.11.24），遼寧省檔案館：《奉系軍閥檔案史料彙編》⑦，江蘇古籍出版社，1990 年，第 686 頁。

則我對此次領館搜查，亦可以設法了結，此意並可默示之。」〔註36〕獲得張學良授意後，中東路督辦呂榮寰很快便向東北政委會提交了強行接收中東路的提案，同時繼續與蘇方就平方中東路權利進行交涉。在接到呂榮寰提案後，張學良於 6 月中旬召集張作相、萬福麟、張景惠、翟文選、呂榮寰、張國忱等人在瀋陽開會，研究對蘇方針，並最終決定採納呂的提案，爭取藉此機會收回中東路，同時派人向國民政府進行報告。〔註37〕6 月末，國民政府外交部覆稱：「張長官、呂督辦所擬處置辦法，均為扼要之圖。為保持地方治安計，即可隨時由地方酌量情形，逕行辦理。關於東路各款，在我能以自行辦理，即請轉飭相機進行」；又稱「原擬辦法與部意見並不衝突，……應分執行與交涉兩事，哈當局照原呈辦法，不必與蘇交涉，而按節強制執行。如不服從，撤換局長亦在所不惜。」〔註38〕儘管國民政府完全支持東北搜查哈爾濱蘇聯領事館和接收中東路的辦法，但張學良擔心引起兩國衝突後東北軍將單獨對抗蘇軍，造成損失，故此曾向國民政府表示：「事關全國，研究防禦不能專以東北兵力為依據」〔註39〕。7 月 10 日，在北平經蔣介石的一再規勸和蔣所謂「一旦中蘇開戰，中央可出兵 10 萬，撥幾百萬軍費」〔註40〕的保證下，張學良最終下定決心收回中東路。

東北政委會於該日「以中東路沿線電話線超越鐵路專用規定，一般收費通話實屬侵權為由」，正式下令「將該電話線完全收回」，以此為信號接收中東路行動開始啟動。隨即哈爾濱特警處奉令「以東省各職工聯合會等蘇駐哈機關宣傳赤化為由，一律加以解散及查封，並將蘇駐哈代理領事及中東路蘇方局長等 59 人，驅逐出境」。〔註41〕11 日，呂榮寰再與蘇方副理事長屢次交涉無效後，下令免去蘇方局長，並委派中東路華方理事范其光代理該路管理局局長，正式宣告接收中東路。

〔註36〕畢萬聞主編：《張學良文集》第一冊，新華出版社，1992 年，第 191 頁。
〔註37〕張友坤等：《張學良年譜》（修訂版），社會科學文獻出版社，2009 年，第 266～267 頁。
〔註38〕張友坤等：《張學良年譜》（修訂版），社會科學文獻出版社，2009 年，第 264 頁；畢萬聞主編：《張學良文集》第一冊，新華出版社，1992 年，第 195 頁。
〔註39〕畢萬聞主編：《張學良文集》第一冊，新華出版社，1992 年，第 189 頁。
〔註40〕張友坤等：《張學良年譜》（修訂版），社會科學文獻出版社，2009 年，第 270 頁。
〔註41〕張友坤等：《張學良年譜》（修訂版），社會科學文獻出版社，2009 年，第 271 頁。

（2）中東路事件後奉系對蘇交涉與國民政府的禁阻

　　奉系強行接收中東路後不久，蘇聯先後兩次對華發出通牒，並宣佈與中國斷絕外交關係，召回領事，並將中東路服務之蘇方人員全部撤回蘇聯，同時向遠東地區增兵對中國施加壓力。對此，張學良甚為憂慮，認為「現在蘇聯政府調動軍隊，積極籌備，迫近滿洲里、綏芬河處，確有以武力壓迫情勢，決非局部之事故，亦非東省獨立所能應付」，並擔心日本借機有所圖謀：「惟某方（即指日本——筆者注）處心積慮，惟在坐收漁利，就之百般煽惑，惟恐釁端不開，日來連得報告，昭然有據。倘不幸引起戰事，牽涉甚大，誠有不可思議者。……值此甫告統一之際，元氣未充，百務待舉，但有避免紛爭之術，總以避免為宜，非為東北一隅而言，實為全國前途著想。否則強鄰伺隙，一觸即發，縱欲避免，協以謀我之局，亦恐權不在我」。〔註42〕

　　在這種顧慮之下，張學良委派哈爾濱交涉員蔡運升與蘇方接觸。而蘇方亦有和解願望，7月22日，蔡運升與哈爾濱蘇聯領事梅尼柯夫達成四項辦法，被稱為「蔡梅協議」：

　　　　一、雙方各派代表定期會議解決東路問題。

　　　　二、蘇聯政府另派正副局長。

　　　　三、東路現在之狀態認為臨時辦法，由俄正局長華副局長共同簽字辦事。俟將來會議後根據中俄奉俄協定規定之。

　　　　四、被拘蘇聯人員可以釋放，但須經過相當手續驅逐出境，其蘇聯拘留之華人亦須一律釋放。〔註43〕

「蔡梅協議」達成後，雙方各自向政府報告。蘇聯同意按照該四條辦法進行談判，並委派正式代表謝列布米夫。而張學良則委派蔡運升為代表，雙方準備在滿洲里舉行會議。與此同時，張學良將處理辦法電告了國民政府，而國民政府卻不准東北私下對蘇交涉，一面急電瀋陽推翻「蔡梅協議」，並指示令蘇方根本無法接受的談判方針，使談判受挫；一面又特派駐芬蘭公使朱紹陽為全權代表趕赴滿洲里與蘇方談判，並為蘇方所拒絕，終使滿洲里會議成為泡影。

〔註42〕秦孝儀主編：《中華民國重要史料初編——對日抗戰時期》緒編（二），第221～238頁。

〔註43〕秦孝儀主編：《中華民國重要史料初編——對日抗戰時期》緒編（二），第239～240頁。

實際上在 1929 年 5 月份，決定裁撤各省埠交涉署以圖統一外交權後，南京國民政府便開始以搜查哈爾濱蘇聯領事館事件的善後爲契機，禁阻東北政委會單獨對蘇交涉。在 6 月末國民政府外交部的覆電中，除了前述鼓勵和支持東北「相機進行」和「強制執行」外，對於交涉一節也有指示：「全案解決，簽字應俟令，便由中央綜核全局，製成提案大綱，連東路改組，純歸奉方主政，及蒙古、新疆問題，同時向蘇聯提出，嚴重負責交涉，意取欲縱先擒之法。如果哈當局以小問題輕之，與之交涉解決，中央即難反口，轉爲蘇俄利用。交涉內外失聯絡，往往利於對方者，此也。如蘇俄肯一一就我範圍，雖餌以復交，亦無不可。被拘 39 人亦應候中央解決，以勿先釋爲是。並由毓（即鍾毓，吉林特派交涉員——筆者注）聲明，倘若起重大事件，應由中央主持，全權負責」。〔註 44〕國民政府以東北、蒙古、新疆通盤考慮一併對蘇交涉爲由禁阻東北單獨對蘇交涉，其急欲藉此機會統一外交權的意圖已經躍然紙上。

中東路事件發生後，蘇聯宣佈對華斷交，兩國邊境進入緊急狀態，已不容國民政府綜核全局通盤考慮了，因此國民政府變換手段繼續禁阻東北私下對蘇交涉。第一，對於張學良擔心的中蘇邊境衝突，蔣介石屢次許以軍事援助，試圖增加其信心，將其穩住。7 月 21 日，蔣回電張：「中央對蘇俄作戰及軍隊調遣事，已由參謀部負責調製全般計劃，……如有必要，全國軍隊可以隨時增援也。……聞蘇俄甚想轉圜避戰，故中央亦在設法進行，我軍暫不與之接觸爲要。」〔註45〕7 月 24 日，蔣電張：「對於關內總預備隊之計劃，及萬一開戰時各種之接濟，亦均已計及」。〔註46〕

第二，祭出國家主義的大旗，要求張學良維護統一，維護中央「威信」。蔣介石雖然屢屢對張學良許以軍事援助，但張學良始終難消顧慮，因此便了前述單獨對蘇交涉達成「蔡梅協議」一事。該協議達成後，張學良於 7 月27 日將協議四條內容電告了蔣介石，並稱：「查中央迭次電示，均囑釁不我開，且爲避免衝突計，軍隊稍爲撤退，亦無不可。外部來電亦力主和平，期以在非戰精神解決糾紛。良分屬軍人，於積極準備之中，墨察中央意旨及地方情

〔註44〕畢萬聞主編：《張學良文集》第一冊，新華出版社，1992 年，第 195 頁。
〔註45〕秦孝儀主編：《中華民國重要史料初編——對日抗戰時期》緒編（二），第 222 頁。
〔註46〕秦孝儀主編：《中華民國重要史料初編——對日抗戰時期》緒編（二），第 223 頁。

況，均以和平了結，不使第三者坐收漁利為得計。東路本為局部問題，不如先由地方逕與商洽，即一時未能解決，亦尚有迴旋餘地。況梅領事在該國頗占勢力，其所言自屬可信，如照上述各項，由彼轉達政府，派員接洽，似有妥協希望。至東路外各重要問題，仍由中央交涉，以期全部解決。管見是否有當，仍熟權利害，指示方針，即日電覆。」〔註47〕在國民政府屢屢禁阻東北單獨對蘇交涉意圖統一外交權的情況下，張學良已然表示願將涉及東北的諸如中蘇兩國復交、通商等重要問題均由中央負責交涉，而僅要求把中東路問題視為地方局部問題，由東北繼續與蘇交涉，以便早日解決。然而蔣介石卻在覆電中祭出國家主義的法寶，要求張學良將東北外交全部交由中央負責：「寢電誦悉，對俄先由地方接洽，以為迴旋餘地，此意甚佩。惟應注意者：一、防俄利用中央與地方之分，彼乃從中挑撥取利；二、使我中央與地方對俄方針分歧，步調不一，致外交失敗反為其所操縱。故凡既經由中央接手之外交，無論如何困難，必須認定中央為交涉對手，以保國家威信。如我對外之方針與步調能內部一致，必可收最後之勝利也。對喀拉罕提議，當先用兄私人名義協商之，至所提諸條，略改如下：一、中俄二國政府雙方各派代表定期會議解決東路問題。二、東路現在之狀態，認為臨時辦法，俟將來會議後，根據中俄奉俄協定規定之。三、被拘蘇俄人員須經正式手續釋放，並驅逐出境。其蘇俄拘留之華人亦須一律釋放等語。至於局長簽字等問題，可以在第二條包括，此時不必細提也。」〔註48〕7月28日，張覆電蔣，再次爭取以「蔡梅協議」為藍本由東北單獨對蘇交涉：「業對鈞電所定三條原文，用良個人名義，函達喀拉罕，並請其電覆。惟俄另派正副局長一節，準情酌理為先發制人計，不得不容納彼方意見。至會同簽字辦事一層。實係我方提出，如能辦到，於將來會議時，亦屬有益無損。上述兩端仍須於函末附帶聲明，並未列入正式條文之內。至其它外交問題，自當聽候中央處置，絕不敢為局部交涉，致妨國家威信。」〔註49〕然而蔣介石仍不准：「原文三條之外，附件不可加入，務請設法註銷為盼。」〔註50〕

〔註47〕秦孝儀主編：《中華民國重要史料初編——對日抗戰時期》緒編（二），第239～240頁。

〔註48〕秦孝儀主編：《中華民國重要史料初編——對日抗戰時期》緒編（二），第240～241頁。

〔註49〕秦孝儀主編：《中華民國重要史料初編——對日抗戰時期》緒編（二），第241頁。

〔註50〕秦孝儀主編：《中華民國重要史料初編——對日抗戰時期》緒編（二），第242頁。

第三，祭出民族主義的大旗，要求張學良「不可強爲遷就」，而應「堅持不屈」。在蔣介石強硬推翻「蔡梅協議」，重新修改談判方針的情況下，滿洲里會議最終流產，奉蘇交涉也被迫暫時終止。而據赴滿洲里談判的蔡運升報告：「俄方軍容極爲嚴整，實有戰意。聞其輿論，對梅領主和，亦多不滿。昨據梁司令密告，海拉爾左翼又思蠢動」，〔註51〕此後蘇軍便開始節節進兵，侵擾東北邊境。顯然對於奉系修改原定協議，蘇方非常不滿，試圖在邊境加強對東北的軍事壓力。而這種情況正是張學良最爲擔心和顧慮的，所以蔣介石又祭出了他對付張學良的另一件法寶，即民族主義的大旗，要求張學良加強戰備，不要屈服。8 月 5 日，蔣覆電張：「暴俄狡橫支吾，自在意中。我方切勿示弱，請令蔡使不可強爲遷就，靜觀其變化。今日外交部已將此案通告美國，遵守非戰公約並備自衛之意，囑其轉告公約各國矣。」〔註52〕8 月 11 日，朱紹陽自滿洲里報告：前此東北政委會因東北地方困難及國防情勢緊急，爲緩和當時局勢起見，曾經議決可以允許另派正副局長，故梅領在長春會見吉林張作相及梅領與蔡交涉員在滿站會談時，均已對我表示另派正副局長。……就現勢而言，我方應付方針約有兩途：一、緩進主義。即一面由東省迅速增加邊防實力，並盡力維持東路交通計秩序，嚴防一切擾亂破壞舉動；一面審度俄方情形，再行交涉。關於此點，必須由中央與東省妥籌辦法，一致進行。二、速決主義。即第就實際情形，先將東路管理權之根本問題雙方讓步，調和解決。如試行提出正局長暫不派人，先由中俄兩副局長共同簽字辦法，如仍不能解決，即試行提出正副局長會同簽字辦法。同時簽訂恢復交通，撤退軍隊，雙方開會磋商一切問題，以爲交換條件，否則不准交通員到差任事。」〔註53〕然而蔣介石並未接受朱紹陽的建議，而是仍然固執己見，不做妥協，並於 8 月 13 日電何成濬命其出關「輔佐」張學良，貫徹其不妥協方針：「中東路事，俄方威逼日甚，漢卿、輔丞恐皆爲所動搖，故擬請兄即往奉天爲政府代表，暫駐半月或一月，輔佐漢卿主持交涉，使暴俄無所使其伎倆。我方對俄終以不主開釁，惟以鎮定不屈處之，並與其切商軍事準備，以防萬一可

〔註51〕秦孝儀主編：《中華民國重要史料初編——對日抗戰時期》緒編（二），第 242
　　　　～243 頁。

〔註52〕秦孝儀主編：《中華民國重要史料初編——對日抗戰時期》緒編（二），第 243
　　　　頁。

〔註53〕秦孝儀主編：《中華民國重要史料初編——對日抗戰時期》緒編（二），第 244
　　　　～246 頁。

也。」〔註54〕同日，蔣亦電張：「暴俄挑釁威逼，我前方將士皆能處以鎮定，不爲所動，欣慰何似。惟能多一時之忍耐，即增多無窮之國威，且表現吾兄政治之能力，不久在國際地位上將生莫大之影響，請兄堅持不屈。惟軍事急需準備，政府擬派雪竹或敬之〔註55〕兄來遼與兄面商一切，以便隨時助理。」〔註56〕

國家主義和民族主義的手段，實際並非蔣首次對東北應用，早在東北易幟談判期間，蔣介石便使用過這種手段，並收到效果。在東北易幟前後的一段時間裏，張學良每每公開表示擁護統一、擁護中央，所以蔣介石正是抓住張的這種公開論調，施以「國家」和「民族」的強力話語迫使張學良兌現。而就在哈爾濱當局搜查哈蘇領館一案前幾天，即5月23日，張學良還剛剛領銜東北軍將領發表通電，表示擁護中央，反對因對編遣方案不滿而反蔣介石的馮玉祥：「統一告成，國基始固，編遣會畢，建設方興，凡爲國家官吏者，自應服從中央，弭成自治。乃讀劉郁芬等通電，對主席則肆意詆諆，對黨國則行動背叛，舉動如此，實駭聽聞。須知庶政決於會議，非一人所得自專；主權屬於國民，非一人所能蔑視。況國家大計，本從集思，即或主張稍殊，不妨直陳所見，縱使處置不當，亦當據理力爭。胡竟輕啓釁端，殘民以逞，或破壞鐵路，阻礙交通，或扣留賑糧，罔恤民命，披猖妄肆，例行逆施，豈僅一系團結之陰私，是乃赤禍潮流所鼓蕩。學良等效忠黨國，不敢後人，擁護中央，尤爲素志。其有甘冒不韙自絕於人者，宜當仗義直言，與眾共棄，邦人君子，幸鑒察焉。」〔註57〕

張學良一面是言辭鑿鑿鏗鏘有力地高唱擁護中央，一面卻是暗中想盡辦法阻止國民黨勢力進入東北，而蔣介石卻偏偏在對蘇交涉問題上以張學良每每高調宣傳的類似話語要求其兌現擁護中央的表態，張學良確是進退維谷，陷入了高處不勝寒的窘境。在蔣介石強力話語權的壓迫下，已然墜入自己挖好的「甕中」的張學良根本無法拒絕，只能在對蘇交涉問題上按照蔣介石的意圖進行。鍾毓赴滿洲里與蘇方交涉最終是按照蔣的指示方針進行的，不但

〔註54〕秦孝儀主編：《中華民國重要史料初編——對日抗戰時期》緒編（二），第224頁。
〔註55〕何成濬，字雪竹；何應欽，字敬之。
〔註56〕秦孝儀主編：《中華民國重要史料初編——對日抗戰時期》緒編（二），第225頁。
〔註57〕畢萬聞主編：《張學良文集》第一冊，新華出版社，1992年，第184頁。

使會議破產，奉系也暫時停止了單獨對蘇交涉。之後，在蘇方武力壓迫之下，張學良仍按照蔣「堅持不屈」的方針進行戰備，不做妥協。誠如赴關外負責「輔佐」張學良的何成濬於 8 月 20 日自瀋陽電蔣所言：「到東以後，關於對俄問題，曾照鈞座先後兩電所授意旨，與漢卿詳談，漢卿態度頗鎮靜，確能遵照中央不屈不撓之辦法進行一切，決定即出兩軍五旅，協助吉黑軍抗禦赤軍。惟除漢卿以外之重要人物，對外交當局之辦法，多懷疑，並極不願有軍事行勤。西北之邊防毫無準備，加之國內變態紛呈，未必能真正一致對外，一旦有事，不無顧慮。百川對俄力主慎重，良有所見，至東路收回自管，在勢恐不可能，即蘇聯能勉強相從，日本以南滿鐵道及其在東一切關係，決不任我獨有。若就綏芬現狀觀察，蘇聯雖屢以暴兵來犯，旋復退去，可見亦無必戰之決心。然久延不決，日人必多方唆使，企圖擴大，終屬與我有害無利。蓋東北外交關鍵，操縱於日方者居多數也。為今後計，似仍宜外示堅強，內則速由外交方面秘密進行，以求得一相當解決，事關切要，伏乞鑒察，並飭外交當局妥為辦理為幸。」〔註58〕

就連剛剛趕赴瀋陽數日的何成濬都已然預見「東路收回自管，在勢恐不可能」，只有「外示堅強，內則速由外交方面秘密進行」交涉，才能求得解決之道而不至發生變故。而張學良卻不僅按照蔣的指示仍在粉飾「堅強」，還暫停了單獨對蘇交涉，並將東北的命運完全交付給了蔣。然而，國民政府的對蘇交涉卻以一再失敗而告終。在朱紹陽赴滿洲里試圖與蘇方交涉被拒後，國民政府於 8 月下旬到 9 月下旬在德國的斡旋下與蘇聯進行的交涉，最後也以無果告終。雙方主要的分歧不是路局局長要不要由蘇方委派，而是局長的任命時間上，國府要求先召開中蘇會議，解決中東路問題後再由蘇方委派局長，而蘇聯則要求委派局長要與中蘇會議同時進行。〔註59〕即國府要求中東路暫時維持現狀，而蘇聯則要求中東路先恢復原狀。分歧自然是巨大的，但如果雙方都有誠意完全可以各退一步，在現狀與原狀之間尋求折中，比如按照前述奉蘇「蔡梅協議」所定「東路現在之狀態認為臨時辦法，由俄正局長華副局長共同簽字辦事」，便可以尋求解決之道。但實際上這又是絕對不可能的，

〔註58〕 秦孝儀主編：《中華民國重要史料初編——對日抗戰時期》緒編（二），第 232 頁。

〔註59〕 在德國斡旋下的中蘇交涉可參見高哲民：《從中東路交涉經過論中東路根本改善問題》，中央宣傳部編撰科：《中東路問題重要論文匯刊》，中央宣傳部出版科，1931 年，第 194 頁。

因為一旦國府如此讓步，不啻又回到了奉蘇交涉的老路上，自然是對國府禁阻奉系單獨對蘇交涉的否定。因此說，國民政府與蘇聯之間的交涉注定以失敗收場。

在中東路事件發生前後及國民政府掌控對蘇交涉的這段時間裏，關外危機四伏的同時，關內也是陰雲密佈。編遣會議後，蔣桂矛盾爆發首先開戰，同時蔣馮矛盾也在不斷升溫，5 月後蔣馮兩軍已是劍拔弩張，進入 10 月雙方最終開戰。關內問題已然令蔣介石分身乏術，而關外問題則是久拖不決。在這種情況下，蔣被迫決定將中東路交涉交由東北自行負責，而蔣為掩飾難堪，將「解決西北」說成是解決一切問題的「要著」，更「是間接即所以解決俄事也」。而且蔣不僅不給予東北軍事支持，反而還向正在與強大蘇軍對峙中的東北軍借調炮兵助其攻打潼關。10 月 19 日，蔣電張：「暴俄知我國內亂，故對我提議與德國斡旋之計，均置不理，且聲言概不承認與德國有所接洽允。如此情狀，我方求速，而敵方反益延緩，使我前方將士與東北同志困難倍增，此心歉仄，莫可名狀。以意度之，西北問題不了，則俄事亦連帶延宕不能速了。如在根本上能求軍事之進步，以最短時期約三四星期內解決西北，是間接即所以解決俄事也。暴俄對同江既得而復放棄，是其始終不敢正式以武力佔據中東路可知，但其亦決不允我速了。如此是其不過騷擾邊疆，使我國內不安而已。故鄙意對暴俄之擾亂邊境，不必以強力抵禦，用彼進則我退，彼退則我進之法，以應之。而速用全力最速時期以解決西北是為要著。惟攻擊潼關須用重炮，可否由兄處速偕重炮若干營，由現有官長帶來助攻潼關，該關一破，則西北瓦解，不難一鼓蕩平。近觀俄情，或其有意與東北直接交涉。故對中央再三支吾，如有接洽機會，亦可與相機進行，何如？請酌裁之。」〔註60〕

對於攪黃奉蘇交涉後又將爛攤子甩給東北的蔣介石，張學良非常不滿，以近乎譏諷的語言覆電道：「蘇聯於正在接洽期間，遽爾盡翻前議，停止磋商，其為因我國發生內亂，意存觀望，顯而易見。尊電以解決西北即是間接解決俄事，洵屬窮源探本之論，欽佩曷勝。皓囑籌撥重炮營隊，頃擬與陳次長商決辦法，無論如何為難，必當盡其力之所能以為公助。至俄事由東北直接交涉一節，鈞慮極為周匝。所惜今昔不同，溯自沿邊戰禍既興，交通立行阻絕，

〔註60〕秦孝儀主編：《中華民國重要史料初編——對日抗戰時期》緒編（二），第 248 ～249 頁。

不獨對方原任談判之人早已遄返，彼邦無由接洽，即欲以函電傳達消息，亦苦無法可通。鄙意此時當初既由中央完全擔任，而為時又逾數月之久，彼負有全責之外交當局對於本案應付計劃，自必籌之已熟，茲雖小有波折，亦應別圖良策，以善其後。若地方則時機業經錯過，實無術再事轉圜，此種情形……轉催設法速決。」〔註 61〕

　　柏林談判無結果後，蘇聯加緊進兵東北，同江、富錦失守於前，滿洲里、扎蘭諾爾不保於後，東北陸軍第十七旅旅長韓光第陣亡、第十五旅旅長梁忠甲被俘，兩旅盡損，而蘇軍大有佔領哈爾濱之勢。而南京「對此嚴重局勢，既無具體辦法，復少實力援助。其外交負責當局，猶瞎唱高調，日作『鎮靜』、『恫嚇』、『對俄樂觀』、『非戰公約』、『中央自有辦法』等毫無意義之自欺欺人的囈語，以圖掩飾國人耳目，移轉民眾視線，而為維持個人地位之迷夢。殊不知再有幾個『鎮靜』，『非戰公約』，吾恐緣木求魚，俄人將要入山海關而取北平矣。」〔註 62〕雖然 10 月中旬蔣就將可由東北逕行向蘇交涉的意思告知了張學良，但奉系並未立即與蘇方接觸。其原因很簡單，如張學良所言地方交涉的「時機業經錯過」，如果此時奉系仍以「蔡梅協議」為藍本向蘇交涉，蘇方必然不會同意，而想再開交涉，奉系必須在「蔡梅協議」基礎上再做出更大讓步。而這能否得到蔣和國府的同意，能否得到國人的諒解，均成問題，所以張學良在給蔣的覆電中才要求蔣「轉催」「負有全責之外交當局」「設法速決」。張學良這樣做可以讓「負有全責之外交當局」黔驢技窮，而當國府在對蘇交涉中走到無計可施的地步時，奉系在擇一時機重開地方交涉，自然可以減輕來自蔣和國府方面的壓力，不至於重蹈滿洲里會議的覆轍。而在 11 月中下旬，繼外交失敗，軍事又失利之後，奉系重開地方交涉的時機已然來到，只不過奉系付出的代價過於沉重了。

　　奉系與蘇方接觸表示和談意願後，11 月 27 日，蘇聯代理外長李維諾夫致電張學良，聲明了三項先決條件：「一、中國方面正式同意，按照 1924 年中俄、奉俄協定恢復中東路在衝突以前之狀態；二、按照 1924 年中俄、奉俄協定恢復蘇聯方面舉薦之鐵路正副局長之職權；三、立即釋放所有因衝突而逮捕者。」〔註 63〕此三項先決條件實際表達了兩層含義：一、奉方

〔註 61〕秦孝儀主編：《中華民國重要史料初編——對日抗戰時期》緒編（二），第 249 頁。
〔註 62〕漢壽曾志陵：《中東路交涉史》，北平建設圖書館，1931 年，第 315 頁。
〔註 63〕王鐵崖編：《中外舊約章彙編》第三冊，三聯書店，1959 年，第 739 頁。

接收中東路後的現狀爲非法，必須恢復中東路衝突以前之狀態；二、必須承認蘇方局長對中東路的管理權。這與「蔡梅協議」相比，顯然差距頗大：一、「蔡梅協議」中，奉方接收中東路後的現狀爲「臨時辦法」，迴避合法與否之爭，避免傷及國家尊嚴，而實際上蘇方不糾纏於此問題是很容易造成奉方發動中東路事件爲合法的印象，這對於奉系自然是無害；二、「蔡梅協議」中，奉方承認局長由蘇方委派，但在奉方承認蘇方局長對中東路有管理權的同時，蘇方也必須承認奉方有共同管理權，而保障辦法即是蘇方局長與華方副局長共同簽字辦事，當然華方副局長的權限到底有多大還要由中蘇會議談判決定。可見，「蔡梅協議」是奉方取名、蘇方取實的格局。由此觀之，蘇方的三項先決條件與「蔡梅協議」相比，顯然是巨大的倒退，完全不顧及奉方的關切和利益。然而即便如此，奉系最後還是不得不忍辱接受。

　　11 月 30 日，奉系派蔡運升爲代表，赴蘇聯雙城子交涉。12 月 3 日，蔡同蘇方代表西門諾夫斯基簽訂了「雙城子草約」，主要內容爲在奉方將中東路理事長呂榮寰免職後，蘇方重新委派中東路正副局長。〔註 64〕顯然該草約僅是保障了蘇方的核心要求，而根本沒有涉及奉方的任何實質利益。「雙城子草約」簽訂後，蔡回瀋陽報告，復由國民政府於 7 日電派蔡爲對蘇交涉代表，令其與蘇聯進行交涉。蔡運升遂於 10 日赴伯力，談判期間蘇方態度強硬，以戰勝國自居，並宣稱「以武力維持談判，倘再有破裂，即進兵哈埠」。〔註 65〕在此情況下，蔡運升請示張學良後，最終於 22 日與蘇聯代表西門諾夫斯基簽訂了「伯力議定書」。該議定書共計十條，而主要內容則是「恢復」，即中東路恢復到衝突之前的狀況，而一切奉系關切的重要問題則均將留待中蘇會議解決。〔註 66〕至此，奉蘇交涉完畢，雖然國府甚爲不滿並大加反對，但最終中東路還是「恢復」了原狀。

　　而奉系從中有何所得呢？除了邊境動蕩，民不聊生，東北人力、財力、

〔註 64〕該草約詳見秦孝儀主編：《中華民國重要史料初編——對日抗戰時期》緒編（二），第 254 頁；王鐵崖編：《中外舊約章彙編》第三冊，三聯書店，1959 年，第 736～737 頁。

〔註 65〕漢壽曾志陵：《中東路交涉史》，北平建設圖書館，1931 年，第 320 頁。

〔註 66〕該議定書詳見秦孝儀主編：《中華民國重要史料初編——對日抗戰時期》緒編（二），第 255～256 頁；洪鈞培：《國民政府外交史》，沈雲龍主編：《近代中國史料叢刊》第 28 輯，臺北：文海出版社，1968 年，第 370～372 頁。

軍力大損，〔註67〕並充分暴露東北軍戰力不強外，奉系日思夜盼的華方副局長與蘇方局長的會簽權——哪怕是部分共同管理權——亦不可得。不僅如此，將蘇方三項先決條件、「雙城子草約」和「伯力議定書」三個文件的內容與前述 1929 年 3 月份蘇方所提出的簽注案的內容作對比，亦可看出，就連蘇方原先提出的諸多讓步奉系亦不可得。如果歷史可以重演，相信知道這種結果的張學良肯定不會輕易放棄蘇方簽注案和「蔡梅協議」，更不會輕易將外交權上交國府。

二、奉系對日外交的演變與九一八事變

從 1916 年張作霖控制了奉天到 1927 年他在北京建立軍政府的十餘年時間裏，他一直將中日兩國間的關係定位爲弱者與強者的關係，弱者如屈服於強者，則是自取滅亡，因此他對日本的態度表面上始終是柔軟的。但在暗裏地他卻堅持「不亢不卑，小事可讓步，在大局上則不退縮」〔註68〕的方針，即採取「明應暗抗」的兩面外交〔註69〕，所以「終其治奉之日，未聞其向日俄締結任何喪權辱國之密約」〔註70〕。

然而在張作霖入關並建立了北京軍政府後，他對日本的表面態度也發生了變化。1927 年，南方由於國民黨分共，相繼建立了武漢和南京兩個國民政府，而北方則是張控制的北京政府，一個國家三個政府，中國的國內局勢持續惡化著。面對中國的這種局面，日本企圖以張作霖的北京政府爲交涉對象，通過強硬外交取得滿蒙問題的突破和解決，然而卻遭到了張的拒絕和抵制。自「五四運動」、「五卅運動」以來，隨著國民革命的持續向北推進，中國的民族主義情緒不斷高漲，民族主義運動也是此起彼伏。1927年日本製造「濟南慘案」，後又召開解決滿蒙問題的「東方會議」，確定了

〔註67〕1929 年 11 月，東北政委會將自 7 月 17 日中東路事件爆發以來至 10 月 24 日中蘇戰事發生前，蘇軍在我國東北邊境的各種侵邊行爲，如擅扣我商船及人員物資、捕我華商沒收財產、侵擾我邊鎮民屯、襲擊我邊防軍、蘇軍飛機侵我國境偵察投彈等，以逐日記錄方式彙集成冊出版發行，取名《蘇俄侵邊暴行日記》（東北印刷局，1929 年）。

〔註68〕〔日〕水野明著，鄭樑生譯：《東北軍閥政權研究——張作霖、張學良之抗外與協助統一國內的軌迹》，臺北：國立編譯館，1998 年，第 157 頁。

〔註69〕參見王海晨：《從滿蒙交涉看張作霖對日謀略》，《史學月刊》，2004 年第 8 期，第 40 頁。

〔註70〕吳相湘：《張作霖與日本關係微妙》，臺灣《傳記文學》，1984 年第 44 卷第 6 期，第 37 頁。

將滿蒙〔註71〕從中國分離的政策，這些更加激起了中國的反日排日運動。而作爲北京政府的主宰者，張作霖在「前往北京以後，便更深一層瞭解到違背中國主義之輿論對自己之不利，與根本無法違背這種輿論」〔註72〕。

1927 年 8 月初，爲反對日本在臨江設置領事，奉天省議會組織了「奉天省議會國民外交委員會」，「以援助當局對外交涉，力保主權之尊嚴，民族之生存爲宗旨」〔註73〕；由奉天總商會組織了「奉天全省商工拒日臨江設領外交後援會」，以「取消臨江設領阻止滿蒙政策」爲宗旨〔註74〕。奉天總商會會長丁廣文爲此特赴北京向張作霖請示，回奉後與奉天交涉署長高清和、奉天市長李德新等決定 8 月 31 日開商民籌備大會，9 月 2 日開商民遊行宣講大會，4 日開各界市民大會，所有秩序均由商工各界自行維持。〔註75〕9 月 4 日，東北首次反日示威遊行運動在東北爆發，「三萬名群眾排成隊伍，高喊著摧毀帝國主義，打倒田中內閣」〔註76〕等反日口號，並進行反日演講，散佈反日傳單。除奉天外，吉林省也發生反日運動，吉林省議會、省教育會、省農會、省商工會等各大法團聯合組成「吉林省國民外交後援會」，並發出聯合通電：「查自日本軍閥掌握政權以來，遂至對中國採取積極的侵略政策。……最近復根據不爲全中國人所承認之二十一條，美其名曰懸案，而復向中國政府提出欲獲得商租權及延長吉敦鐵路，貫通吉會鐵路之要求。此一要求實已包藏著企圖達到兼併日、韓、滿之野心。……希望我政府當局嚴格的與之交涉，俾能維護我主權。俟日本覺醒以後，再恢復彼此之間的親善關係。在此之前，

〔註71〕 所謂「滿蒙」是指中國東三省和東部蒙古，也就是中國東北。日本人公然說：「滿蒙是滿蒙，中國是中國」，其將中國「東北」稱爲「滿蒙」，「意在與中國本部分離。」參見密汝卓：《以東北問題爲中心之日本對華外交》，《國民外交周報》1930 年第 23 期，第 1 頁；龍韜：《滿鐵會社是什麼？》，《國民外交周報》1929 年第 8 期，第 9 頁。日人雖然「居心巨測」，然而「國人謬然仿之」，使得「滿蒙」這個詞彙由政治話語演變稱爲歷史名詞，故在本書中仍延用之。

〔註72〕 〔日〕水野明著，鄭樑生譯：《東北軍閥政權研究——張作霖、張學良之抗外與協助統一國內的軌迹》，臺北：國立編譯館，1998 年，第 175 頁。

〔註73〕 遼寧省檔案館，吉林省渾江市政協文史資料研究委員會編：《臨江抗日風暴檔案史料：1927 年臨江官民拒日設領鬥爭》，（出版社不詳），1987 年，第 120 頁。

〔註74〕 遼寧省檔案館，吉林省渾江市政協文史資料研究委員會編：《臨江抗日風暴檔案史料：1927 年臨江官民拒日設領鬥爭》，（出版社不詳），1987 年，第 126 頁。

〔註75〕 遼寧省檔案館，吉林省渾江市政協文史資料研究委員會編：《臨江抗日風暴檔案史料：1927 年臨江官民拒日設領鬥爭》，（出版社不詳），1987 年，第 37 頁。

〔註76〕 〔日〕水野明著，鄭樑生譯：《東北軍閥政權研究——張作霖、張學良之抗外與協助統一國內的軌迹》，臺北：國立編譯館，1998 年，第 171 頁。

即使縮食，亦非致力抗爭不可。」〔註77〕

　　臨江拒日設領運動從4月份由臨江開始，7月份蔓延到奉天省城，9月份達到高潮，前後近半年時間。規模之大，持續時間之長，在張作霖控制下的東北實屬罕見。而實際上，該運動之所以會如此是得到了張的默許。奉軍總參議的楊宇霆「對我臨江拒日之舉，極譽主張正大，並獎官民暗合與極峰不謀而同。又以人數之多，氣概激昂，跡時既久，毫無軌外，頗屬難能之事，足見官論有方，民守有法之所致也。事爲全國冠，風播歐美英，喚醒民氣在此一舉。所謂官民暗合之事，於形勢上考之，甚覺愧對人民，若以實質論之，正所以穩見致遠也。國中內訌不已，必軍心不齊，倘官民合作，激起國仗不幸，步甲午之後塵，所傷必重，而失亦必多也。如此，外何以見鄰國，內何以對人民，故暫借民氣以了目前之交涉，正養精蓄銳，以圖日後之報復也。」〔註78〕當時楊宇霆乃張作霖心腹，又是主持對日交涉的主要人物，其所言應是可信的。

　　另外，當時奉天省城商埠警察局所獲日方情報也表明了該運動的官方因素，該局報稱：在奉日本市民大會認爲「奉天官民各方均屬有意排日」，並致電日本政府：「奉天城內九月四日之排日示威，不知者方疑出於國民方面之自動，豈料係由官憲指導。擬以此事中止滿蒙交涉，施以牽制之計。此等把戲，昭然若揭。莫省長之出席排日會議，及由軍警迫令各商戶揭揚排日旗幟，復令參加示威遊行，而軍警且爲遊行之先列。此項由官憲煽惑的排日，手腕非常可怕。不衹此也，外交後援會內設立排日宣傳部，傳知各學校各家庭施行排日的放育，竭力鼓吹反日的思想。我政府倘再遊疑不決，恐遭噬臍之悔。即請政府各機關注意，及之設法抵禦。」〔註79〕上述日人所言種種，雖有誇大成分，但可以肯定該運動能夠發展到如此程度必是得到了在北京的張作霖的默認。

　　由於奉天反日運動的高漲，使得日本將解決滿蒙問題的交涉地點由奉天

〔註77〕〔日〕水野明著，鄭樑生譯：《東北軍閥政權研究——張作霖、張學良之抗外與協助統一國內的軌迹》，臺北：國立編譯館，1998年，第173頁。

〔註78〕遼寧省檔案館，吉林省渾江市政協文史資料研究委員會編：《臨江抗日風暴檔案史料：1927年臨江官民拒日設領鬥爭》，（出版社不詳），1987年，第36～37頁。

〔註79〕遼寧省檔案館，吉林省渾江市政協文史資料研究委員會編：《臨江抗日風暴檔案史料：1927年臨江官民拒日設領鬥爭》，（出版社不詳），1987年，第118頁。

轉移到了北京，由日本駐華公使芳澤和滿鐵總裁山本直接與張作霖交涉，然而交涉一直未獲得實質進展。1927 年 10 月 13 日，在日本的「威嚇與賄賂」下，山本與張作霖在北京就建設「滿蒙新五路」〔註 80〕達成了諒解。日本方面將此一諒解稱之爲「張·山本協定」，其內容只是「決定了有關建設滿蒙五鐵路的原則」。而在日方準備好細則條款讓張作霖簽字時，張卻遲遲不肯，「迄至 1928 年 5 月 13 日，方才簽訂建設洮南——索倫鐵路，延吉——海倫鐵路的承包契約；5 月 15 日，簽訂建設敦化——圖們江鐵路，長春——大賚鐵路的承包契約」。〔註 81〕然而張作霖實際並沒有簽字，只是在芳澤提交的要求他簽字的文件上寫了個「閱」字。〔註 82〕

　　張作霖的這種不合作態度，最終導致他在皇姑屯被日本關東軍炸死。這對東北產生了巨大衝擊，「自從 4 日張作霖被炸身死後，中國方面的態度是極端消極的。非常恐懼與日本方面發生衝突，一改其昭和二年（1927 年）下半年以來的排日姿態。前年秋季，到城內去的日本人都惴惴不安走在路邊，躲避中國人的妨礙；今則相反，中國官民每見日本人就遠避走開。」〔註 83〕中日之間在滿蒙問題上存在根本分歧，該如何妥善處理，就成爲了繼承張作霖之位的張學良面臨的主要問題。

1、對日外交政策的轉變：由強硬到「圓滑」

　　首先擺在張學良及其新政權面前的就是皇姑屯事件的善後和日本對於東北易幟的干涉和阻撓。對於皇姑屯事件，「多數人說這是日本人陰謀暗害的。有的主張提出抗議，有的主張與南方合作等等，議論紛紛，莫衷一是。」前吉林省長王樹翰說：「關於此次事件之是否出於日本人的陰謀一節，我們究竟有無確證？如無確證，即勿用多論。即使有證據，我們對日本又能奈何？能戰固好，如不能戰，空喊證據又有何益？況且當前的要務，並不在日本人的

〔註 80〕　即敦圖路——敦化到圖們江，日方要求此路實際上就是要求貫通吉會路，因爲當時吉會路實際上只有敦化到圖們江一段尚未修築；長大路——長春到大賚；吉五路——吉林到五常；洮索路——洮南到索倫；延海路——延吉到海倫。

〔註 81〕　〔日〕水野明著，鄭樑生譯：《東北軍閥政權研究——張作霖、張學良之抗外與協助統一國內的軌迹》，臺北：國立編譯館，1998 年，第 176～177 頁。

〔註 82〕　張友坤等編：《張學良年譜》（修訂版），社會科學文獻出版社，2009 年，第 197 頁。

〔註 83〕　〔日〕林久治郎著，王也平譯：《「九一八」事變：奉天總領事林久郎遺稿》，瀋陽：遼寧教育出版社，1987 年，第 28 頁。

策劃如何，關鍵不是對外，而是我們內部的穩固團結。」〔註84〕於是臧式毅、劉尚清和王樹翰等人決定對張作霖之死秘不發喪，等張學良將駐灤州的三四方面軍大體整頓完畢返回奉天後，再議後事。如此處理，使得日本關東軍企圖趁亂不軌的陰謀沒有得逞。

1928 年 6 月 18 日，張學良回到奉天，繼任奉天督辦，之後出任東三省保安委員會主席，組建了新政權。此時南北妥協正在進行中，日本方面得此消息後便決定堅決阻止東北同南方合作。日本阻撓東北易幟的方法和步驟主要有以下三點：

第一，公開警告。早在 6 月 11 日，在劉尚清為歡迎新任日本駐奉總領事林久治郎的宴會上，林就曾說：「滿洲之有今日的發達，有賴於日本經營者非鮮。日本在歷史上即與滿洲結下了政治、經濟上的不可動搖的重大關係，這種權益不容任何人侵犯。日中兩國協力謀求滿洲的繁榮，維持亞洲和平，重要的是彼此都不做有背於對方利益的事情。」〔註85〕這既是表達了日本對滿蒙利益的重視，同時也是對奉方的警告：不要做有背於日本利益的事情。林久治郎這番言論，在中國引起了相當強烈的反響。路透社記者也大肆報導，把他宣傳為標榜強硬政策的人物。

第二，由林久治郎親自向張學良「勸告」。7 月 16 日，林久治郎第一次往訪張學良。張詢問林對於南北實行統一合作有何意見，林說：「這是一個非常重大的問題。國民政府標榜革命外交，主張單方面廢除不平等條約，企圖以武力收回租界。我國同東三省的關係與中國內陸地區同各國的關係不同，是極為重要而密切的。而國民政府的外交政策同我國在東三省保衛既得權益方針是絕對不能兩立的，與南方合作就無異於要同我國對抗。……關於這個問題，日本政府不能不給予極大的關注，我個人也要奉勸您加以阻止。此事對於我國政府是個非常重大的問題，我還要向田中首相請示。況且，此事不僅對日中兩國關係影響巨大，同時還將破壞東三省三千萬民眾賴以發達的保境安民政策的基礎，三省的父老也將為此感到遺憾。」〔註86〕

〔註84〕〔日〕林久治郎著，王也平譯：《「九一八」事變：奉天總領事林久郎遺稿》，遼寧教育出版社，1987 年，第 28 頁。

〔註85〕〔日〕林久治郎著，王也平譯：《「九一八」事變：奉天總領事林久郎遺稿》，遼寧教育出版社，1987 年，第 27 頁。

〔註86〕〔日〕林久治郎著，王也平譯：《「九一八」事變：奉天總領事林久郎遺稿》，遼寧教育出版社，1987 年，第 35 頁。

7月19日，林久治郎再度往訪張學良，轉達了日本政府的意向，主要內容有三點：一、南京政府含有共產黨色彩，且其地位尚未穩定，東北實無與其聯繫之必要；二、如南京政府以武力壓迫東北，日本願不惜犧牲，盡力相助；三、如東北財政發生困難，日本銀行願予以充分接濟。張反問林：是否可將日本不願中國統一的意見，或東北不能易幟是由於日本干涉的情形向南京政府報告？林無詞以答，只是說這是日本政府意見，希望予以充分考慮，雙方不歡而散。〔註87〕第二天，關東軍司令村岡在滿鐵公署初次會見了張學良，對張提出同樣勸告，要他停止南北妥協。同時村岡還提醒張注意有人虎視眈眈，暗懷陰謀（指楊宇霆）企圖伺機取而代之，聽後張「感激」得聲淚俱下。後來擔任翻譯的王家楨則私下對林說出了當時的實情：當天在滿鐵公署的會見結束後，王家楨陪張學良同車回去，在車上張問王說：「你能理解我今天為什麼落了淚嗎？」王答說不知，張學良無限感慨地說：「在不共戴天的仇人面前，我還得俯首致禮，反躬自問，實在太不爭氣，悲憤之極，不禁淚水奔流了。」〔註88〕

關於勸阻東北易幟一事，從7月21日左右開始，在日本內地的各報上廣泛傳播開來，並逐漸成為輿論的中心。首先掀起譴責聲浪的是《東京朝日新聞》，該報特發社論，主張不應該阻止中國的南北妥協，而其它各報持同一論調者也不在少數。在野的民政黨為此還專門選派代表訪問了田中首相，首相回答說那只是出於駐奉總領事個人的勸告，答覆得十分曖昧。上述新聞在各報上一經傳開，中國方面便立即引起反響。7月24日及28日林再次往訪張學良時，張便諷刺地說：據日本報紙透露，日本政府不一定有意阻止南北妥協，而且民政黨對此似乎也是持反對態度的。他表示出仍沒有放棄同國民黨進行妥協談判的口吻。林則解釋並強調說：日本報紙的報導是一種誤傳，我國政府已把在滿洲的日中關係，放在特殊重要的位置上，要堅決防止國民黨的外交方針波及此地。〔註89〕

第三，派林權助為特使，以弔唁為名，再次「勸」張放棄對南妥協。雖

〔註87〕張友坤等編：《張學良年譜》（修訂版），社會科學文獻出版社，2009年，第207頁。
〔註88〕〔日〕林久治郎著，王也平譯：《「九一八」事變：奉天總領事林久郎遺稿》，遼寧教育出版社，1987年，第36頁。
〔註89〕〔日〕林久治郎著，王也平譯：《「九一八」事變：奉天總領事林久郎遺稿》，遼寧教育出版社，1987年，第37頁。

然林久治郎極力勸阻，但張學良及其新政權並沒有放棄同國民黨合作，於是田中首相決定派林權助爲特使，借弔唁張作霖爲名，繼續勸阻東北易幟。林於 8 月 4 日抵達奉天，5 日弔祭張作霖，6 日向張學良遞交了田中的信函，其內容爲反對東三省同關內統一，要求張實行「東北自治」。8 日，林權助由林久治郎陪同正式會晤張學良，林本田中意旨，對張說：東省應聽從日本忠告，中止對南妥協，取觀望態度。並威脅說：否則田中已具決心，將以強固之意思，決取自由行動，那將會發生重大事情。〔註90〕

8 月 9 日，張學良由王家楨陪同回訪林權助，林久治郎及佐藤在座。這次會談雙方發生了激烈的爭執，張表示他要與國民政府合作，也要同日本繼續保持親善關係。林久治郎則以事理說明這是不可能的，並說：「總之，日本政府認爲國民政府內部雜亂無章，行爲尚多共產色彩，東三省若與之妥協，勢必侵害日本之既得權益與特殊地位，故勸貴總司令暫取觀望態度爲妥。倘若東三省蔑視日本之警告，擅掛青天白日旗，日本必具強固決心，而取自由行動。」張答稱：「對林總領事之言，余實難默然。蓋余爲中國人，所以余之思想自以中國爲本位，余之所以願與國民政府妥協者，蓋欲完成中國統一，實行分治合作，以實現東三省經濟和平政策故也。雖然，余亦決非以國民政府所有行爲爲盡善，惟大體固自不錯，況此亦爲東三省一般人民所渴望，以余個人之力，固無如之何。余因顧邦交，以個人資格對於日本政府警告加以考慮，倘若以國際關係言之，余想日本政府亦決不甘冒干涉內政之不韙，並且日本政府以種種恐懼，反對中國實現統一，余頗不可解。」林久治郎則以更強烈的口氣警告他說：「日本政府具有決心，反對東三省對南方妥協，即謂干涉內政亦所不辭，請貴總司令三思。」張學良說：「余之決心以東三省人民爲轉移，余不能拂逆三省人民之心理而有所作爲也。」佐藤威脅說：「總司令若違背田中首相心理，就將發生重大事情。」林權助說：「你的思想是很危險的。」張學良憤然說：「對閣下所能奉答者，只此而已。」其後就默默無語，一言不發了。林久治郎在正眼凝視著張學良的林權助面前，連續詰問他長達一個半小時之久。其間，言辭激烈時，甚至使翻譯王家楨都感到爲難，但張仍然不肯接受。日本政府的意圖，幾乎全由林久治郎一人用最高級的措辭向張學良作了宣示，並強要他表明究竟是否肯予答應，但是一直沒有成功。這一天的

〔註90〕張友坤等編：《張學良年譜》（修訂版），社會科學文獻出版社，2009 年，第211 頁。

會談到此以破裂而告終結。〔註91〕

張學良回去後，立即「召集保安委員會討論，對於日方如此態度，人皆同憤，惟對付之策，不外三種：一曰強硬，二曰軟化，三曰圓滑。強硬則必用武力，不但東省力有不足，即全國協辦亦無把握；軟化則東省將成保護國，為朝鮮第二，非所敢出；暫用圓滑之法，以延宕之，一面於國際間著手運用，折其野心，始有辦法。」〔註92〕此次東北保安會為應對日本阻撓易幟而決定的臨時對日方策，在日後隨著日本因滿蒙懸案問題交涉的緊迫而逐漸成為張學良時期奉系地方政權對日外交的基本方針，即「用圓滑之法，以延宕之」。只不過具體的方法不再僅僅是如張所言的採取傳統以夷制夷的策略，而是以中央外交——即便是以夷制夷「於國際間著手運用」奉方也需要南京方面的諸多助力——和國民外交為奉系對日交涉的兩個支點，盡力弱化東北地方外交的傳統，避免直接與日本交涉，不做其交涉對手，同時借助民意，引為後援，以達到阻止日本實現滿蒙政策的目的。

應付日本干涉的方針已定，8月10日，東北保安委員會再次開會討論具體對日辦法，決定東北易幟，延期三個月。並決定派前教育總長、保安會委員劉哲將易幟延期決定通告林權助和林久治郎。奉日間取得諒解，林權助於13日離奉回國。〔註93〕日本干涉東北易幟就此暫告一段落。

皇姑屯事件張作霖被炸身死，成為奉系兩個時代的分水嶺，也成為了奉系對日外交政策的轉折點。皇姑屯事件後，面對日本的外交壓力，張學良及其奉系新政權不得不改變張作霖時期的強硬態度，不得不在中日外交折衝中尋求新的助力，而隨著東北易幟的實現，以及民族主義運動向東北的傳播，使得奉系的願望也得以實現。

2、延宕與訴諸中央——對滿蒙懸案交涉的應對

（1）對田中強硬外交的應對

在8月9日張學良與林權助、林久治郎等發生激烈爭執後，於10日電蔣

〔註91〕畢萬聞：《張學良文集》，新華出版社，1991年，第111頁；〔日〕林久治郎著，王也平譯：《「九一八」事變：奉天總領事林久郎遺稿》，遼寧教育出版社，1987年，第39～40頁。

〔註92〕秦孝儀主編：《中華民國重要史料初編——對日抗戰時期》緒編（一），第228頁。

〔註93〕張友坤等編：《張學良年譜》（修訂版），社會科學文獻出版社，2009年，第212頁。

介石，「林權助來奉，對奉表示希望聽從日本忠告，中止對南妥協，否則日本當取覺悟的態度，自由行動。林總領事並謂干涉中國內政之嫌，在所不避。應否由國府電致駐日公使提出抗議，以示對外一致之處，請卓裁。」〔註 94〕這是在東北易幟前，張學良首次以地方政府的姿態要求南京國民政府負起外交之責。

8 月 25 日，張再電蔣：「日方近派員赴美說明對華態度，將來美國對我態度如何，實有莫大關係。請電梯雲（伍朝樞）、哲生（孫科）在美就近宣佈真相，使美國不致為一面之詞所惑。如何懇裁覆。」蔣介石覆電：「卓見極佩。已電美友就近設法進行，決不致為日所動也。」〔註 95〕此時奉系在對日外交上借助國民政府，一方面可以體現「精神上統一」，另一方面奉系也可以將外交壓力甩給國民政府。但南京方面直到 10 月 16 日，蔣才電張明確表明東北外交由中央統一辦理：「田中特派要員來京談商租權問題，弟已口頭允其由中央直接商決，不使兄為難，兄也以此覆彼，萬不可再與其局部交涉，以中其分拆之計也。」〔註 96〕11 月上旬，國民政府外交部次長唐悅良致電張學良：外交部對於東省外交事件，將負完全責任，請將關於滿洲外交一切案卷送寧。〔註 97〕之所以國民政府沒有立即同意負東北外交之責，原因在於這中間國民政府外交部正在進行與包括日本在內的各國修約與處理懸案交涉，如廢除中日間《航海通商條約》、關稅交涉、濟案交涉等。〔註 98〕南京方面當然不想因東北問題而影響自己的對外交涉。隨著雙十節的臨近，蔣愈發渴望東北能夠在國慶日易幟，於是於 9 月下旬委派張群赴日本與田中會見，讓他「與田中約明勿干涉奉天易幟事，必使中國統一，乃可開始解決各案也。」〔註 99〕10 月 4 日，張群離東京返國。行前就中日關係向日本報界發表談話，謂：兩國政府若有誠意打破僵局，中日商

〔註 94〕 秦孝儀主編：《中華民國重要史料初編——對日抗戰時期》緒編（一），第 229 頁。

〔註 95〕 秦孝儀主編：《中華民國重要史料初編——對日抗戰時期》緒編（一），第 230 頁。

〔註 96〕 轉引自曾業英：《論一九二八年的東北易幟》，《歷史研究》2003 年第 2 期，第 102 頁。

〔註 97〕 張友坤等編：《張學良年譜》（修訂版），社會科學文獻出版社，2009 年，第 228 頁。

〔註 98〕 韓信夫、姜克夫主編：《中華民國大事記》，第 2 冊（1923～1929），中國文史出版社，1997 年，第 868、870、881、884 頁。

〔註 99〕 秦孝儀主編：《中華民國重要史料初編——對日抗戰時期》緒編（一），第 230 頁。

約及各種懸案方能順利開展談判。〔註100〕可見此時蔣決定擔負東北外交之
責，是想減少日本阻力，促使奉天早日易幟。只不過奉天方面並未如蔣所願。
既然蔣以開口表明東北外交由中央負責，那麼對奉系來說就有了借助中央以
對付日本滿蒙問題交涉的可能，由此奉系政權的對日外交政策有了支點。

日本干涉國、奉安協暫告一段落後，立即將滿蒙懸案問題的交涉提上日
程，希圖在東北易幟前，以張學良為交涉對手儘快解決，以免國、奉合作後
國民黨力量進入東北而使問題變得複雜和難辦。8 月 15 日，林久治郎往訪張
學良，向他表示希望推進滿蒙懸案解決的步伐。林的設想「第一步，就是 5
月15日在北京簽訂的鐵路敷設合同，已經過了三個月的保密期，應該進入執
行階段，懸案的著手解決，正可從這個問題開始。」關於這一問題的具體交
涉事項，由滿鐵理事齋藤良衛（曾任外務省通商局長、外交顧問）和與張交
誼素深的江藤豐二兩人負責。齋藤和江藤兩人雖然順利地與張學良進行了會
談，但實際上直到 9 月下旬林久治郎回任奉天，張仍「不肯依照協定立即採
取任命吉會鐵路局長的措施」，使交涉沒有絲毫進展。〔註101〕原來自 9 月中旬
以來，日本國內報紙和大連的日文報紙均刊出了中日鐵道談判正在進行中的
消息，這在中國方面立即引起了強烈反響。華南各地的學生組織和民間團體，
不斷地地發出抗議並表示反對；甚至吉林省城也同樣出現了「山雨欲來」的
勢頭。吉林省城在東三省歷來都是學生運動最盛行的地方，林懷疑張學良的
秘書、東北大學校長劉鳳竹以吉林人的身份表面上與日本人往來，實際上則
是受張學良的秘密指使，在暗中對吉林省城的學生進行煽動，掀起反對修築
吉會鐵路的運動。為探明真相，林曾往訪張學良，張則回答說：「不幸的是，
現在這一談判已在各地傳開，許多社會公團以及學生們提出了抗議；特別是
當事地區的吉林省已經發生了學生反對運動。為了盡量求得問題的圓滿解
決，應該等到學生運動緩和以後再作處理，目前只好暫且等待一下。」對此，
林直截了當地指明：「據說吉林方面的學生運動是由貴總司令左右的人唆使而
引起的，務請加以注意」。張學良默然不語，表示無可奈何。〔註102〕

〔註100〕韓信夫、姜克夫主編：《中華民國大事記》，第 2 冊（1923～1929），中國文史
　　　　出版社，1997 年，第 889 頁。
〔註101〕〔日〕林久治郎著，王也平譯：《「九一八」事變：奉天總領事林久郎遺稿》，
　　　　遼寧教育出版社，1987 年，第 43、51 頁。
〔註102〕〔日〕林久治郎著，王也平譯：《「九一八」事變：奉天總領事林久郎遺稿》，
　　　　遼寧教育出版社，1987 年，第 52～53 頁。

　　林久治郎在回國述職期間，就商租權問題同日本政府高層進行些磋商。滿鐵總裁山本條太郎認為：「對於我方提出的希望，張學良如能全部答應，當然最好；但以大正四年（1915 年）的條約為基礎，現在馬上叫他承認恐怕很困難。可否將農業經營改為日中合辦事業，作為我方的最後方案迫使他承認？」林則表示：「如果可能，最好是以廢除領事裁判權為交換條件，一舉取得完全的內地雜居權和土地所有權；其次是以大正四年的條約為基礎取得商租權。如果這兩項張學良都不答應，而我政府又真能甘心讓步到貴總裁所擬議的合辦方案，那麼在不得已的情況下，也無妨作為最後的權宜之策交涉一下試試。」最後根據山本的建議召開了一次會議，由森、吉田兩外務次官，外務省亞洲局長，滿鐵正副總裁和林共同參加，討論山本的提案，然後呈遞田中首相審批。〔註103〕

　　9 月 24 日，田中首相訓令即將返回奉天的林久治郎：「為確立日本在滿洲的經濟活動基礎，雖以使中國開放該地方給日本人居住、營業，並使他們享有土地之利用權為先決條件，但為此，日本也要有拋棄治外法權之心理準備。目前，暫且開始與張學良交涉，使他同意實施大正四年（1915 年）之中日條約所定〔日本人〕可在滿洲自由居住往來與商租問題。」〔註104〕

　　林認為等到目前齋藤理事正在進行的鐵道談判告一段落，再開始進行較為穩妥，否則，就有使幾經周折，並已初見端倪的鐵道談判廢於一旦的危險。然而日本政府要求「無論鐵道問題成敗如何，也要開始土地問題交涉」。〔註105〕到了 10 月中旬，日本政府又督促林開始進行土地問題的交涉。對於林的意見，吉田外務次官以秘件向其明示：在政黨內閣的立場上，對內必須有某種事前的準備措施，特別有必要在即位大典〔註106〕以前予以發表。對此，林再一次陳明意見：萬不可僅為滿足對內政策的需要而犧牲重大的對外交涉，卻立刻接到訓令：無論事之成否，總之一定要開始談判。〔註107〕

〔註103〕〔日〕林久治郎著，王也平譯：《「九一八」事變：奉天總領事林久郎遺稿》，遼寧教育出版社，1987 年，第 48 頁。

〔註104〕〔日〕水野明著，鄭樑生譯：《東北軍閥政權研究——張作霖、張學良之抗外與協助統一國內的軌跡》，臺北：國立編譯館，1998 年，第 289 頁。

〔註105〕〔日〕林久治郎著，王也平譯：《「九一八」事變：奉天總領事林久郎遺稿》，遼寧教育出版社，1987 年，第 51 頁。

〔註106〕指日本昭和天皇的即位大典。日本大正天皇於 1926 年 12 月 25 日死，裕仁天皇繼位改元昭和，決定於 1928 年 11 月 10 日在陪都京都舉行即位大典。

〔註107〕〔日〕林久治郎著，王也平譯：《「九一八」事變：奉天總領事林久郎遺稿》，遼寧教育出版社，1987 年，第 53 頁。

由此可見，田中內閣此時提出鐵路問題與商租權問題的交涉並非單純以獲得滿蒙問題的突破爲目的，更包含著爲日本國內的政治鬥爭服務的目的。

在日本政府一再嚴令下，10 月 13 日林久治郎提出了商租權問題的交涉要求，張學良說：「一、當要解決土地問題時，會伴隨廢除領事裁判權問題，日本是否有將它付諸實施的誠意？二、上舉廢除是否包含租界地與鐵路附屬地？三，即使交涉的結果能把問題解決，但恐中央政府（指國民政府）有不予承認之虞，所以是否不必急於交涉？」林回答說：「一、關於第一個問題，因中國國民多年來的要求與〔日本〕對張學良的善意，已有盡可能早日予以廢除之準備。二、關於第二個問題，只就一般條約的適用範圍先予廢除，其特殊條約之執行地區則不在此限。三、關於第三個問題，如從國民政府不安定的現狀來看，從事交涉之際，並不須事先加以考慮。」並要求張學良：「請指示負責交涉日本人之土地利用辦法的特定機構。」奉方認爲如果「將租界、附屬地、商埠地的領事裁判權取消的話」，那商租權問題「自然是可以答應的。」但日方卻堅持「特殊條約之執行地區則不在此限」，也就是不同意廢除租借地、鐵路附屬地和商埠地的領事裁判權，企圖以「在東北內地根本不存在的領事裁判權」來騙取商租權問題的解決。因爲「日本人在東北內地或非商埠地的商租權問題沒有解決，他們絕對租不到房子，所以他們就不能、同時條約也不允許他們在內地居住。沒有日本人居住的內地，哪來的領事裁判權呢？」〔註108〕

10 月 17 日，林久治郎又向張學良提出：「我國政府從最初就對貴總司令的新政府表示熱誠擁護，……當前，中國對外問題中最大的問題無過於領事裁判權的廢除，……如果僅限於在東三省，日本政府將不惜予以地方性的解決。如果廢除了領事裁判權，其自然的趨勢就是內地雜居，經營各業的自由以及土地所有權等問題也應該隨之加以解決了。」對此，張學良答稱：「盛情已深諒解。但目前中國民間的氣氛尚未平靜，現在遽爾開始此項交涉，實屬不便，」等等。談話中張學良還流露出這樣的意思：「在他的身邊，甚至對鐵道談判都表示反對的人也爲數非少」，並表示他自己處境的困難與微妙，不肯接受林的要求。〔註109〕

〔註108〕 王家楨：《日本鼓動張學良搞獨立王國的一段陰謀》，中國人民政治協商會議全國委員會文史資料研究委員會編，《文史資料選輯》第 6 輯，中華書局，1960年，第 114 頁。

〔註109〕 〔日〕水野明著，鄭樑生譯：《東北軍閥政權研究——張作霖、張學良之抗外與協助統一國內的軌迹》，臺北：國立編譯館，1998 年，第 289 頁。

　　田中內閣意圖在裕仁天皇即位大典之前用滿蒙交涉的外交收穫向公眾宣示，藉以擴大政黨的聲勢，因而又指示林久治郎對張學良軟硬兼施，力促其成。〔註110〕於是 10 月 19 日，林久治郎再度會見張學良要求答覆商租權問題交涉。張學良說：「目前東三省內外多事之際，無暇及此；日本自動撤廢治外法權，雖屬美舉，但必要時，中國自能撤廢，原無待於日方此刻之示恩。同時，奉天不能蔑視國民政府之意向，若不與國民政府充分接洽，縱然解決，亦恐他日再起糾紛。總之，斟酌此等情形，則於此時謀解決商租權問題，殊難認為適當。」〔註111〕21 日，王家楨代表張學良訪問林久治郎，說：「在 19 日召開的保安會議裏，認為時機尚早的意見居多，大家都認為須由中國內部自行先做研究」。22 日，林久治郎又與張學良會談，就商租權問題的交涉提出嚴厲要求。惟因保安會內部的氣氛，及袁金鎧、張景惠等元老的意見似乎傾向於為時尚早，所以無法在短時間內開始交涉。不僅如此，張學良仍說須獲得國民政府的同意，以此避開日方的要求。〔註112〕

　　11 月 5 日，滿鐵總裁山本與張學良會晤，兩人會談數小時之久，交涉依然沒有任何進展。隨著日本裕仁天皇即位大典的臨近與結束，以及 1929 年 1 月份日本帝國議會的籌備，使得田中內閣對奉滿蒙懸案的交涉也漸趨停頓。11 月中旬，東北易幟延期三個月的限期已滿，國民政府又派代表前來，努力促進達成協議。進入 12 月，東北易幟的活動愈趨頻繁，林久治郎「只是採取旁觀的態度，等待〔日本〕國內政局穩定以後具體解決日中間懸案問題時機的到來。」〔註113〕

　　東北易幟後，田中首相命令林久治郎：「今後在此新情勢下，萬一漠視與帝國簽訂之條約，或阻礙目前正與東三省當局進行中的交涉，又或東三省的治安紊亂而有影響我權益之虞時，帝國必將斷然採取維護權益與維持治安所必要之措施。因此，在這個時候應使中國徹底瞭解我方之決定。」〔註114〕為此林

〔註110〕〔日〕林久治郎著，王也平譯：《「九一八」事變：奉天總領事林久郎遺稿》，遼寧教育出版社，1987 年，第 54 頁。
〔註111〕張友坤等編：《張學良年譜》（修訂版），社會科學文獻出版社，2009 年，第 225 頁。
〔註112〕〔日〕水野明著，鄭樑生譯：《東北軍閥政權研究──張作霖、張學良之抗外與協助統一國內的軌迹》，臺北：國立編譯館，1998 年，第 290 頁。
〔註113〕〔日〕林久治郎著，王也平譯：《「九一八」事變：奉天總領事林久郎遺稿》，遼寧教育出版社，1987 年，第 60 頁。
〔註114〕〔日〕水野明著，鄭樑生譯：《東北軍閥政權研究──張作霖、張學良之抗外與協助統一國內的軌迹》，臺北：國立編譯館，1998 年，第 292 頁。

於 12 月 31 日拜訪張學良，表示即便東北實現易幟，「也決不能容許對我國權益發生絲毫的危害」，並質問張此次「斷然實行易幟，不知在尊重我國權益方面是否已有充分的思想準備？」對此，張回答說：「雖已實現南北妥協，但實質上東三省政府的態度依然毫無改變，與南京政府的關係僅是名義上的，實際內容與以往並無不同，不會有危害友好國家利益的事情發生。特別是對於日本在條約上的權益，更要注意予以尊重，貴總領事盡可放心。」於是林又追問：「既然如此，那麼對於交通部業已核准的吉會、長大兩路工程承包合同，閣下是否有意立即執行？」張則回答說：「關於這一問題，正如我多次說過的那樣，存在各種複雜的相關情況，處理起來殊深困難。」林遂嚴詞向他詰問：「複雜的事態既能製造出來，處理起來又有何難。如在尊重權益的空言掩飾下，連業經交通部核准的鐵路合同都不肯予以實施，其原因端在貴總司令缺乏誠意而已。南北妥協固非我國所欲過問，但若採用『革命外交』而致危害我國權益，我國政府則斷然不能容忍。不知貴總司令是否真已有此決心？」由於林這些話措辭激烈，張學良為之色變，以至憤怒地回答說：「事與南京政府有關，諸如鐵道等問題，希即與南京政府直接交涉。」最後林厲聲向其聲明：「貴總司令既然企圖用易幟來踐踏我國權益，即請慎加考慮，下定承擔後果的決心！」此次會談，雙方辯論激烈，費時約三個小時。1929 年 1 月 1 日，王家楨銜張學良之命前來會見林久治郎。直至 4 日林才安排與其晤面。王解釋張學良的真意說：「總司令很重視中日兩國的親善，必切實尊重日本的權益。除夕的會談，可能產生誤會，故特派本人前來說明。」對此，林回答說：「毋須多言，只看鐵路懸案如何處理，即可測知總司令有無誠意。即請歸去照此復命。」〔註 115〕

　　日本阻撓東北易幟的目的就是要使滿蒙與中國分離，阻止國民黨力量進入東北，進而解決滿蒙懸案；而日本在得到東北易幟延期三個月的承諾後便不再加以強烈阻止，其目的當然也是想利用這幾個月時間解決滿蒙懸案。如林久治郎就曾向張學良表示：東三省如必易幟，須先解決滿蒙懸案。〔註 116〕只不過事情的發展並沒有按照日本設想的那樣發展。最終在東北易幟前，日本在滿蒙懸案問題上並沒有取得任何進展，這無疑也是林久治郎發怒的原因之一。1929 年 1 月 16 日，國民黨中政會通過統一外交案，規定：「所有各省

〔註 115〕〔日〕林久治郎著，王也平譯：《「九一八」事變：奉天總領事林久郎遺稿》，遼寧教育出版社，1987 年，第 61～62 頁。

〔註 116〕韓信夫、姜克夫主編：《中華民國大事記》，第 2 冊（1923～1929），中國文史出版社，1997 年，第 886 頁。

對外交涉應歸中央辦理，由外部通告中外，無論何國凡與各省長官訂立協定，中央不能承認，不能發生效力。」〔註117〕此規定當然也適用於東北，這就更為奉方借中央外交以迴避對日交涉提供了口實，當然也就更加令日方不滿。1月 23 日，林久治郎與張學良會晤，林說：「由於貴總司令對履行契約問題不表示誠意，所以〔我政府〕甚感遺憾。為此，東北政權與日本之間的關係便不得不趨於險惡。其所以導致這種結果的責任完全在貴總司令身上。」〔註118〕自此以後，林久治郎便迴避與張學良見面，同時要求滿鐵也採取同一步驟，以此表達對奉方的不滿。

在田中內閣指示林久治郎和滿鐵總裁以張學良為交涉對手進行滿蒙懸案交涉時，日本駐吉林特務機關長林大八及滿鐵駐吉林公所長栗野也同時以吉林省長張作相為交涉對手，提出由滿鐵墊款包修敦圖鐵路並與朝鮮鐵道接軌的要求，在奉系政權與地方政府之間採取雙線交涉策略，企圖完成對日本最為重要的吉會鐵路。為了應付日方要求，張作相派吉林交涉署署長鍾毓攜帶日本所提出的文件到奉天見張學良請示辦法。1928 年 10 月 25 日〔註119〕，鍾毓偕時任吉林交涉署第二科科長的羅靖寰同行赴奉。張學良主張東三省既然宣佈擁護南京，關於外交問題也就應當由南京辦理，我們地方無權干預，遂決定派鍾毓為代表攜帶栗野遞交的文件〔註120〕赴南京請示辦法。〔註121〕

鍾毓在南京面見了外交部長王正廷和蔣介石，並將日本交涉情況做了報告。王正廷對鍾毓說：「此案第一步辦法，先由吉林張作相通知日本方面，說東三省已宣佈擁護中央，對外交問題應由中央直接處理，叫他來中央交涉。他來中央更好，倘若不來，吉林省方面就置之不理，看他下一步採取什麼態度。吉林省方面再斟酌情形設法再敷衍一個時期，俟中央把對日本的整個外交政策決定後，由中央再行指示辦法。……如果有什麼緊急的事情，可由吉

〔註117〕韓信夫、姜克夫主編：《中華民國大事記》，第 2 冊（1923～1929），中國文史出版社，1997 年，第 943 頁。
〔註118〕〔日〕尾形洋一：《第二次幣原外交と滿蒙鐵道交涉》，《東洋學報》，第 57 卷第 3～4 期，第 180 頁。
〔註119〕根據羅靖寰所述各事及其他資料佐證可以判斷羅首次赴奉和赴寧發生在 1928 年秋冬到 1929 年上半年。
〔註120〕文件內容有敦圖路線勘測圖表、修築計劃書、包修合同各項工程的設計書。
〔註121〕羅靖寰：《「九‧一八」事變前東北當局對於日本要求修築敦圖路問題的交涉經過》，中國人民政治協商會議全國委員會文史資料研究委員會編，《文史資料選輯》，第 52 輯，中華書局，1965 年，第 108 頁。

林省直接給本部拍電聯絡。」鍾、羅二人就此回奉報告，張學良說：「暫時就照中央的指示答覆林顧問和粟野滿鐵公所長。」雖然張作相對此很不滿意，認爲這不是「什麼好辦法」，「爲了這一段鐵路得罪日本人」，「是不上算的」，但他還是按照張學良的指示以該辦法答覆了日方的林大八和粟野：「鍾署長已經由南京回來。關於鐵路問題，中央不准地方直接談判，應由中央外交部統一交涉。請你轉達關東軍和南滿鐵路會社，請他們直接到南京與外交部交涉，關於這個問題從今以後吉林省沒有權限處理。」〔註122〕

　　然而林大八卻說：「日本人並沒有承認蔣介石的南京政府是什麼中國中央政府。我們在中國哪個地方發生問題，即向那個地方主管的當局交涉，這是慣例，從來如此。吉林的問題只有和閣下談判，閣下也有權力主張，根本沒有找蔣介石商量的必要。在我們看來，蔣介石政府本身也不過是中國地方政權的一個，他有什麼力量能叫別省的地方政權非遵從他的命令不可？這個問題如果閣下堅決表示不管，那麼日本關東軍可能採取自由行動，以保護南滿鐵路會社修築這條鐵路爲理由，向鐵路沿線各地方出兵。」〔註123〕

　　林大八和粟野走後，張作相即打電報報告張學良。張學良接到電報後，找東三省交涉總署長王明宇、東三省交通委員會委員長高紀毅以及有關人員開會研究。大家都認爲這不過是林大八爲了早日解決這個問題所採取的一種恫嚇手段，關東軍向吉林出兵也不是那麼簡單的問題，但是也不能不預防萬一。遂擬定一個具體的辦法，即待林大八來催問張作相時，就由張作相答覆說已得張總司令的同意，此案由東三省交通委員會負責辦理。待滿鐵來交通委員會接頭時，高紀毅可以代表張總司令口頭上答應滿鐵的要求，但是關於滿鐵所提出的包修合同和各項工程計劃書，必須經過東三省交通委員會的審核，如果我們認爲有不適宜的地方，可以提出修改意見，待雙方同意後方能實行。如滿鐵同意我們這種辦法，我們就召集各鐵路局長及有關工程技術人員組織一個委員會，來開始審核討論滿鐵所提出的各項文件。而我們的審核討論的時間，可以斟酌情形，自由伸縮，欲長則長，欲短則短，這樣至少也可以拖延幾個月到半年。

〔註122〕羅靖寰：《「九・一八」事變前東北當局對於日本要求修築敦圖路問題的交涉經過》，中國人民政治協商會議全國委員會文史資料研究委員會編，《文史資料選輯》，第52輯，中華書局，1965年，第110～111頁。
〔註123〕羅靖寰：《「九・一八」事變前東北當局對於日本要求修築敦圖路問題的交涉經過》，中國人民政治協商會議全國委員會文史資料研究委員會編，《文史資料選輯》，第52輯，中華書局，1965年，第111頁。

這麼辦，不但可以緩和關東軍及滿鐵的情緒，又可以達到中央的要求。究竟中央是否同意這個辦法，決定派高紀毅去南京和外交部接洽。〔註 124〕

於是高紀毅偕鍾毓、羅靖寰到南京報告請示。王正廷說：「對於東北鐵路交涉問題，主要採取拖延政策，就按照張司令擬定辦法去做。可以由交通委員會召集東北各鐵路局的局長及有關係的人員組織一個委員會，以研究滿鐵所提出的問題為名，先表示我們對鐵路交涉問題已經同意，藉以緩和日本方面的情緒。既是研究會，那麼看情形能拖延多久就拖延多久。這樣中央就可緩開時間，研究整個東三省對日外交的政策。」高紀毅當即表示一切都按中央的指示辦理。鍾毓又接著說：「自從張大元帥被炸死後，日本關東軍的少壯派軍人和日本奉天在鄉軍人會的急進派，處處與我們為難，甚至故意尋釁。對於間島問題、土地商祖問題以及鐵路交涉問題，均表示強硬態度。甚至叫嚷說，這些問題如得不到圓滿解決，不惜使用武力云云。這雖是一種恫嚇手段，但我們也不能不預防萬一，作相當的準備。」王正廷說：「關於日本對中國的問題，現在它在國際上已處於孤立的地位，它也不能不採取慎重態度，敢於輕舉妄動。況且就中國與日本的全面關係來說，東三省問題仍屬地方的問題，或不致影響兩國全面的關係。希望回去報告張總司令，命令東三省有關當局嚴密注視日本方面的行動，隨時電報中央，以便採取對策，而免遭誤，以防萬一。」〔註 125〕隨後三人回到奉天報告在寧經過。鍾毓二人回吉林向張作相復命。就這樣南京與奉天之間就東北鐵路交涉擬定了應對方針與辦法，即先由奉系向日方表示地方無交涉權限，東北外交由中央負責，如不湊效而發生日方緊逼的情況下，則可組織鐵路交涉委員會，以為拖延之策。

1929 年 1 月 21 日開始的日本帝國議會開了整整兩個月，直到 3 月 25 日才告結束。在開會期間，針對皇姑屯事件、阻止東北易幟以及非戰公約等問題，田中內閣受到了在野黨的猛烈攻擊，為應付議會答辯而忙迫不堪，根本無暇顧及對奉交涉問題。〔註 126〕在此期間，日本駐華外交機關對於日本對華

〔註 124〕羅靖寰：《「九·一八」事變前東北當局對於日本要求修築敦圖路問題的交涉經過》，中國人民政治協商會議全國委員會文史資料研究委員會編，《文史資料選輯》，第 52 輯，中華書局，1965 年，第 112 頁。

〔註 125〕羅靖寰：《「九·一八」事變前東北當局對於日本要求修築敦圖路問題的交涉經過》，中國人民政治協商會議全國委員會文史資料研究委員會編，《文史資料選輯》，第 52 輯，中華書局，1965 年，第 113 頁。

〔註 126〕〔日〕林久治郎著，王也平譯：《「九一八」事變：奉天總領事林久郎遺稿》，遼寧教育出版社，1987 年，第 68 頁。

政策也發生了巨大分歧，駐奉總領事林久治郎及領事森島守人堅持對奉強硬政策，而駐華公使芳澤則不同意林、森兩人的強硬意見，他認為：「張學良之所以對於交涉不表示其『誠意』，乃由於他相信其父親為日本人所謀殺。對交涉像鐵路那樣的問題，應使對方的感情舒緩和睦以後進行，這才是正當的步驟。如果當場顯露欲採強硬手段來付諸實施，則根本無法把事情談好。平時在他國境內漠視該國意願，而又想要架設鐵路的作為，不僅會使在濟南事件後，與南京政府之間逐漸改善的關係倒退，而且也將使列國對日本產生疑慮，更有使日本限於孤立之虞。若只為東北的兩條鐵路而作上述犧牲，實難免令人產生強烈的疑問。如要解決這個問題，就應在與中國之間的關係進一步好轉時另想辦法。」〔註127〕到了5月上旬，受困國內政治鬥爭的田中最終就對奉方針向林久治郎指示說：拋棄強硬政策，暫時採用懷柔政策。〔註128〕

　　然而林久治郎仍不甘心，於5月15日再訪張學良。此日期是日本所認定的與張作霖軍政府交通部簽訂的吉會、長大兩路工程協約的最後實施期限。林對張說：「由於貴方不按協約規定任命局長，我國政府對貴總司令的態度深感遺憾。本協約是因貴方遲遲不予覆行而致過期，責任不在我方。因此我方認為協議過期，仍不失其原有效力。」〔註129〕然而張學良此時已瞭解日本國內的政治情況，聽了他的話也沒有多言，只是「用淡淡的苦笑和溫和的話語」與他周旋。

（2）對幣原緩和外交的應對

　　最終田中內閣因皇姑屯事件備受非議而於1929年7月2日下臺，而繼之者則是民政黨的濱口內閣，外務大臣是幣原喜重郎，從此日本的對華政策即進入所謂的幣原外交時代。濱口內閣放棄田中時期的積極政策，而採取緩和政策。然而它們的對華政策，只有手段與方式的大同，其本質「都是含有侵略我國的臭氣味。」〔註130〕援日本中央政府人事更迭慣例，滿鐵總裁山本，副總裁松岡於同年8月離職，由民政黨系統的仙石及太平繼任正副總裁。

〔註127〕〔日〕尾形洋一：《第二次幣原外交と滿蒙鐵道交涉》，《東洋學報》，第57卷第3～4期，第180～181頁。

〔註128〕〔日〕林久治郎著，王也平譯：《「九一八」事變：奉天總領事林久郎遺稿》，遼寧教育出版社，1987年，第69頁。

〔註129〕〔日〕林久治郎著，王也平譯：《「九一八」事變：奉天總領事林久郎遺稿》，遼寧教育出版社，1987年，第69～70頁。

〔註130〕鐵：《日本各政黨之對華政策》，《同澤季刊》1929年第2期，第10頁。

　　另一方面，因中東路問題中蘇之間爆發了衝突，奉方無暇顧及對日交涉，也使得滿蒙問題的交涉暫趨停頓。對於中東路事件，「表面上爲中俄之戰，而事實上則爲俄日兩國合同與我國之戰，不過俄國與我明戰，日本與我暗戰而已。日本暗戰之方法有二：一爲對於俄國，無論軍事上經濟上外交上，皆予以暗力之援助，務使我國完全屈服於俄國，並恢復東三省外交獨立之局勢而後止。一爲乘機於安奉鐵路沿線，趕築大小炮臺，至 70 餘座之多。」〔註 131〕日本認定此次中蘇事件是國、奉合作後在東北推行「革命外交」的第一次實驗，倘若取得成功，那麼繼之而來的將是在東三省收回日本的利權。〔註 132〕因爲日本對安奉鐵路的經營期限和對旅大的租期都是到 1923 年，早已過期數年，而日本對南滿鐵路的經營期限到 1938 年也將到期。〔註 133〕

　　直到 1929 年末中東路事件大致平息，濱口內閣才開始繼續研究有關滿蒙交涉的問題。1930 年 1 月 14 日及 29 日，日本首相、大藏大臣、外務大臣、拓殖大臣、滿鐵總裁等人在首相官邸聚會，召開爲濱口內閣決定對滿洲策略的聯合會議。會議內容是有關鐵路方面的問題。大家認爲中日兩國都需要吉林——會寧間、長春——大賚間等鐵路，所以雙方都應在友好氣氛下進行隨機應變的交涉，而作抽象的決定。至於具體交涉方式，則完全交給仙石等人來處理。〔註 134〕但隨後不久仙石對解決滿蒙懸案問題的意見與日本外務大臣幣原的意見相左，所以幣原擬將由滿鐵主導的交涉，改由外務省來進行，故決定起用駐捷克大使木村爲滿鐵交涉部長。

　　7 月末回國的新任滿鐵理事木村，與幣原協商後，於 10 月下旬到任。11 月 19 日，幣原將「有關突破滿洲鐵路問題之實施策略須知」、「有關滿洲鐵路問題的案件」寄給駐奉天總領事，代理公使重光葵，及滿鐵總裁。其須知是：「在進行交涉本案之前，及在交涉期間，無論在背後或在公開場合，除應極力支持滿鐵外，當有必要時，無論何時都有不得不由政府將滿鐵所爲交涉所涉及之一部分或全部接手之可能。故就滿鐵而言，應透過我在滿

〔註 131〕劉彥：《今後數年內之滿蒙戰爭》，《國民外交周報》，1930 年第 21 期，第 16 頁。

〔註 132〕〔日〕林久治郎著，王也平譯：《「九一八」事變：奉天總領事林久郎遺稿》，遼寧教育出版社，1987 年，第 67 頁。

〔註 133〕《南滿鐵路交還的期限》、《安奉鐵路交還的期限》，《國民外交周報》1929 年第 3 期，第 25 頁。

〔註 134〕〔日〕尾形洋一：《第二次幣原外交と滿蒙鐵道交涉》，《東洋學報》，第 57 卷第 3～4 期，第 184 頁。

洲之相關領事，不斷的將交涉經過報告政府，並經常與我在滿洲之領事及在中國之公使保持密切聯繫。」「中國應得之利益（放寬貸款條件，撤回抗議，支持建設新鐵路，及其他滿鐵能夠提供之種種方便），與我方所應得之相對的補償（擱置建設致命的競爭鐵路，確立聯絡協定，促進懸案鐵路之鋪設），乃立足於彼此共存共榮之義而處於表裏不可分之關係。上述我方應得之補償中成為懸案的鐵路建設，目前雖然不感到急迫，然我方急需解決之競爭路線，與聯絡協定方面的要求，則除對方不接受，……尤其要使交涉的氣氛良好。」而交涉的方式：「對滿鐵無致命影響的各鐵路則索性支持中國建設，其一向成為問題的打通、吉海鐵路，則以簽署具有持久長遠的聯絡協定為條件，撤回有關此一方面的抗議。」〔註 135〕1930 年末，滿鐵的談判準備工作方始完成，已經安排就緒，一俟張學良回到奉天，即可立即開始談判。

　　此時的張學良正在平津處理中原大戰後的北方善後問題，並在 11 月剛剛親赴南京參加國民黨三屆四中全會，與蔣介石等黨國要人對諸多問題進行了商討，其中東北外交問題雙方協商的結果是東北外交完全交由中央負責辦理，內部則徵詢張學良意見。但在日本外交官向蔣詢問時，蔣出於現實需要的考慮，即中日間尚有諸如南京事件和修約等外交問題需要在相對友好的氛圍下進行解決，而對此進行了否認：「關於最近日本報紙大書特書的滿洲鐵路問題，未與張學良在南京進行商討，自己完全沒有干預，但是日本報紙卻大書特書各種積極政策內容，擔心會導致事態紛爭」。〔註 136〕而另一邊，外交部長王正廷卻北上與張學良討論有關東北鐵路問題交涉的對策，並告知張學良：「如果日方就此事提出任何要求，都可以該事件不屬於地方問題為由，讓日方直接與中央交涉」。〔註 137〕一面是當面否認，一面卻是暗中保證，不禁使人懷疑蔣所謂東北外交由中央負責的誠意與決心。而對日奉雙方的不同表態，又將造成不久之後日本要求奉系政權進行鐵路交涉時，出現這樣一種矛盾：即奉方堅持以地方無權交涉為由讓日方到南京與外交部交涉，而日方則始終堅持必以奉方為交涉對象。而其結果，非但不能化解雙方積怨和矛盾，

〔註 135〕〔日〕水野明著，鄭樑生譯：《東北軍閥政權研究——張作霖、張學良之抗外與協助統一國內的軌迹》，臺北：國立編譯館，1998 年，第 300 頁。
〔註 136〕日本外務省編：《日本外交文書》，昭和期Ⅰ第 1 部第 5 卷，1994 年，第 12 ～13 頁。
〔註 137〕日本外務省編：《日本外交文書》，昭和期Ⅰ第 1 部第 5 卷，1994 年，第 21 頁。

反而更加深了中日兩國在東北問題上久已形成的裂痕。因此說，國民黨此時在東北問題上和對日政策上的矛盾性與模糊性，使得它不可避免地要在九一八事變問題上擔負一定的責任。

張學良直到1931年1月18日才返回瀋陽，而林久治郎迫不及待地於21日便會見了他，表示木村理事已到奉天，日本政府擬由滿鐵開始鐵道談判，以便解決日本和東北之間的各種懸案。張學良表示同意，即於22日首次接見了木村。在這次會談中，木村與張學良就有關鐵路問題進行了交涉，內容主要為：「1. 與南滿鐵路競爭之平行線問題；2. 由日本包工之各路所欠日方之工程費，改為借款問題；3. 與日本有條約協定之各路興築問題；4. 在同一區域內，各路改訂運價及將來不作運價競爭」。然而張學良認為「該問題在性質上關係到中央與地方權限問題」，即以地方無此權限為由迴避交涉，同時表示「作為他自己」「不得不注重民論，要做出有利於民利的實例，因此政治方面只能先糾正國民的誤解」。雖然木村「提出撇開法理與形式不提，單從事務性觀點出發，坦率地以非官方形式來溝通實權人士的想法，在日中兩國國民感情隔閡加重的今天先處理掉懸而未決的小問題，以為將來冷靜考慮對策創造一個基礎」，但仍無果而終。〔註138〕

由於此時已臨近春節，張學良政務繁忙，雙方第二次會談直到2月17日才開始。張學良最後表示交涉問題由東北交通委員會副委員長高紀毅負責。木村與高在3月6日北寧鐵路瀋陽辦事處舉行會談。木村首先徵詢了上述四個交涉內容的意見。高說：「自己受張學良委任者，局限於鐵路聯絡協定，處理貸款兩個問題，即有關鐵路事務性交涉，所以鋪設新鐵路、鋪設競爭路線等涉及政治、外交問題的，不在這次協商範圍內。」〔註139〕「本人以鐵路當局資格，來討論鐵路實際問題。望木村理事亦以鐵路當局資格，來討論鐵路實際問題。」關於第一三兩項，「不妨申述日方意見，本人當代為轉達鐵道部及高級官署。」但木村堅持欲討論平行線問題。「謂中日兩方當因平行線發生誤會，須一併討論。」高謂「我國鐵路並無與南滿鐵路成平行線者，平行線之構成，當係兩路並於一個方向，而終點亦不相交。類此之路，中國實未興

〔註138〕《中日鐵道會商消息》，《國民外交半月刊》1931年第59期，第29～31頁；日本外務省編：《日本外交文書》，昭和期Ⅰ第1部第5卷，1994年，第28～29頁。
〔註139〕〔日〕尾形洋一：《第二次幣原外交と滿蒙鐵道交涉》，《東洋學報》，第57卷第3～4期，第189頁。

築。」〔註140〕爭持甚久，木村草一說帖交高。

日方此次交涉的重點實際就是被奉方所剔除的內容。「1. 平行線問題。在日人所視爲中國建築與滿鐵競爭之平行線，首爲打通路。該路業已完成，反對亦無效力。現以東北當局曾擬建築通遼洮南間之鐵路，設此路完成，則南聯北寧，北接洮昂齊克，銜有貫通之便，無需再經四洮鐵路之周折，而北滿貨物尤可南出連山灣減少百餘里。此路影響於滿洲之重大，自不待言，故日方對此問題勢必有劇烈爭執。2. 借款問題。工程費問題……其責任惟在日方，故日方如果眞有誠意，即可望順利解決，否則交涉前途，不容樂觀。3. 與日本有條約協定各路興築問題。此問題，日方之政策，不外一方反對我國既成之沈海、呼海、洮索等路，一方則求吉五、長大、長洮、洮熱、吉會五路。其陰謀在完成日本線路政策，以打破我國之鐵道政策。4. 改訂運價問題。主權在我，日方不能作爲交涉條件，故此點無討論必要。」〔註141〕由於木村赴奉交涉前幣原已有明確指示，即在進行懸案交涉時，凡「足以突破滿洲鐵路問題之僵局的，都要一起解決」，〔註142〕所以木村對高紀毅的答覆非常不滿，但高並不表示讓步。

爲了應對日方強行交涉的要求，高紀毅隨後與吉長鐵路局局長郭繼潤商議辦法，決定按前定辦法應對，即「組織一個委員會」。「那麼開會的時間，我們願意長就長，願意短就短，至少也能拖延三、四月至半年以上，以後我們再看形勢的變化再擬定第二步辦法。」於是高命郭擬一個委員會的組織簡章，只要日方同意立刻召集會議。〔註143〕郭隨即將這個組織簡章擬就，交與高，其主要內容如下：1. 名稱定爲東北鐵路交涉委員會；2. 高紀毅爲委員長；3. 委員爲吉海鐵路局總辦李書銘，吉長鐵路局長郭續潤，四洮鐵路局長何瑞章，北寧鐵路局副局長勞勉，洮昂鐵路局長萬國賓，並以吉長鐵路局秘書羅靖寰爲日文秘書，吉敦鐵路局秘書尹壽松爲中文秘書；4. 委員長高紀毅因公務繁忙，除有必要時外，不出席常會，由吉海鐵路局總辦李書銘代理主持會務；5. 每星期開會一次，各委員於每星期六來奉天，星期日開會，星期一各

〔註140〕《中日鐵道交涉》，《國民外交半月刊》1931 年第 60 期，第 1～9 頁。

〔註141〕《中日鐵道會商消息》，《國民外交半月刊》1931 年第 59 期，第 29～31
頁。

〔註142〕〔日〕水野明著，鄭樑生譯：《東北軍閥政權研究——張作霖、張學良之抗外
與協助統一國內的軌迹》，臺北：國立編譯館，1998 年，第 301 頁。

〔註143〕羅靖寰：《「九·一八」事變前東北當局對於日本要求修築敦圖路問題的交涉
經過》，中國人民政治協商會議全國委員會文史資料研究委員會編，《文史資
料選輯》，第 52 輯，中華書局，1965 年，第 115 頁。

歸各局辦公；6. 會址暫設在北寧鐵路北車站樓上。〔註144〕與此同時，高向日方建議爲了促進會議的進行，奉方由高自任委員長，滿鐵方面由木村理事任委員長，並同時選派專門委員。〔註145〕

日方同意了奉方所提辦法，於是從4月第一個星期日開成立會，以後每星期開會一次。但是奉方的各位委員都明瞭這個會不過是一個拖延時間的工具。每次開會，只是由羅靖寰翻譯閱讀一件滿鐵的提案文件，然後大家便聊天喝茶，誰也沒有認眞去審核文件的內容。〔註146〕

在鐵路交涉委員會運作期間，張學良於4月17日離瀋陽赴北平籌建他的陸海空軍副司令行營，隨行者40餘人，其中便有高紀毅，並隨張學良於4月底赴南京準備參加於5月5日舉行的國民會議。從此張學良、高紀毅便再未回瀋陽。由於奉方組織鐵路交涉委員會目的就是拖延，時間一長勢必爲日方發覺。所以6月份新任滿鐵總裁內田康哉便赴北平和剛返回的張學良交涉。內田主張對華強硬，要求：（1）日本負責維持東北治安；（2）日本應依其特殊關係，確保在東北經濟上的自由；（3）南滿鐵路採取兩大幹線主義，中國承認日本實施吉會鐵路的築路權。〔註147〕當時張學良因患傷寒病住進協和醫院，於是內田乃找負有東北交通責任的高紀毅，高卻以此事太傷腦筋，亦託病住進協和醫院。高雖確係治療疝氣，然實質亦爲避日人之鋒，內田只好悻悻而去。而在瀋陽的木村早已等得不耐煩，頻繁催促高紀毅回沈，然而高僅從天津拍電報給木村，提出讓木村速提委員名單，由雙方共同組織鐵路交涉委員會，研究討論，以求解決。〔註148〕然而在日方提出交涉委員名單後，〔註149〕高仍

〔註144〕羅靖寰：《「九‧一八」事變前東北當局對於日本要求修築敦圖路問題的交涉經過》，中國人民政治協商會議全國委員會文史資料研究委員會編，《文史資料選輯》第52輯，中華書局，1965年，第116頁。

〔註145〕日本外務省編：《日本外交文書》，昭和期I第1部第5卷，1994年，第78頁。

〔註146〕羅靖寰：《「九‧一八」事變前東北當局對於日本要求修築敦圖路問題的交涉經過》，中國人民政治協商會議全國委員會文史資料研究委員會編，《文史資料選輯》第52輯，中華書局，1965年，第117頁。

〔註147〕李雲漢：《九一八事變史料》，臺北：正中書局，1982年，第169頁。

〔註148〕朱希燁：《所謂滿蒙五路問題》，中國人民政治協商會議吉林省委員會文史資料研究委員會編：《吉林文史資料選輯》第4輯，吉林人民出版社，1983年，第146、150頁。

〔註149〕即滿鐵交涉部涉外科長山崎元幹，涉外科鐵道系主任積哲三，公所長入江正太郎，滿鐵經理部次長行中政一，聯運科長伊藤太郎，聯運科二等主任右山勝失。《中日鐵道交涉》，《國民外交半月刊》1931年第60期，第1～9頁。

然拖延時間不肯回瀋陽，所以中日間鐵路問題實際上始終未有過正式交涉。

　　鐵路交涉委員會自4月初開始，到7月下旬一共開了20次會，才將「對案」擬定：其內容如下：「1. 滿鐵對敦圖路修築墊款利息不得超過年息三釐（即千分之三）。2. 線路的選擇應經過中國技術工程人員會同滿鐵的原勘測人員重新勘測一遍。中國技術人員如認為有改正之必要時，應按照中國工程技術人員的意見修改。其他工程的設計亦同。3. 以前向南滿鐵路會社墊款修築的吉長、吉敦、四洮、洮昂各鐵路的墊款利息，為了收支和運費的統一，亦應一律改為三釐。4. 過去由南滿包修的吉敦鐵路工程，在保固期內，線路、站臺、票房、工廠、宿舍已有多處損壞坍塌，應由滿鐵按照原合同全部予以修復。5. 關於敦圖路與朝鮮鐵道接軌聯運問題，須俟該路工程完成二分之一以上時，由兩路負責人員另行組織委員會進行協商，擬定具體條件。6. 以上所擬的對案，須候呈請中國南京中央政府批准後施行。」〔註150〕從此對案來看，前四點均是奉方所提要求，而關於日本方面迫切想實現的吉會路貫通問題，奉方雖表示可以修二分之一，但仍然附加了條件，尤其是這些條件還得由國民政府來做最後的決定，而只要國府拒絕則一切都成了畫餅。鐵路交涉委員會所擬的對案最終出爐後，郭繼潤攜帶此案於8月14日去北平，向高紀毅報告，並請示張學良，但一直等到9月18日事變發生也沒有見到張學良。

　　由以上論述我們可以看出，奉日間所謂滿蒙懸案的交涉具有以下幾個特點：

　　第一，交涉的非正式性與奉方的被動性。雙方的交涉基本都是利用互相拜訪而展開的臨時會談，而不是政府間正式的談判，誠如張學良一再強調的，中日間鐵路「純為非正式商量」，「中日鐵路係商談，非交涉」。〔註151〕雖然木村也表示僅從技術性和事務性角度出發，與張學良以「非官方形式來溝通」「想法」，〔註152〕但實際上日本是明確以張學良為交涉對手的，而奉方則不以日本為交涉對手，不肯與之交涉，而是讓日本以國民政府為對手進行交涉。只不過在日本強迫要求下，奉方不得不為之周旋罷了。

〔註150〕羅靖寰：《「九．一八」事變前東北當局對於日本要求修築敦圖路問題的交涉經過》，中國人民政治協商會議全國委員會文史資料研究委員會編，《文史資料選輯》第52輯，中華書局，1965年，第118頁。
〔註151〕張友坤等編：《張學良年譜》（修訂版），社會科學文獻出版社，2009年，第379、383頁。
〔註152〕《中日鐵道會商消息》，《國民外交半月刊》1931年第59期，第29～31頁；日本外務省編：《日本外交文書》，昭和期I第1部第5卷，1994年，第28～29頁。

　　第二，交涉的多線性。日方的駐奉外交機關、滿鐵均在瀋陽就滿蒙懸案與奉方進行高層交涉，先以張學良為交涉對手，張駐北平後，日方的交涉對手改為高紀毅；而同時又與吉林張作相作吉會路的地方交涉。

3、對國民外交的運用——遼寧國民外交協會的成立與反日活動

　　「政府對於帝國主義者的日本，這種野蠻行為，對於國民的激昂情景，不能說是沒有什麼感覺和表示。但在表面上看來，除了提出形式的抗議之外，總沒聽到有什麼徹底的對抗方法。有的人說：中國無海陸軍作後盾，怎麼能得到圓滿呢？」「外交當局，應本其堅決的精神，作具體的表示，使帝國主義者，知我之不可侮，改變他們的態度；民眾方面，必須大家聯合起來，以實行國民外交，而與日本帝國主義者決鬥。把所有的手段，充分使用，堅持到底，將來才有勝利的希望。」〔註 153〕正是基於這種思想，並由於 1929 年 6 月發生了「被瀋陽市民視為日本官民一體侵略東北的象徵」〔註 154〕的榊原農場事件〔註 155〕，所以遼寧省商工總會決定組織遼寧省國民外交協會以取代原有的外交後援會，由遼寧省商工總會長金恩祺擔任會長，委員有杜重遠、高崇民、嚴寶航、盧廣績、車向忱等 9 人，該會辦事處便設在遼寧省商工總會。

　　遼寧省國民外交協會以會員大會為最高權力機關，在大會閉會期間，設遼寧省國民外交協會委員會「執行大會一切議決案及尋常一切事務」，並「以選舉之委員三名為主席團，為委員會最高權力機關」。該會「設下列各部受主席團之指揮進行職務：1. 總務部，職掌本會之庶務會計文牘收發及其他不屬於下列各部事務者。2. 宣傳部，職掌本會對外宣傳事宜。3. 經濟部，職掌本會關於經濟事項之討論及計劃等事宜。4. 國貨部，職掌提倡及調查國貨排斥日貨事宜。5. 交際部，職掌本會對外交際事宜。6. 糾查部，職掌糾查劣質及漢奸與會員中一切反對之言論與行為。7. 會員部，職掌徵求會員與訓練會員一切事宜。」「各部部長由本會委員分任之。」〔註 156〕

〔註 153〕映白：《中日交涉與國民外交》，《國民外交週報》，1929 年第 2 期，第 1 頁。

〔註 154〕〔日〕水野明著，鄭樑生譯：《東北軍閥政權研究——張作霖、張學良之抗外與協助統一國內的軌迹》，臺北：國立編譯館，1998 年，第 314 頁。

〔註 155〕所謂榊原農場事件是指日人榊原正雄強買中國土地，並破壞北寧路的中日外交事件。參見《遼寧外交會最近上東北當局書》，《東三省公報》，1929 年 7 月 31 日。

〔註 156〕《遼寧省國民外交協會委員會辦事細則》，《國民外交週報》，1929 年第 2 期，第 15 頁；遼寧省檔案館編：《奉系軍閥檔案史料彙編》⑨，江蘇古籍出版社，1990 年，第 149 頁。

遼寧省國民外交協會「以農工商學各界人士組織之」，「以國民外交之方法，求得中國之自由平等，並維持國際之和平爲宗旨。」該會工作以下列五項爲限：「1. 注意民眾及國際宣傳；2. 研究對抗經濟侵略政策；3. 督促當局以求外交勝利；4. 嚴防及檢舉賣國漢奸；5. 促進國民外交教育。」該會「設委員九人，由會員選舉之，執行本會一切事務。」委員「任期爲一年，連舉得連任。」「凡爲本會會員，每年應納會費 6 元，分兩期交納。」該會「經費由會費項下支付，如不足時，得由會員設法籌集之。」該會還決定「設分會於各縣，各埠，各鎮。」〔註 157〕

遼寧省國民外交協會還提出了自己的口號：「1. 振興民族精神，團結一致，打倒一切帝國主義。2. 聯合毗鄰被壓迫民族，共同奮鬥。3. 致力於廢除一切不平等條約之運動。4. 努力奮鬥，勢將旅大、南滿鐵路收回。5. 民眾一致締結對俄平等條約。」〔註 158〕1929 年 9 月份遼寧省國民外交協會分會簡章〔註 159〕制定並頒佈，隨後至 1929 年末遼寧各地分會陸續建立。在此以前，排日運動的中心都集中在北京、上海、漢口等大城市，遼寧省國民外交協會的建立則標誌著民族主義運動擴展到了東北。

遼寧省國民外交協會的官方背景是顯而易見的，如 7 月 4 日，遼寧省國民外交協會開籌備會時，遼寧交涉署曹科長出席，報告榊原農場事件交涉經過；7 月 6 日，交涉署曹科長再次赴會並報告近日交涉經過。〔註 160〕而張學良也給予大力支持，並以自己活動經費給予資助。〔註 161〕於是在奉系支持下，該會進行了一系列的反日排日活動。

該會在群眾中進行反日宣傳的主要陣地就是其組織每月一次的國民外交常識講演會。講演的題目主要選取當時關注的外交問題與事件，如該會成立初期正值中東路事件，所以 7 月 31 日首次講演題目爲「中日中俄外交問題」，講演員爲曹仲山，到會者二千餘人；8 月 24 日第二次講演大會的題目爲「中俄最近

〔註 157〕《遼寧省國民外交協會組織大綱》，《國民外交周報》，1929 年第 1 期，第 21～22 頁。

〔註 158〕〔日〕水野明著，鄭樑生譯：《東北軍閥政權研究——張作霖、張學良之抗外與協助統一國内的軌迹》，臺北：國立編譯館，1998 年，第 314 頁。

〔註 159〕參見《遼寧省國民外交協會分會簡章》，《國民外交周報》，1929 年第 4 期，第 11 頁；遼寧省檔案館編：《奉系軍閥檔案史料彙編》⑨，江蘇古籍出版社，1990 年，第 149 頁。

〔註 160〕《遼寧省國民外交協會工作日誌》，《國民外交周報》，1929 年第 1 期，第 19 頁。

〔註 161〕胡玉海等主編：《奉系軍閥大事記》，遼寧民族出版社，2005 年，第 521 頁。

外交問題」，演講員爲鄒希古。〔註162〕中東路事件逐漸平息後，中日關係的講演題目便成爲了講演會的主旋律。尤其1931年初中日鐵路交涉再次進入國人視野時，外交協會多次舉辦以「中日鐵道交涉」爲題目的講演。如6月6日的講演以「鐵道交涉的緣起」、「鐵道交涉的經過」及「對於日方提出四條的研究」等幾個方面對當時中日間鐵路交涉做了較全面的介紹和研究。〔註163〕

1929年7月30日，金縣同鄉會報告日本在金縣強買地土，外交協會議決，設法極力援助，並印《盜賣國土懲治條例》，散發金縣人民。〔註164〕10月21日，外交協會上遼寧省政府代電，請頒佈《盜賣國土懲治條例》，該電稱：「查日本對華侵略，以在東省爲最積極。近來窺我革命成功，修約期迫，圖窮匕見，不惜以頑劣手段橫施壓迫。甚且巧取豪奪，誘惑流氓地痞，強買中國土地，以收商租權之實利。北寧路案之發生，七公臺慘案之起源，何莫非日人誘惑流氓，盜賣國土，階之厲也。查國土禁賣外人，律有明文，爲國際公法所承認。彼野心之日本帝國主義者，悍然不顧，強取誘買，愚民不察，見有利益可圖，遂置國家於不顧，長此以往，不加限制，誠恐其得寸進尺，遺患無窮，事關重要，不容忽視，懇乞鈞府將盜賣國土懲治條例，迅予公佈，以除奸民，而儆效尤，保我領土之完整，戢帝國主義之野心。」此後不久，又電省政府要求查辦撫順縣盜賣國土犯。〔註165〕

爲了禁止日人利用不法商民強買土地，早在1929年1月，奉天省政府就向各縣縣長發出訓令，禁止「私自將土地出售或質押給外國人」，如有違反者，「一經查出，無論地主、證人或介紹人，一律處以極刑」。8月，東北政務委員會制定禁止將土地租借或售予外國人的《盜賣國土督辦條例》，並以訓令形式下發給韓人較多的吉林省，欲阻止以歸化韓人爲中介的日本人盜買中國土地。〔註166〕1931年5月，東北政委會又制定了《盜賣國土懲罰法》，該法共八條，分別對租押和盜賣土地數量與相應刑罰都做了具體規定（見表7-2-1）。

〔註162〕《遼寧國民外交協會工作日誌》，《國民外交周報》，1929年第2期，第13～14頁。
〔註163〕參見《中日鐵道交涉》，《國民外交半月刊》1931年第60期、第61期。
〔註164〕《遼寧國民外交協會工作日誌》，《國民外交周報》，1929年第2期，第13頁。
〔註165〕《請省政府頒佈盜賣國土懲治條例電》，《國民外交周報》，1929年第12期，第27頁；《請省政府查辦撫順縣盜賣國土犯電》，《國民外交周報》，1929年第13期，第11頁。
〔註166〕〔日〕水野明著，鄭樑生譯：《東北軍閥政權研究──張作霖、張學良之抗外與協助統一國內的軌迹》，臺北：國立編譯館，1998年，第308～309頁。

表 7-2-1：《盜賣國土懲罰法》對租押與盜賣土地數量及其相應刑罰之規定

租押土地數量（畝）	刑　罰	盜賣土地數量（畝）	刑　罰
1〜5	有期徒刑 5 年，沒收該土地。	1〜5	有期徒刑 10 年，並沒收盜賣人之財產，以籌措金錢贖回。
5〜10	有期徒刑 10 年，沒收該土地。	5〜10	有期徒刑 20 年，並沒收盜賣人之財產，以籌措金錢贖回。
10〜20	有期徒刑 20 年，沒收該土地。	10〜20	有期徒刑 40 年，並沒收盜賣人之財產，以籌措金錢贖回。
20〜50	無期徒刑，沒收土地，財產則不予沒收。	20〜50	無期徒刑，沒收土地，財產則不予沒收。
50〜100	死刑，沒收土地，財產則不予沒收。	50〜100	死刑，沒收土地，財產則不予沒收。
100〜200	盜賣人死刑，介紹人有期徒刑 5 年。	100〜200	盜賣人死刑，介紹人有期徒刑 5 年。
200〜500	盜賣人死刑，介紹人有期徒刑 10〜30 年。	200〜500	盜賣人死刑，介紹人有期徒刑 10〜30 年。
500〜1000	盜賣人死刑，介紹人無期徒刑。	500〜1000	盜賣人死刑，介紹人無期徒刑。

資料來源：〔日〕水野明著，鄭樑生譯：《東北軍閥政權研究──張作霖、張學良之抗外與協助統一國內的軌迹》，臺北：國立編譯館，1998 年，第 309 頁；《遼寧省政府國土盜賣懲罰標準制定》，日本外務省編：《日本外交文書》，昭和期 I 第 1 部第 5 卷，1994 年，第 88〜89 頁。

　　為了配合協會國貨部提倡國貨的宣傳，遼寧省國民外交協會還決議「為抵制經濟侵略」組織「遼寧中華國貨社」，「以提倡國貨，挽回利權為宗旨」，其下又籌劃組織「遼寧中華國貨貿易公司」來推銷國貨。該社贊助人共 22 人，均為奉系官方人物，主要者有：民政廳長陳文學，財政廳長張振鷺，農礦廳長劉鶴齡，建設廳長彭濟群，教育廳長吳家象，東北交通委員會副委員長兼公安管理處處長高紀毅，遼寧省政府委員高維嶽、邢士廉，東三省官銀號總辦魯穆庭，會辦荊有岩、吳恩培，憲兵司令陳興亞等人。〔註 167〕由此更可見該社與外交協會的官方背景。

　　1929 年 10 月末至 11 月初，日本在京都舉行了第三屆太平洋問題調查會。

〔註 167〕記者：《介紹中華國貨社》，《國民外交週報》，1929 年第 7 期，第 21 頁。

遼寧省國民外交協會爲此於 10 月 16 日發表「打倒滿鐵公司」宣言，揭露日本在東北的侵略政策：「1. 鐵路政策：建設五大鐵路，實現吉會、延長二線、二港計劃。2. 經濟政策：投資，製鐵，採礦，伐林，農場，貿易，銀行，金融。3. 政治政策：駐軍，設警，布政。4. 文化政策：殖民教育，新聞傳播。5. 移民政策：商租，雜居，驅逐華人，強買土地。6. 治安政策：販賣嗎啡、鴉片，走私槍械子彈，包庇鬍匪。」並且提出了所要實現的十大目標：「1. 打倒我們之最大敵人。2. 收回東三省外國人經營之煤礦，及一切侵略事業經營機關。3. 收回旅大租借地，反對商租和雜居。4. 拒絕外國人不合理之移民方法。5. 鐵路及其他一切事業均要自主自營，絕對不借敵人的外債。6. 堅持不合作主義，促使敵人之覺醒。7. 反對敵人之「經濟開發政策」，因爲它已是亡我東三省惟一無二之方法。8. 反對以我東三省爲敵人的「國防線」。9. 所有敵人以前不合正當手續所訂之條約完全不承認。10. 反對敵人強修吉會路。」〔註168〕在此十大目標中，國民外交協會所稱的「敵人」顯然就是指日本而言，表明了其反日排日的堅定立場。11 月 4 日，參加第三屆太平洋問題調查會的中國代表徐淑希以上述國民外交協會的宣言爲基礎，以收回附屬地與旅大爲中心，發表了提案。

1931 年 4 月 5 日，遼寧省國民外交協會在瀋陽中國青年會館舉行了第一屆聯合大會。在這次大會上，遼寧省國民外交協會修改了組織大綱，重新選舉了領導人員（參見表 7-2-2）。關於會員部分除了個人會員外增加了團體會員，規定「凡本城各團體，由會員二人以上之提議，並經委員會通過者，爲本會團體會員。」並將該會委員人數增加，「設執行委員 21 人，由會員選舉之，常務委員 7 人，由執行委員互選之，主席委員 3 人，由執行委員就常務委員中選舉之。」對會費也重新做了規定：「凡爲本會團體會員，每年應納會費由 30 至 3000 元。個人會員每年應納會費 2 元至 20 元。」〔註169〕

表 7-2-2：遼寧省國民外交協會委員一覽表

姓　名	次　章	職　別	現任職務
閻寶航	玉衡	執委兼常委並主席	青年會總幹事

〔註168〕龍韜：《滿鐵會社是什麼？》，《國民外交周報》1929 年第 8 期，第 10～11 頁。
〔註169〕東北文化社年鑑編印處編：《東北年鑑》，東北印刷局，1931 年，第 1391 頁。

金恩祺	哲忱	同	遼寧省城商會主席
王化一	化一	同	遼寧省教育會副會長
盧廣績	延庚	執委兼常委	遼寧省城工會聯合會常務理事
梅黃素	佛光	同	遼寧省立第一師範校長
李象庚	孟興	同	成城中學校長
蘇上達	上達	同	東北交通用品製造廠廠長
趙雨時	雨時	執委	東三省民報社社長
趙晉如	晉如	同	東北商工日報經理
劉廣沛	達夫	同	中國國貨銀行經理
王德恩	金川	同	東三省官銀號總稽查
閻模楷	蔚堂	同	遼寧省農務會常務理事
陳言	瘦鵑	同	東北民眾報社長
卞鴻儒	宗孟	同	東北蒙旗師範學校校長
曹德宣	重三	同	遼寧第三高級中學校長
省緣		同	遼寧佛教會常務委員
車慶和	向忱	同	國民常識促進會幹事
張大威		同	大威汽車公司經理
姬振鐸	金聲	同	遼寧省教育會會長
張秀英	允中	同	瀋陽律師公會會長
劉仲明		同	盛京施醫院大夫

資料來源：《國民外交半月刊》，1931 年第 55 期，第 51 頁。

　　此次大會到會代表 34 個縣，共 80 餘人，開會四日提案 124 件，〔註170〕其中對日關係者主要有：1. 收回旅大及滿鐵。2. 收回領事裁判權。3. 關於韓人案件。4. 絕對拒絕日本在東北鋪設鐵路。5. 拒絕擴大撫順礦區。6. 收回日本警察權。7. 收回滿鐵沿線日方學校。8. 排斥外國報紙。9. 提倡國貨，排斥日貨。10. 禁止中國人與日韓人通婚。11. 禁止日本人販賣違禁品。12. 在外交協會設置外交消息通信部。13. 禁止外國人開發礦山。14. 禁止日本軍隊在中國境內舉行演習。15. 禁止日本蠶食鐵路附屬地之接壤地帶。16. 撤走各長城內日警派出所。其所議決的重要排日案件有三個：1. 收回滿鐵案。

〔註170〕東北文化社年鑒編印處編：《東北年鑒》，東北印刷局，1931 年，第 1393 頁；《議案彙錄》，《國民外交半月刊》，1931 年第 56 期，第 43～88 頁。

2. 東三省韓人問題案。3. 日本非法行動對策案。〔註171〕關於「收回滿鐵案」，外交協會秘密會議的結果是，原則上「督促、鼓勵政府，使之與日本方面交涉，絕不承認民國四年『二十一條』，並比照與帝俄之間所簽訂之條約，於租約屆滿之同時，拿出相當之資本予以收回。」並要求「建設東北鐵路網，更委託委員代表在國民會議上提出收回滿鐵、旅大案。」關於「東三省韓人問題案」，使中央政府及地方當局確定韓人待遇辦法，並設立韓人問題研究委員會。關於「日本非法行動對策案」，在開會時，以秘密會議方式要求新聞記者與來賓退場，只有協會會員及分會代表列席，分發題為「如何對抗日本在東北的非法活動」之傳單給各與會代表，經討論後決定：1. 為詳細探究日本在東北的經濟、政治、軍事、文化方面的侵略實況，各分會應極力加以調查。2. 將對日抗爭方式分為以民眾力量為中心者，及請求政府以整個國家之力量來對抗之兩種，並視日本非法行動之程序如何來決定其方針。3. 提倡國貨，排斥日貨，使民眾決不購買日貨。4. 請求政府早日完成東北鐵路網，以對抗日方鐵路政策。5. 若日方不悔改其非法活動，就以示威運動來對抗，其重大者則以經濟斷交、不合作方式來對抗。6. 請求地方政府將來與日本交涉時，地方官員絕不負交涉責任，而將一切轉移到中央政府之手，使之尊重國家主權。〔註172〕遼寧省國民外交協會聯合大會對如何對付日本確定了具體的行動計劃，表明了其反日維護國權的鮮明方針。並將外交權上交中央的態度明確化，也從側面說明了此時東北對日交涉的困境，希圖借助南京國民政府的力量加以化解。

　　1931年5月5日至17日召開的國民會議裏，張學良於9日擔任會議主席，在會中提議為被迫接受「二十一條」要求的「五九國恥紀念日」默哀三分鐘。於是會場成了高喊「打倒日本帝國主義」的排日會場，呼喊著要收回旅順、大連及滿鐵，並要求日本將鐵路守備隊撤走。在此情況下，國民外交協會於5月12日致電國民會議，要求收回旅大鐵路、安奉鐵路，並促使日本撤走駐屯軍警和廢除郵局。29日，舉行由遼寧外交協會主持，遼寧省各團體都參加的聯合大會，開展更為聲勢浩大的收回利權運動。遼寧省以外其他兩省也設置了外交協會。1931年7月黑龍江國民外交協會成立，8月長春國

〔註171〕〔日〕水野明著，鄭樑生譯：《東北軍閥政權研究——張作霖、張學良之抗外與協助統一國內的軌跡》，臺北：國立編譯館，1998年，第316頁。

〔註172〕〔日〕水野明著，鄭樑生譯：《東北軍閥政權研究——張作霖、張學良之抗外與協助統一國內的軌跡》，臺北：國立編譯館，1998年，第317頁。

民外交協會成立。9 月擬聯合各省、縣外交協會與分會設立東北國民外交協會〔註173〕，但因九一八事變爆發，而致這一計劃流產。〔註174〕

　　自 1925 年五卅運動以來，以上海爲中心以反帝爲宗旨的民族主義運動已愈演愈烈，並逐漸成爲任何中國政府所不能忽視的社會力量。這種力量既可以成爲政府對外交涉的後援，也可以成爲牽制其對外交涉的阻力。隨著這一運動向東三省的傳播，如何把這種來自民間的力量納入到奉系政權控制的軌道，並由其加以引導和影響，以配合奉系政權對外交涉，即成爲當時奉系政權應對日本交涉的重點內容。爲此，才有了上述的遼寧省國民外交協會的創建及其各種公開的活動。然而在外交協會的創建及其展開活動的過程中，卻夾雜著國民黨的因素與聲音。如以遼寧省立第一師範校長身份擔任遼寧省國民外交協會執行委員兼常務委員的梅佛光，便是國民黨東北「秘黨務」的主要負責人之一，其發表在《國民外交半月刊》上關於中國外交政策一文中言到：「今後所應採取的外交方針。外交形式上，應打破官僚化、地方化。外國不願中國有統一政府，利用分化作用。但在外交場上，這種形式，實在無人格，無體面。故必，1. 喚起民眾，參加外交運動；2. 各級政府一致奮鬥；3. 充實武力；4. 國民外交團體作政府後援；5. 對外採分化手段；6. 挑撥離間各帝國主義者。」〔註175〕雖然是籠統討論中國外交政策，但卻明確指出外交形式上「應打破官僚化、地方化」，其意也就是要求奉系尊重中央外交權，不能分割中央外交權。可見，奉系支持東北國民外交之目的在以民氣爲政府外交之後援，尋求奉系對日外交的民間支點，而國民黨參與東北國民外交之目的則有借民氣而監視並防止奉系單獨與日交涉的嫌疑。

4、矛盾的總爆發：九一八事變

　　由於 1929 年以來世界經濟危機的影響，金貴銀賤，使得滿鐵在 1930 年減收三千萬元，並實行了兩次大裁員減薪，以資挽救。〔註176〕而日本內地的

〔註173〕據張德良、周毅主編：《東北軍史》（遼寧大學出版社 1987 年）第 136 頁稱：1930 年 1 月，遼寧省國民外交協會改稱東北國民外交協會，此說明顯不確。因爲該會從 1929 年成立至 1931 年九一八事變前所發行的機關刊物《國民外交周報》及後來更名的《國民外交半月刊》，其封皮頁刊任的發行機關一直均爲「遼寧省國民外交協會」，這就說明遼寧省國民外交協會並未在 1930 年改名。

〔註174〕〔日〕水野明著，鄭樑生譯：《東北軍閥政權研究——張作霖、張學良之抗外與協助統一國内的軌迹》，臺北：國立編譯館，1998 年，第 301～302、318 頁。

〔註175〕梅佛光：《中國外交政策》，《國民外交半月刊》，1931 年第 56 期，第 40 頁。

〔註176〕《中日鐵道交涉》，《國民外交半月刊》，1931 年第 60 期，第 9 頁。

工、農、商各業也都是一片蕭條，不滿的情緒日益高漲，逐使輿論界日甚一日地起而高呼，要求在滿蒙問題上尋找出路以期打開一個新的局面。〔註 177〕然而由於奉系在對日外交上採取圓滑政策，以中央外交與國民外交為支點，盡力對日本的交涉要求加以延宕，使得日本想「在滿蒙問題上尋找出路以期打開一個新的局面」的想法亦不能實現，這就更加劇了日本國內和在華日僑尤其是在東北滿鐵附屬地的日僑移民的強烈不滿。

1931 年 2 月 27 日，在東北各地方的日本僑民「開全滿地方委員聯合大會，經當場一致通過」，形成了致日本朝野的對滿蒙意見的陳情書：

> 帝國之存立上……根本的救國策，根本的國家發展策，除開發滿蒙而進行民族的大陸發展外，別無他法。自日俄戰役後，帝國著手開發滿蒙，迄今已二十有六年，蒙俄文化施設，恩惠於中國人之發展，實有驚人之價值。人口之移殖，增加二千萬，惟邦人則失其期待，所謂開發滿蒙，為國家之百年大計，不特成為不可能是預想，而自滿鐵始之二十萬同胞，已陷於夢想不到的苦境，氣息奄奄，僅橫其殘骸於狹隘之鐵道用地內，現狀殊堪憂也。按排日之徑路，係自張作霖任命王永江為省長之當時，驚異鮮人從事開拓水田者之澎湃，因防此而出以壓迫排斥之手段始。當張作霖死，張學良領受東北總司令後，排日益形露骨。設有主張排日而屬行者之官吏，則撥擢登用，並得人民之賞贊，因此皆以非日為立身出世之捷徑，此風恰如燎原之火，瞬間彌漫乎全滿洲矣。且認邦人依個人之契約，而投資所經營之深林水田礦山等，為不法之投資，除懲辦對手之中國人外，並予以沒收之處分，倘不肯應命時，則以兵力奪取，此為其當有之手段也。然日本領事所謂之嚴重抗議，而不用其適切有傚之手段，致使中國官憲，目抗議為外交敷衍之手段，因曠日彌久，則可自動默殺，至以不附答為常例也。致使邦人經恒久之年月，徒為忍泣，而二十年為汗血結晶所成之附屬地外所投資經營之礦山、水田、森林之權利，悉數喪失矣。常對於以中日親善為自任，而與邦人提攜經營事業盈利之中國人，施以怒罵，認為使用日本語者為恥辱。排日之急先鋒尤為活躍，竟謂中日衝突定所難免，然相戰時，

〔註 177〕〔日〕林久治郎著，王也平譯：《「九一八」事變：奉天總領事林久郎遺稿》，瀋陽：遼寧教育出版社，1987 年，第 103、112 頁。

必超勝券，大作不惜鎧袖一觸之豪語。而對唱中日親善，共存榮之日本人，大爲嘲笑……〔註178〕

此時「正值仙石總裁，舉外交之逸才木村氏，對中國開始鐵路之交涉。而彼方仍不可期其事有誠意，想可知也。深憂邦家之盛衰，」於是日人又在該陳情書中對滿蒙問題交涉提出了幾點意見：「1. 打通線之違反中日條約之鐵路中止其運輸；2. 遮斷沈海北寧兩路之交接點；3. 協定運貨以免競爭；4. 解決土地商租權；5. 令認可日本人對礦山森林等業之投資；6. 輸入滿洲之邦資，特訂協定關稅，以圓滿日之貿易。」〔註179〕日人在該陳情書中將自己描述成備受中國人欺辱的樣子，極盡顛倒是非、挑撥離間之能事，其目的當然也就是想讓日本朝野震怒而對華施以武力壓迫。

同時，在東北的日文各報，每天用大字標題成篇成幅地大肆宣傳鼓動，大罵張學良「遠交近攻，勾結美英對抗日本，他既承襲乃父張作霖的事業，而對乃父同日本締結的各種條約，如吉會鐵路的修築借款 3000 萬元，吉林黑龍江兩省的農礦權利借款 3000 萬元，滿蒙四鐵路的修築借款 2000 萬元，既不還本，也不付息，更不讓日本履行已獲得的開發吉黑兩省產業和築路的權利，這種背信棄義的鬍匪行爲，必須給以實力的懲罰」。〔註180〕

在 1931 年上半年，中日間交涉未有進展之時，在東北又相繼發生了「萬寶山事件」和「中村事件」，使得中日間關係更趨緊張，日本國內對華強硬空氣也逐漸升溫。萬寶山事件，爲日本人利用吉林人郝永德盜買吉林萬寶山地區土地而引發的韓人與中國人的流血衝突，並很快由地方事件上昇爲中日之間的外交事件。〔註181〕最初，日本駐長春外交機關與中國長春交涉署進行了多次談判，由於雙方各執己見，問題並未解決。後來林久治郎派石射總領事，與張作相由哈爾濱召來的特派交涉員鍾毓，在吉林繼續商談。鍾毓在談判中堅持中國方面的立場，使得交涉同樣沒有進展。〔註182〕遷延到 7 月 1 日，在

〔註178〕《日人野心之大暴露》，《國民外交半月刊》，1931 年第 59 期，第 20～23 頁。

〔註179〕《日人野心之大暴露》，《國民外交半月刊》，1931 年第 59 期，第 20～23 頁。

〔註180〕王子衡：《「九·一八」事變前日本帝國主義在東北的陰謀活動》，中國人民政治協商會議全國委員會文史資料委員會《文史資料選輯》編輯部編：《文史資料選輯》第 5 卷第 17 輯，中國文史出版社，2000 年，第 92 頁。

〔註181〕該事件經過可參見吉林省政協文史資料委員會編：《九一八事變資料彙編》，吉林文史出版社，1991 年，第 191～215 頁。

〔註182〕〔日〕林久治郎著，王也平譯：《「九一八」事變：奉天總領事林久郎遺稿》，遼寧教育出版社，1987 年，第 111 頁。

伊通河引水口附近兩相對峙的中國人同朝鮮人之間終於發生了衝突。這個事件，在朝鮮內地被十分誇大地報導出來，刺激起朝鮮人對中國人的反感，並引發了朝鮮排華慘案。一個小小的萬寶山問題由於日本政府在幕後主導而引起軒然大波，造成了在平壤等地虐殺中國人的慘案，〔註183〕這正表明了中日兩國間的氣氛已日益惡化。而中國方面對於萬寶山事件的反應如往常一樣，以上海為中心燃起了抵制日貨的烈火。

從 7 月中旬到 8 月中旬，林久治郎多次與張作相會談，但總未能達成協議。「張作相一向不願多事，儘管他未能接受我方要求，看來已不會鼓動中國官民來與我們積極抗爭了。」「這時，伊通河的堤壩工程業已完成，引水灌渠也已竣工。有了這些，即使中國方面不予承認，在萬寶山墾闢水田大體上已是可能的了，只是耕作必須等到明年。於是，我方就把這一切當作既成事實而認為事件已經在實質上得到解決。」〔註184〕就這樣，萬寶山問題在表面上雖未解決而實質上已經解決的情況下告一段落。

就在萬寶山事件交涉過程中，7 月中旬又發生了中村事件。所謂中村事件是指日本軍官中村非法潛入興安屯墾區進行間諜活動並被當地中國駐軍抓獲處死一案。〔註185〕對於外國人到中國內地遊歷是需要中國方面發給護照的，在瀋陽發的護照上面印有「禁止到蒙古地方旅行」的附注，而在哈爾濱發的護照上面則未有此附注。中村則利用奉系這一疏忽，先在瀋陽領取了護照，而後到哈爾濱又重新領取了護照，於是持未印有上述附注的護照進入興安屯墾區進行間諜活動。雖然在簽發護照上存在漏洞，但早在興安屯墾區成立伊始，東北當局就曾照會駐瀋陽的各國領事館：「興安區乃荒僻不毛之地，山深林密，准恐保護不周，謝絕參觀遊歷。凡外國人要求入區者一律不發護照。」〔註186〕所以中村擅自入興安屯墾區是不受保護的，發生任何意外也自然與中國無關。

〔註183〕關於此點可參見蔣文鶴：《排華慘案紀實》，吉林省政協文史資料委員會編：《九一八事變資料彙編》，吉林文史出版社，1991 年，第 216～219 頁。

〔註184〕〔日〕林久治郎著，王也平譯：《「九一八」事變：奉天總領事林久郎遺稿》，遼寧教育出版社，1987 年，第 116 頁。

〔註185〕該事件經過可參見關玉衡：《中村事件始末》，中國人民政治協商會議吉林省委員會文史資料研究委員會編：《吉林文史資料》第 11 輯，吉林省委員會文史資料研究委員會，1985 年，第 149～164 頁。

〔註186〕關玉衡：《中村事件始末》，中國人民政治協商會議吉林省委員會文史資料研究委員會編：《吉林文史資料》第 11 輯，吉林省委員會文史資料研究委員會，1985 年，第 150 頁。

7月中旬，日本關東軍獲知中村失蹤消息，立即派片倉衷大尉為主任，會同齊齊哈爾領事館的清水八百一領事以及洮南的滿鐵公署共同協力進行了證據的收集。到8月中旬，基本上查明了中村大尉一行的情況。於是林久治郎於8月17日往訪奉天省長臧式毅及留守參謀長榮臻，說明中村大尉被殺經過，並向其追究責任。由於關玉衡越過瀋陽方面直接向北平的張學良報告了對中村的處理，所以臧式毅與榮臻兩人並不知曉情況。所以在林久治郎前去交涉時，約定立即對事實進行調查，並派出兩名調查員趕赴現場，兩星期後調查員回來了，但因為官卑職小，報告含糊其辭，不得要領。因此，林於9月4日再度往訪臧、榮兩人，向他們提出了如下的嚴正警告：「面對這樣的重大事件，中國方面仍如以往那樣態度曖昧，毫無誠意表示。對於近年來中國的排日運動，我國朝野上下非常關注。特別是維護在滿洲的權益，我國政府視同生死攸關的重大問題，故對當地中國官憲的表現，正在密切加以注視。本案事實極其清楚，如中國方面仍以敷衍態度搪塞推諉，我國政府終將無法容忍。」〔註187〕榮兩人即於當夜驅車南下赴北平，和張學良商量之後，決定派憲兵司令陳興亞偕軍監兩名，前去興安屯墾區調查。當時中日之間的政治空氣已逐漸緊張，在滿日本人的強硬論調也一天比一天熾烈。

當時，「鐵路交涉已成僵局，無何進展；接著發生了萬寶山事件，在滿洲朝鮮人所受的壓迫愈益嚴重；與此同時，在朝鮮境內也發生了虐殺中國人的事件，從而引發了中國南方的抵制日貨運動。面對著這種形勢，我國國內的強硬論調又有擡頭之勢。正當這時，又出人意料地發生了參謀本部部員中村大尉的悲慘遭難，少壯軍人們的激憤之情是不難想像的。果然，他們認為使用武力解決滿蒙問題的良機已到，遂不斷地向『霞關』〔註188〕施加壓力，強烈要求執行強硬政策。」與此同時，「在滿洲，關東軍參謀部也為此事處於非常緊張的狀態中。」板垣征四郎、石原莞爾、土肥原、花谷等人，正多方策動，「亟欲以中村事件為解決滿蒙問題的良機而加以利用，正在日日夜夜孜孜不倦地進行策謀。」〔註189〕

實際早在皇姑屯事件後，日本就開始為重新制定侵略中國東北的秘密計

〔註187〕〔日〕林久治郎著，王也平譯：《「九一八」事變：奉天總領事林久郎遺稿》，遼寧教育出版社，1987年，第119～120頁。

〔註188〕日本外務省的代稱，因其地址便在霞關。

〔註189〕〔日〕林久治郎著，王也平譯：《「九一八」事變：奉天總領事林久郎遺稿》，遼寧教育出版社，1987年，第121～123頁。

劃而進行了長時間的秘密調查和研究。如 1929 年板垣和石原曾兩次組織日本關東軍參謀赴北滿南滿各地進行以旅行爲掩護的實地考察活動。1930 年 12 月 7 日，在日本拓務省大臣辦公室召開了有關滿蒙議題的秘密會議，出席會議者有拓務大臣松田、滿鐵總裁仙石、滿鐵理事木村、外務次官及參謀次官等人。在這次會議上制定了「滅亡滿蒙秘密計劃」，決定：「甲、奉派欲將滿蒙外交權名實共歸併南京，吾人對之取外寬內嚴方法以反對之；更借題發揮，強其仍以張學良爲外交負責長官，以便帝國保持其特殊地位及特權。乙、對奉派鐵路網之建設，取干涉的態度，以阻其實現。特以迫戰求和策略，誘其與我協調滿蒙鐵道運價與貨物吸收區域之限制，似此方足永保南滿鐵路與大連港之繁榮。俟天賜機會到來，可達帝國對滿蒙最後之目的。」〔註 190〕所謂「俟天賜機會到來，可達帝國對滿蒙最後之目的」，顯然是要以武力侵佔東北。

日本軍部則於 1931 年 6 月 12 日成立了以參謀本部第一部長美川建次爲委員長的委員會，委員有陸軍省軍事課長永田鐵山及該課課長補佐岡村寧次、參謀本部編制課長山脅正隆及支那課長重藤千秋、歐美課長渡久雄 6 人。這個委員會整理出一個「滿洲問題解決方案大綱」，其內容：

1. 緩和張學良排日行動的工作由外務省主持。
2. 排日行動尚不熾烈，不作軍事行動。
3. 滿洲問題的解決，擬先取得國內外的諒解。因此陸軍大臣應該努力通過內閣會議使各大臣都能知悉當地的情況。
4. 陸軍省軍務局應與參謀本部情報部協力，使全國國民瞭解滿洲的實際情況。
5. 軍務局情報部應與外務省關係局加深聯絡，使各友好國家備知滿洲排日之實況，俾日本行使武力時，能給予諒解，不出來反對或給日本施加壓力。
6. 軍事行動所需兵力，由作戰部與關東軍協定之。
7. 國內外諒解政策之施行約須一年（至少到明年春）。
8. 在上述期間內，關東軍必須隱忍自重，力避事故發生，如有發生亦宜局部處置，勿使擴大。〔註 191〕

〔註 190〕《日本拓務省滅亡滿蒙秘密會議記錄》，吉林省檔案館編：《九‧一八事變》，檔案出版社，1991 年，第 29 頁。
〔註 191〕吉林省政協文史資料委員會編：《九一八事變資料彙編》，吉林文史出版社，1991 年，第 111 頁。

日本軍部準備「以一年爲準備期間，然後再進入軍事行動的方針之下，約束關東軍在此期間內應暫時隱忍自重」，并對列強及日本國內進行「軍事行動是出於不得已」的遊說與說服工作。〔註192〕實則日本已經進入了戰爭的準備狀態。

　　7月發生「中村事件」後，日本軍人、政客、財閥、學者等頻繁到中國東北、華北、華中、華南各地旅行觀察。8月中旬，日人永田善三郎到中國各地旅行後，歸途路過大連與《關東報》總編兼遼寧省政府諮議王子衡會談，聲稱以武力解決滿蒙問題的「時機到了。」〔註193〕

　　自5月到6月間，東北當局對於關東軍的陰謀策劃已有所察覺。隨後因「萬寶山事件」和「中村事件」的發生使得中日間關係驟然緊張，於是爲了探聽日本意圖，8月16日，湯爾和奉張學良之命到大連訪問，會見了剛上任不久的滿鐵新總裁內田，並向其控訴了日本關東軍令人感到不安的舉動。翌日，受內田之命會見湯的木村說：「若只抑制少壯軍人的活動，反有引發其激烈行動之虞。當此之時，如從東三省方面提出建設吉會、長大兩鐵路的新案，當可舒緩日本的國論與日本的強硬論。」木村還提出警告：「我認爲時至今日，中國方面是否已到了非深思熟慮不可的時機？老實說，日本政界有勢力的部分人士認爲：單方面廢除吉會鐵路條約，將會立刻導致間島條約失效，而這種強硬論相當頑強，如將這種情形置之不理，則將會再度發生間島地方的合併論。」〔註194〕隨後張學良又派趙欣伯、湯爾和到東京，與日本政府及其陸軍部門溝通，藉以緩和緊張事態，〔註195〕並且也請國民政府出面與日本溝通。8月25日，財政部長宋子文提議與日本駐華公使重光葵會談到大連、瀋陽旅行，然後與滿鐵總裁內田見面。宋子文爲解決滿蒙問題，以製造協商氣氛爲目的，於9月11日再度訪問重光葵，商量安排到東北的日程。於是爲重光、

〔註192〕李雲漢：《九一八事變史料》，臺北：正中書局，1982年，第169頁。

〔註193〕王子衡：《「九·一八」事變前日本帝國主義在東北的陰謀活動》，中國人民政治協商會議全國委員會文史資料委員會《文史資料選輯》編輯部編：《文史資料選輯》第5卷第17輯，中國文史出版社，2000年，第86頁。

〔註194〕〔日〕尾形洋一：《第二次幣原外交と滿蒙鐵道交涉》，《東洋學報》，第57卷第3～4期，第197～198頁。

〔註195〕實際上在與日方直接接觸中，張學良表現出軟硬通吃的強硬態度的同時，還經常通過曾長期在北京政府任職後依附奉系的湯爾和、羅文幹等人與日方保持密切接觸，以便隨時疏通情感緩解緊張關係。參見日本外務省編：《日本外交文書》，昭和期I第1部第5卷，1994年，第30頁。

內田、宋三人舉行會談，安排宋子文和重光葵於 9 月 20 日從上海出發，在青島分手後，再於大連再度會合的行程。然而這一嘗試卻因九一八事變的爆發而化為泡影。〔註196〕

三、結語

　　如前文所述，奉系不僅擁有人事、財政、交通、軍事等實權，在外交上實際也擁有實權。但由於東北地處日蘇兩強夾縫中的特殊情形，使得奉系在外交權的運用上頗不自如。這主要是由於兩方面因素造成的，一方面是日本勢力過於強大並時時抱有侵吞東北之野心，使得奉系在對日交涉中採取守勢，不敢收回諸如旅大和南滿鐵路等利權；另一方面則是由於國民政府的干預與牽制，這一點尤其體現在中東路事件的交涉中。在該事件發生前，奉方就一直在與蘇方就收回中東路及附屬權利進行交涉，而在該事件發生後，國民政府則不准東北當局單獨對蘇交涉，要求由外交部負責交涉。由於當時剛剛易幟半年，奉系對國民黨還抱著尊敬的態度，所以蔣介石以國家和民族的話語權強力要求東北對蘇「堅持不屈」時，奉系實難拒絕而不得不將對蘇交涉交由外交部全權負責。以致中蘇開戰東北軍慘敗，奉系不得不重開地方外交，以求息事而保存力量。

　　在中東路事件交涉中，張學良是在蔣介石話語權控制下被迫將對蘇交涉交由外交部負責，而在中央外交失敗後，奉系便重新掌控了對蘇交涉權，並不待中央是否同意便單獨決定簽訂了城下之盟，恢復了中東路原狀。而在中日滿蒙懸案交涉中，奉系則多次主動向日方表示東北外交由中央負責，讓日方與外交部交涉，並且即便在日方強硬要求要與東北單獨交涉的情況下，張學良也僅是對交涉進行敷衍和延宕。對蘇是有外交權而用之，對日則是有外交權亦不使用，這雖然與日本對東北侵略更為積極，奉系不得不迴避其鋒芒有關，但這種差距也反映了在東北納入國民黨版圖後奉系對地方外交權限的立場，即僅希望中央能在必要時伸以援手，而不歡迎其隨便插手。誠如奉系搜查哈爾濱蘇聯領事館一案，先斬後奏事後才向國民政府報告而引起其不滿時，吉林省政府所言：「向來對外交事件採取三省一致之行動，且頃有瀋陽通令，即關於外交事件應在三省處理，唯對重要事〔才〕由東北政務委員會向

〔註196〕日本外務省編：《日本外交文書》，昭和期 I 第 1 部第 5 卷，1994 年，第 122～
　　　　123 頁；〔日〕水野明著，鄭樑生譯：《東北軍閥政權研究——張作霖、張學良
　　　　之抗外與協助統一國內的軌跡》，臺北：國立編譯館，1998 年，第 303 頁。

中央請示」。〔註197〕

　　當時東北面臨的強敵主要就是日蘇兩國，日本人炸死了張作霖，張學良在東北易幟問題上又不買日本人的賬，「你對於日本人既拉破了臉，對另一強鄰蘇俄總該把關係搞好一點，可是恰恰相反，易幟不到半年就和蘇俄打起來，派了兩師人冒冒失失去打滿洲里，結果吃了敗仗」。既然與蘇聯關係搞僵，就應該在隨後的對日交涉中在不喪失國權的前提下主動尋求緩和與日本的關係，然而張學良卻選擇了「同時和日俄為敵」。〔註198〕

　　以皇姑屯事件為轉折，張作霖時代末期北京政府因民族主義高漲而對日採取的強硬態度戛然而止。張學良時代奉系政權雖對日採取圓滑政策，但以中央外交和國民外交為其政策支點，最終還是抵制住了日本的恐嚇與威脅而實現了易幟，並在對日交涉中以地方無外交權限為由盡力迴避直接對日交涉，使得日本企圖將「滿蒙從中國本部分離，然後只與滿蒙之實力者為對手來折衝」，「否認南京政府對滿蒙的外交權，防止國民黨進出〔東三省〕」〔註199〕之政策破產。但由於外交沒有成效，日本軍部便制定了柳條湖事件的侵華計劃。這次日本吸取了皇姑屯事件的教訓，制訂了周密計劃。既與中央軍部取得聯繫，又與毗鄰的駐朝鮮日軍溝通，同時日本國民也要求政府對滿蒙問題採取強硬政策，「總之全國上下步調不一致」〔註200〕的情況根本扭轉，日本已是箭在弦上不得不發。

　　日本要實現「大陸政策」已是其既定國策，所以奉系的外交政策當然不可能阻止九一八事變的發生。同時，從當時的歷史環境來看，奉系對日採取圓滑政策並以國民黨和國民為援手和助力，在對日交涉中折衝，實際已是各種可能方案中的最佳選擇。但在奉系外交政策的具體實踐中，還是存在不足和遺憾。比如對日外交負責人的缺乏。自楊宇霆死後，奉系再無可以在對日交涉中獨當一面的負責人了。從上文中日交涉中我們就可以看出，林久治郎也好，滿鐵總裁、理事也罷，均是以張學良為交涉對象，只是在張赴北平後

〔註197〕〔日〕土田哲夫：《民國時期的「地方外交」——張學良東北政權的事例》，張憲文主編：《民國研究》第二輯，南京大學出版社，1995年，第89頁。

〔註198〕李毓澍訪問，陳存恭記錄，郭庭以校閱：《戢翼翹先生訪問記錄》，臺北：中央研究院近代史研究所，1985年，第73頁。

〔註199〕〔日〕水野明著，鄭樑生譯：《東北軍閥政權研究——張作霖、張學良之抗外與協助統一國內的軌迹》，臺北：國立編譯館，1998年，第167～168頁。

〔註200〕吉林省政協文史資料委員會編：《九一八事變資料彙編》，吉林文史出版社，1991年，第140頁。

短暫的時間內才由高紀毅繼承了這一角色。身為東北政權的最高領導人，東北方面面的事情都要由張學良來做出裁決，而每日又身陷於日本交涉的漩渦中，難免在對日決策上會顧此失彼，造成難以挽回的損失和嚴重的後果。「楊鄰葛在世時，所有對日外交都由他負責，他對日本的政治情況知道的很清楚，哪一個日本閣員在內閣會議裏講了什麼他都知道，常蔭槐主持鐵路事宜，對日本人也有一套辦法。楊常死後，張學良把對日外交全交給中央，有問題向中央推。」「外交事件固然應當由中央來辦，但有些關係地方利害的問題，還是主要地方官吏和外國解決的，單由中央來處理就有問題了。」因為「日本人在東北早已習慣了和地方當局打交道，等到張學良主持東北軍政後，把東北外交問題都交給中央處理，這使得日本人很感麻煩。事實上許多小案地方能了的，都要由遠在南京的中央政府外交部處理，遷延時日而且不明真相，交涉起來諸多不便。日本人依照慣例就是不肯到南京辦交涉，一再向東北有關機關或直接向張漢卿交涉，而東北官方不是『推』就是『拖』，推不掉就拖，『拖一年半載再說』，因之未能解決的懸案越積越多。」〔註201〕

其次高紀毅在負責對日交涉期間，對日交涉方法的失策。在諸多的滿蒙懸案中，因為滿鐵的原因使得有關鐵路方面的懸案最多也最為重要。1931 年初當木村提出四條交涉要求時，其中第四條有關鐵路聯運和改訂運價問題的要求實際是關係到滿鐵生死的，因為受經濟危機影響，金貴銀賤，滿鐵已經出現收入銳減和裁員情況。「我們在東北與滿鐵路平行的鐵路築成接軌通車後，就在運費上打擊滿鐵，……此外我們積極興建葫蘆島，預備打擊大連的商業，置滿鐵於死地。這些措施不能說不對。但在我們還沒有強大武力做後盾的時候，不能冒昧從事，更不能不從外交上緩和這種形勢，所以日本人提出要合理調整運費要求後，應該好好對付。可是交通委員會委員長高紀毅對所有日人要求均不接受，避不見面，有時見面了不談正事，請日本人喝酒，幾杯酒下肚，日本人就說：『好，好，明天來，今天不談了。』（日人怕大蒜氣味，高吃酒故意吃大蒜，滿口大蒜味，日人也不願多談。——原文注）就這樣拖過一天算一天，根本不把問題解決。」〔註202〕本來奉系已與國府協商擬定了對日交涉的應對方案，即建立鐵路交涉委員會，只要認真在此方案上

〔註201〕李毓澍訪問，陳存恭記錄，郭庭以校閱：《戢翼翹先生訪問記錄》，臺北：中央研究院近代史研究所，1985 年，第 72、83 頁。

〔註202〕李毓澍訪問，陳存恭記錄，郭庭以校閱：《戢翼翹先生訪問記錄》，臺北：中央研究院近代史研究所，1985 年，第 84 頁。

下功夫，本是可以暫時緩和與日本關係的，起碼可以使日本及其民眾看到一絲走交涉道路而實現滿蒙問題突破的希望，只要這一絲希望不破滅，相信日本軍部煽動對華強硬的市場就會少很多。希望之門未關，戰爭之劍便不會輕易出鞘。然而高紀毅在負責交涉期間，並沒有坐鎮瀋陽指導鐵路交涉委員會，而是南赴北平追隨張學良而去，鐵路交涉委員會更是徒具虛名，成為純粹拖延的工具，而遭日方的詬病。

　　另外，南京國民政府作為當時民國的中央政府，在東北問題上表現出明顯的矛盾性，也應該對東北外交惡化到不可收拾而致九一八事變發生負責。在日本要求交涉過程中，奉系政權多次與國民政府接洽，然而國民黨為了自身現實利益需要，既對奉系保證東北外交由中央負責，又同意在不得已情況下可以組織鐵路交涉委員會以為應付手段。那麼，國民政府就應該真正負起外交之責，在日本外交官詢問時明確表示東北外交由中央外交部負責，而不應該加以否定，而僅對奉系作口頭的允諾。雖然，奉系讓國民政府負東北外交之責，具有以此轉移日本交涉視線的目的，而非真正讓國民黨插手東北外交。但作為地方政權與中央政權關係來說，奉系對國民黨的利用即便具有自利性，亦可諒解，因為作為地方派系，既要生存亦要發展，受其地位與力量的限制使然；而國民黨對奉系的敷衍，則不僅是自利性問題，更是作為中央政府的不負責。雖然東北僅是名義上歸附南京國民政府，但畢竟也是青天白日旗飄揚的地方，國民政府就有責任盡力去維護版圖內的每一處土地，而不是隨意的敷衍與放棄。

第八章　走向解體：華北政權的流變與東北軍的「國軍化」

　　九一八事變後，奉系失去了東北，也就失去了生存與發展的基礎。雖然北平政務委員會的成立，使得奉系暫時穩住了華北的局面，但由於日本不斷對華北採取政治和軍事的高壓政策，迫使奉系在華北不斷失去勢力。而就在張學良逐漸失去權位的同時，延續了近十七個年頭的奉系最終大廈轟然倒塌，壽終正寢。本章討論的主要內容便是奉系及其地方政權如何一步步走向解體直至滅亡的。

一、蛻變的開始：九一八事變後奉系根基的喪失

　　九一八事變後，東北四省相繼淪陷，四省面積約 540 萬平方里，人口約 3100 萬，〔註1〕包括豐富的農林礦山等資源在內，對中國而言其損失無疑是無法估量的。而對於奉系來說，東北地盤的丟失給奉系造成近 20 億元的直接經濟損失，參見表 8-1-1。

表 8-1-1：九一八事變損失總表

機　關	損　失（元）	機　關	損　失（元）
一、軍事機關損失	529,818,233.610	五、學校及文化機關損失	15,315,168.000
二、民政機關損失	70,844,569.000	六、實業損失	9,813,151.000

〔註1〕東北四省面積約 134 萬平方公里，土地面積與人口數目可詳見東北文化社年鑒編印處編：《東北年鑒》，東北印刷局，1931 年，第 102、150 頁。

三、交通機關損失	510,793,496.350	七、財政及其它收入損失	103,536,000.000
四、金融機關損失	595,086,131.000	總計	1,835,206,748.960

資料來源：《東北事變損失總表》，中華民國外交問題研究會編：《九一八事變》，《中日外交史料叢編》（二），臺北：中國國民黨中央委員會黨史委員會，1965年，第 278 頁。

　　奉系軍事、民政、交通、金融、實業等其他方面詳細損失情況參見表 8-1-2 和表 8-1-3。

表 8-1-2：東北軍事機關損失表

機　關	損　失（元）	機　關	損　失（元）
東北邊防軍司令長官公署	37,001,605.797	東北陸軍鐵甲車大隊	180,000.000
東北航空軍司令部	56,875,000.000	東北陸軍獨立第七旅	3,622,749.000
東北海軍司令部	445,348.000	東北陸軍炮兵第六旅	140,752.250
東北憲兵司令部	154,400.100	東北陸軍炮兵第七旅十五團	2,592,000.000
東三省兵工廠	329,962,294.000	東北陸軍炮兵第八旅	2,784,309.005
東北迫擊炮廠	8,933,669.000	東北陸軍獨立第十二旅	128,567.000
東北陸軍糧秣廠	2,415,401.527	東北陸軍騎兵第三旅	190,193.300
遼寧被服廠	7,546,481.500	東北陸軍暫編第一旅	2,015,654.000
東北軍工廠	81,443.000	東北陸軍獨立第十九旅	約 1,000,000.000
東北講武堂憲兵教練處	5,416,462.196	東北陸軍獨立第二十旅	1,016,419.000
參謀本部東三省陸地測量局	7,079,890.000	北平綏靖公署衛隊統帶隊	2,860,754.700
東北陸軍醫院	433,617.000	東北獨立工兵第一團	233,419.000
東北學生隊	244,642.000	興安屯墾公署	4,066,500.000
東北陸軍通信大隊	514,102.190	黑龍江省軍事機關損失	14,803,080.000
東北陸軍輜重幹部教導隊	9,079,480.000	吉林及東省鐵路護路軍損失概估	28,000,000.000
		總計	529,818,233.610

資料來源：《東北軍事機關損失表》，中華民國外交問題研究會編：《九一八事變》，《中日外交史料叢編》（二），中國國民黨中央委員會黨史委員會，1965 年，第 279～281 頁。

表 8-1-3：東北民政及官營實業機關損失表

機　關	損　失（元）	機　關	損　失（元）
甲、民政機關損失		丙、金融機關損失	
東北政務委員會	16,486,165.000	東三省官銀號	434,717,601.000
最高法院東北分院	59,234.000	邊業銀行	154,268,530.000
遼寧財政廳	15,750,000.000	黑龍江官銀號	6,100,000.000
遼寧實業廳	2,533,000.000	共計	595,086,131.000
遼寧教育廳	35,000.000	丁、學校及文化機關損失	
遼寧警務處	2,158,394.000	東北大學	11,881,880.000
瀋陽市政公所	235,500.000	東北交通大學及其他附屬交通委員會各中小學校	1,837,700.000
黑龍江省政府	458,000.000	遼寧省報告各學校損失	747,186.000
黑龍江民政廳及各縣公署等	11,574,000.000	黑龍江學校及圖書館通俗社等損失	824,000.000
黑龍江財政廳	45,276.000	東北民眾報社	24,402.000
黑龍江教育廳	245,000.000	共計	15,315,168.000
黑龍江實業廳	875,000.000	戊、實業損失	
黑龍江全省警務處	20,390,000.000	東北礦務局總公司	30,000.000
共計	70,844,569.000	復州灣煤礦	2,957,400.000
乙、交通機關損失		西八道濠煤礦	4,316,750.000
東北交通委員會	4,279,856.000	西安煤礦公司	2,186,000.000
交通用品製造廠	484,000.000	煤窯溝及阜新煤礦	27,000.000
鐵路損失	448,928,807.350	復縣及大東黏土礦	35,000.000
（1）北寧路資產及損失	337,588,455.350	黃土坎及黑松林錳礦	20,000.000
（2）四洮路（建築賬）	21,843,722.000	海城大嶺滑石礦	23,000.000
（3）吉長路（同上）	9,715,333.000	本溪湖林場	160,000.000
（4）吉敦路（同上）	23,885,333.000	共計	9,813,151.000
（5）洮昂路（同上）	3,385,434.000	己、財政及其他收入損失	
（6）齊克路（同上）（又損失）	1,007,211.000 4,300,000.000	遼寧國地收入（按一年四分之三計）	51,000,000.000
		吉林國地收入（同上）	18,750,000.000
（7）遼海路（同上）	14,502,094.000	黑龍江國地收入（根據萬主席報告）	14,000,000.000

（8）吉海路（同上）	9,113,151.000	鐵路收入，除北寧鐵路收 入損失已自行估計外其 他關外各路收入共約 2600萬元，按四分之三計	19,500,000.000
（9）洮索路（同上）	1,500,000.000	共計	103,536,000.000
（10）呼海路（同上） （又損失）	11,088,074.000 1,000,000.000		
電政損失	36,800,833.000		
航政處附屬機關損失	20,300,000.000		
共計	510,793,496.350		

資料來源：《東北事變民政及官業實業機關損失表》，中華民國外交問題研究會編：《九一八事變》，《中日外交史料叢編》（二），中國國民黨中央委員會黨史委員會，1965年，第281～285頁。

由上表我們可以看出，九一八事變後，奉系政權經濟損失慘重。而這種慘重的代價所造成的影響也是多方面的：

第一，奉系政權失去了來自於東北的全部財政收入。軍閥掌握地盤的目的，除了地盤上的人力資源外，就是要掌握地盤上的財力資源。只有擁有獨立的財政支持能力，軍閥派系才能夠獨立，而不受制於人，才能稱得上是軍閥。九一八事變前，奉系控制著東北四省，河北和察哈爾兩省及平津青三市。而其財政收入則主要來自於遼、吉、黑、冀、察五省及平、津兩市，青島市則僅負擔東北海軍協款任務，而熱河財政入不敷出向來不負擔協款任務。奉系政權財政收入的絕大部分都是用於軍費支出（參見表8-1-4），而各省財政收入的上繳也主要是用於軍費攤款，所以我們從三省軍費攤款的額度占奉系全部軍費的比例多寡，就可以看出九一八事變後東北財政收入的丟失對奉系產生的巨大影響，參見表8-1-5。

表8-1-4：遼寧財政廳各月實際支出各項費用百分比較表

	項　目	18年8月百分比	18年11月百分比	18年12月百分比	19年1月百分比
1	軍務費	89.370	84.750	89.829	85.506
2	財政費	1.261	2.868	3.603	4.249
3	司法費	0.299	0.271	0.204	0.424
4	農商費	1.117	0.327	0.207	0.086

5	外交費	0.219	0.161	0.039	0.227
6	內務費	5.812	6.241	2.928	5.046
7	教育費	1.838	5.039	3.119	3.436
8	特別支出	0.001	0.029	0.003	0.005
合　計		100%	100%	100%	100%

資料來源：《遼寧財政廳 18 年 8 月份實支付各項金額百分比較圖》，《遼寧財政月刊》，1930 年第 43 號；《遼寧財政廳實支出各項費用百分比較圖》（18 年 11 至 12 兩月），《遼寧財政月刊》，1930 年第 46 號；《遼寧財政廳 19 年 1 月份實支付全省各項軍政費金額百分比較圖》，《遼寧財政月刊》，1930 年第 49 號。

表 8-1-5：各省市軍費攤款數目與比例

	遼　寧	吉　林	黑龍江	河　北	察哈爾	北　平	天　津
應解攤款	5000 萬	600 萬	400 萬	3729 萬	330 萬	55 萬	95 萬
實解攤款	6106 萬	150 萬	40 萬	3524 萬	277 萬	0	78 萬
實解總計	6296 萬			3879 萬			
實解比例	62%			38%			

該表說明：遼吉黑應解實解數目是根據民國 17 年度預算與實支數目，冀察平津應解實解數目是根據民國 21 年預算與實收數目。

資料來源：《張作霖爲本年軍費吉黑兩省分擔部分請速籌措解交致張作相吳俊升等電》（1928.2.16），遼寧省檔案館編：《奉系軍閥檔案史料彙編》⑦，江蘇古籍出版社，1990 年，第 50 頁；《遼寧財政月刊》，1929 年第 38 號，第 7 頁；《北平財政整理委員會民國 21 年各機關應解已解款項比較表：自 2 月至 12 月》，《北平財政整理委員會收支款項表》（1932.2～12），縮微號：MGTS/016681，第 137 頁，國家圖書館藏。

　　民國 17 年度和 18 年度，東北邊防軍司令長官公署軍費預算均是現洋 7500 萬，並規定遼寧分擔 5000 萬，吉黑分擔 1000 萬，另 1500 萬由東三省籌濟總局負責，而「實際籌濟局毫無所獲」，吉黑實解又少，所以遼寧實解數目要比應解數目多出 1000 餘萬。〔註 2〕由此可見，奉系控制冀察平津地盤前實際軍費主要由遼寧負擔。

〔註 2〕《遼寧財政月刊》，1929 年第 38 號，第 7 頁。

　　遼寧省財政廳「通盤計劃」預計民國 18 年度「財政廳所有督徵直接之收入，連同鹽稅、印花稅、常關稅、煙酒公賣費以及因取消煤油特稅由中央所撥之協款，統計在內至多約現大洋 6800 餘萬元。除應解外債攤款 100 餘萬元，此外各項政費縱竭力削減，並將薪俸按七成核發，而益以臨時發生需要，至少需款 1200 萬元，所餘僅 5500 萬元之譜，是遼寧財政廳擔負軍費之能力，已可概見。」〔註 3〕然而民國 18 年度，遼寧省實撥軍費即為現洋 6816 萬，基本把該年度財政預算收入全部用於了軍費支出，使得「省庫已力盡筋疲，毫無積蓄」〔註 4〕，但東北邊防軍司令長官公署制定的所屬各部隊機關民國 19 年度軍費預算則仍高達 7562 萬〔註 5〕。面對財政拮据的局面，遼寧省財政廳廳長張振鷺曾屢次呈文省政府和東北邊防軍司令長官公署，請求削減軍費。如 1930 年 3 月，張振鷺呈文請求「將軍費一項切實裁減」，並按省財政廳所能擔負之能力，「即按 5500 萬元之數分月平均報解」，「奈此案迄今未決定」，8 月張振鷺再呈文「所有 19 年度軍費，擬請自本年 7 月起月撥現洋 500 萬元」，即年撥軍費 6000 萬。〔註 6〕而無論哪個方案，實際都比原來規定的遼寧省分擔 5000 萬的數字要多出 10%～20%，加之吉黑兩省財力有限，由此可見當時奉系軍費之緊張程度。

　　而就在遼寧省財政廳為削減軍費事屢次上文請求批准的同時，中原大戰爆發。蔣介石為了拉攏奉系對抗晉馮兩派，同意將冀察平津地盤讓與奉方。這對於軍費處於緊張狀態的張學良來說，自然具有巨大無比的誘惑力。所以奉系武裝調停中原大戰的主要原因便是要獲得冀察平津的財政收入，以便緩解東北財政支出中的軍費壓力。並且只有東北財政緊張狀態得到緩解，奉系才能將更多的資金用於東北建設，以資抵禦日蘇的威脅。只不過在奉系剛剛調兵進關還沒有來得及集中資金發展東北建設的時候，日本便發動了九一八事變，使一切設想均歸於畫餅。

　　奉系在華北的財政收入，除了支付先期進關的東北軍 12 萬餘人軍費外，

〔註 3〕《遼寧財政月刊》，1929 年第 38 號，第 7 頁。

〔註 4〕《遼寧財政月刊》，1930 年第 50 號，第 19 頁。

〔註 5〕民國 19 年度經常和臨時軍費預算共為現洋 8252 萬，每月需款 688 萬。但因預算內薪工和津貼兩項均按八成折實，所以全年度實際需現洋 7562 萬，月需 630 萬。參見《東北年鑒》，第 255～256 頁。

〔註 6〕《遼寧省財政廳給省政府呈》（1930.3.10），遼寧省檔案館編：《奉系軍閥檔案史料彙編》⑨，江蘇古籍出版社，1990 年，第 674 頁；《遼寧財政月刊》，1930 年第 50 號，第 19 頁。

還要負擔隸屬於張學良副司令行營的宋哲元部西北軍四個師〔註7〕4 萬餘人的軍費。〔註8〕而九一八事變後，又有成建制的約 4 萬東北軍撤入關內〔註9〕，更增加了奉系的軍費負擔。易幟後東北軍包括國防軍、省防軍、海空軍等各兵種共計約 27 萬人〔註10〕，黑龍江省防軍及熱河湯玉麟所轄第 11 師，共計

〔註7〕1931 年 4 月張學良副司令行營成立後，隸屬於行營的西北軍與晉軍也進行了改編，但仍爲 5 軍 15 師（參見李雲漢主編：《國民政府處理九一八事變之重要文獻》，第 553～554 頁）。雖然名義上均歸張學良副司令行營撥發軍費，但其中晉軍 4 軍 11 師實際由晉綏兩省財政撥付軍費，而西北軍宋哲元部第二十九軍四師才由行營撥付軍費。九一八事變後閻錫山回晉，張學良便失去了對晉綏的節制。

〔註8〕1931 年 2 月 10 日，張學良對日本記者說，西北軍軍費由中央負擔，晉軍軍費由晉負擔。而所謂由中央負擔就是由河北省國稅項下支付，實際是由奉系掌握的河北財政特派員公署負責。參見韓信夫、姜克夫主編：《中華民國大事記》，第 157 頁。

〔註9〕九一八事變後，成建制撤入關內的東北軍主要是駐遼寧的步兵 4 旅、騎兵 2 旅、炮兵 1 旅，加上之前已調入關內的 12 個步兵旅、3 個騎兵旅、1 個炮兵旅，共計步兵 16 旅、騎兵 5 旅、炮兵 2 旅，約 16 萬人。

〔註10〕臺灣學者劉鳳翰認爲日方資料統計的東北軍人數與其 40 萬的統計數字相差較大，其原因「或許日人認爲東北軍有缺額」，劉則認爲「當時東北軍缺額甚少」（李雲漢主編：《國民政府處理九一八事變之重要文獻》，第 574 頁），然而此說有誤。實際情況是駐遼寧省即由張學良所直轄的東北軍「缺額甚少」甚至還有超編，而駐吉黑東北軍則缺額較大，以吉林陸軍訓練處所屬各部隊兵力情況爲例：

各部隊番號	額設官長	士兵額設	實到防官長	實在防士兵	實際與額設比（士兵）
步兵第十旅	308	8473	292	6025	71%
步兵第二十六旅	308	8473	293	6030	71%
步兵第七旅	308	8473	294	6023	71%
騎兵第四旅	191	2665	188	2642	99%
炮兵第十團	97	1854	83	1044	56%
工兵第七營	29	612	17	403	66%
輜重第一營	21	504	17	416	83%
無線電信隊	3	50	3	50	
汽車隊	3	64	3	64	
總計	1268	31,168	1190	22,697	84%

（資料來源：《吉林陸軍訓練處所屬各部隊兵力及駐紮地點一覽表》，1930 年，

約 3 萬餘人，由各省財政負擔〔註11〕，所以由東北邊防軍司令長官公署撥發軍費的東北軍共約 24 萬人，加上各兵工廠等軍事機關在內，需要現洋 6000 多萬才能維持軍費開支，而九一八事變後奉系在華北僅能籌集到不足 4000 萬，卻要維持20餘萬人的軍費開支，其困難可想而知。所以九一八事變後，東三省淪陷，奉系失去了東北全部財政收入，其對奉系的影響巨大是顯而易見的，使其再次陷入軍費緊張的境地。

第二，奉系政權失去了全部的軍事工業。軍事後勤保障對一支軍隊的重要意義顯然是毋庸置疑的，而對於軍閥派系而言則更爲重要，尤其是只有擁有獨立的軍事工業體系才能在武器彈藥等後勤保障方面不受制於人，才能維持軍閥獨立的人格。奉系軍閥形成後，張作霖曾花費鉅資建設軍事工業，使得奉系擁有獨立的全國一流的軍事工業體系，主要包括東三省兵工廠、奉天迫擊炮廠、奉天被服廠、東北軍工廠、奉天糧秣廠等。其中尤以東三省兵工廠爲最，是當時中國規模最大的兵工廠，其主要產品與生產能力參見表8-1-6。並與國民政府所掌握的各兵工廠進行對比，我們就可以看出當時東三省兵工廠規模之大及對奉系的重要意義了（參見表8-1-7）。

遼寧省檔案館藏，「民國資料」，下冊，卷號967。）

當時駐吉林部隊除上述者外，還有步兵 5 旅，即共有步兵 8 旅、騎兵 1 旅、炮兵 1 團及其他兵種。按照上表額設與實際數目核算，額設計應有官兵76,341人，實際則有5.5萬餘人（另5旅士兵官長均以上表實際平均數爲準），如果只計算步騎兵則實際有5.3萬餘人，而此數字與鮑文樾在 1929 年 8 月 3 日第四次編遣會議上報告的吉林有「步兵 8 旅、騎兵 1 旅，官兵總計 53,160 人」數字相符合，與日本資料中吉林省駐軍有 54,000 人的記載也相符（李雲漢主編：《國民政府處理九一八事變之重要文獻》，第 541、568 頁）。鮑報告中遼寧步兵 15 旅、騎兵 2 旅、炮兵 8 團、工兵 6 營，總兵力 12 餘人；黑龍江步兵 5 旅、騎兵 2 旅，總兵力 3.4 萬餘人；熱河步兵 4 旅、騎兵 1 旅，總兵力 2.8 萬餘人，加上吉林5.3萬，共計約24萬人。但該報告中有不少遺漏，即遼寧省防軍及屯墾軍步兵 6 團即 2 旅、省防軍騎兵 4 團、吉黑炮兵 2 團、熱河騎兵 2 旅及海空軍輜重通信等其他兵種均未列入，故總兵力當在 27 萬人。所以日本資料中記載東北軍正規軍總計有 26.8 萬人應該是充分考慮了遼寧缺額少，而吉黑熱缺額多的實際情況。

〔註11〕 黑龍江省防軍 3 個步兵旅、1 個騎兵旅及萬福麟駐江副司令長官公署經費均由黑省財政廳支付，4 旅每月經費約哈大洋 35 萬，參見《黑龍江財政月刊》，1931 年第 65 號、第 66 號，「統計」。熱河省防軍經費情況尚不明，但估計與黑省類似均由省財政支付。吉林省雖也有省防軍，但均爲國防軍「東北陸軍」番號，故均視爲國防軍。

表 8-1-6：九一八事變前東三省兵工廠及奉天迫擊炮廠主要生產品種與最大生產數量表

兵工廠主要產品	單位	月產量	庫存量	兵工廠主要產品	單位	1924～1931 年總計產量	
79mm 步槍	支	4000		37mm 日式平射炮	門	370	
65mm 輕機槍	挺	40		75mm 日式野炮	門	108	
79mm 重機槍	挺	100		75mm 日式山炮	門	72	
6.5mm 槍彈	發	1500 萬		77mm 奧式野炮	門	300	
7.9mm 槍彈	發	1500 萬		100mm 奧式榴彈炮	門	300	1183
無煙火藥	噸	24		105mm 日式加農炮	門	12	
安全火藥	噸	120		150mm 日式榴彈炮	門	21	
黃色炸藥	噸	30					
37mm 平射炮鋼質榴彈			九一八事變東三省兵工廠被日軍佔領時，各種炮彈庫存共計 53.4 萬餘發	迫擊炮廠主要產品	單位	月產量	
75mm 山野炮剛性銑榴彈							
75mm 山野炮榴霰彈和燃燒彈				82mm 迫擊炮			
75mm 山野炮鋼質榴彈				150mm 迫擊炮（附炮車及彈藥車）	門	80	
77mm 山野炮鋼質榴彈							
100mm 榴彈炮鋼質榴彈							
105mm 加農炮剛性銑榴彈				82mm 迫擊炮彈			
150mm 榴彈炮剛性銑榴彈和破甲彈				150mm 迫擊炮彈	發	40,000	

資料來源：馬尚斌：《奉系經濟》，遼海出版社，2001 年，第 108～109 頁；郝秉讓：《奉系軍事》，遼海出版社，2001 年，第 155～156、158 頁；陳覺：《九一八後國難痛史資料》，東北問題研究會，1932 年，第 67～69 頁。

表 8-1-7：兵工署所屬各兵工廠第一期整理後主要產品每月最大生產數量表

	金陵兵工廠	鞏縣兵工廠	濟南兵工廠	漢陽兵工廠	總計月產量
79mm 步槍		3,200		4,700	7,900 支

馬克沁機關槍	50				50 挺	
卅節機關槍				35	35 挺	
79mm 槍彈	300 萬	700 萬	300 萬	430 萬	1730 萬發	1800 萬發
銅心彈	70 萬				70 萬發	
82mm 迫擊炮	30				30 門	34 門
克式 150mm 野炮				4	4 門	
82mm 迫擊炮彈	20,000	3,000			23,000 發	3.32 萬發
150mm 迫擊炮彈		1,200			1,200 發	
各式炮彈		9,000			9,000 發	
20mm 小炮彈		13 萬			13 萬發	
黃色炸藥	30 噸				30 噸	

資料來源：《各兵工廠第一期整理後每月出品數量表》，朱瑞月編輯：《國民革命建軍史》第二部：安內與攘外（一），臺北：國防部史政編譯局，1993年，第349頁。

　　從以上兩表對比，我們可以看出在槍炮等主要產品方面，東三省兵工廠除了月產步槍數量比國民政府掌握的各兵工廠月產步槍總數量低外，其他在輕重機槍、各種火炮及各種槍炮彈藥等方面的產能均超過兵工署所屬各廠。雖然東三省兵工廠主要火炮及炮彈月產數量目前尚沒有有力資料可以查證，但並不能因為7年間其主要火炮總計生產了1183門而低估其產能。因為當時炮兵部隊相對於步兵而言所佔比例較小，以1928年末改編後的東北軍為例，其所有火炮全部換裝一次也不過需要1300多門大炮〔註12〕，而從1924到1928年奉軍均在關內作戰，也不可能將火炮大量出售給國內各實力派系，所以東三省兵工廠火炮主要是自產自用。另外東三省兵工廠是除奉天迫擊炮廠外唯一供給東北軍山野炮及平射炮等火炮的兵工廠，並且我們從奉天迫擊炮廠火炮及炮彈月產數量、東三省兵工廠槍支及槍彈月產數量與國民政府兵工署所屬各兵工廠相關產能進行對比，也可以推知能夠生產總類繁多的各口徑火炮及炮彈〔註13〕的東三省兵工廠火炮及其炮彈產能自然也不會低。

〔註12〕 東北軍獨立炮兵團總共10個，附屬步兵及騎兵各師旅團的炮兵約合27個團，共計約37團，每團36門炮，東北軍一共有各種火炮1300餘門。

〔註13〕 這點我們從日軍佔領東三省兵工廠時所繳獲的炮彈品種繁多也可看出，日軍繳獲除了37mm平射炮榴彈、75mm山野炮榴彈榴霰彈、105mm加農炮彈等上表所列的主要火炮的炮彈外，還有如意造75mm野炮榴彈、75mm克式山野炮榴彈榴霰彈、50mm格魯森榴彈榴霰彈等其他制式火炮的炮彈。參見陳覺：《九一八後國難痛史資料》，東北問題研究會，1932年，第68～69頁。

　　張作霖從 1924 年第二次直奉戰爭後，長期在關內用兵作戰，很大程度上便是由於得到東三省兵工廠等軍事工業在武器彈藥等後勤方面自給自足的保障，所以獨立的自給自足的軍事工業對任何一個軍閥派系的重要性是不言而喻的。本來中原大戰後奉系還控制著太原兵工廠，但九一八事變後閻錫山回晉，晉系一切又重歸閻掌握，而華北的其他軍工廠又全為蔣介石所控制，所以失去東北軍事工業的奉系在武器彈藥方面的後勤保障只能依靠國民政府。一個對他派武力供應具有依附性的「軍閥」，顯然已經失去了獨立的人格，奉系軍閥從此開始蛻變，逐漸演變成為純粹的軍事集團，即我們常說的「東北軍」，而東北軍的地位實際已淪落並降格為蔣介石轄下的眾多地方雜牌軍之一無異，只不過它曾經輝煌過而已。

　　第三，奉系政權出現了大分裂。一方面東北軍數量銳減，實力受損。九一八事變前，東北軍為調停中原大戰和平叛石友三叛亂曾兩次調軍入關，駐在關內共步兵 12 旅、騎兵 3 旅、炮兵 1 旅及工兵通信等部隊，共計約 12 萬人〔註14〕。而九一八事變後，成建制撤入關內的東北軍主要是駐遼寧的步兵 4 旅、騎兵 2 旅、炮兵 1 旅〔註15〕，約 4 萬人，總計約 16 萬人。另外熱河所駐各部隊步兵 4 旅、騎兵 3 旅、炮兵 1 團，有 3 萬餘人也沒受損失。而在九一八事變後損失的主要是吉黑兩省所駐部隊、遼寧省防軍屯墾軍及東北空軍，大部投日，其餘或因抵抗被滅或演變成為抗日義勇軍。〔註16〕概括而言，九一八事變後，東北軍保存下來有 19 萬餘人，而遼吉黑三省共計損失約 8 萬人，將近三分之一。但這只是就國防軍與省防軍等正規軍而言，而當時東北尚有警備隊、保安隊、警察等 10 幾萬非正規軍，全部計算在內則其實力損失更為巨大。

　　另一方面，奉系軍閥出現分崩離析之象，軍事與政治人才大批流失降日。九一八事變後奉系要員降日者中包括在奉系政權中時任東北政務委員會委員、省長、東北軍旅長及鎮守使等軍政兩方面的核心高層人員，參見表 8-1-8。

〔註14〕李雲漢主編：《國民政府處理九一八事變之重要文獻》，臺北：中國國民黨中央委員會黨史委員會，1992 年，第 568 頁。
〔註15〕李雲漢主編：《國民政府處理九一八事變之重要文獻》，第 575 頁。
〔註16〕參見李雲漢主編：《國民政府處理九一八事變之重要文獻》，第 576～578、591～598 頁。

表 8-1-8：九一八事變後奉系軍政要員主要降日者一覽表

姓　名	原　職	降日後新職	姓　名	原　職	降日後新職
熙洽	東北邊防軍駐吉副司令長官公署參謀長	偽滿吉林省長	常堯臣	東北陸軍騎兵第七旅旅長	
于琛澄	東北軍舊將領，原奉軍第十六師師長	偽滿哈爾濱第四軍管區司令	趙芷香	東北陸軍步兵第二十一旅旅長	
張文鑄	東北軍舊將領	偽滿黑龍江第三軍管區司令	蘇德臣	東北陸軍步兵第二十二旅旅長	
張海鵬	洮遼鎮守使	偽滿洮遼警備司令	李桂林	東北陸軍步兵第二十三旅旅長	
于芷山	東邊鎮守使兼遼寧省防軍第一旅旅長	偽滿奉天警備司令	張作舟	東北陸軍步兵第二十五旅旅長	
吉興	延吉鎮守使兼東北陸軍步兵第二十七旅旅長	偽吉林警備司令	程志遠	東北陸軍騎兵第八旅旅長	偽滿黑龍江省長
張景惠	東北政務委員會委員、東省特別區行政長官	偽滿參議府議長	湯玉麟	東北政務委員會委員、熱河省省長	偽滿參議府副議長
臧式毅	東北政務委員會委員、遼寧省省長	偽滿民政部總長	袁金鎧	東北政務委員會委員、國民政府監察院監察委員	奉天地方維持會委員長、偽滿參議府參議
丁鑒修	弓長嶺鐵礦公司總辦、遼陽天利煤鐵公司總辦	偽滿交通部總長	于沖漢	奉系舊官僚，曾任中東鐵路督辦	偽滿監察院院長

資料來源：張德良，周毅主編：《東北軍史》，遼寧大學出版社，1987 年，第 194～195
　　　　頁；李雲漢主編：《國民政府處理九一八事變之重要文獻》，臺北：中國國
　　　　民黨中央委員會黨史委員會，1992 年，第 578 頁；陳志奇輯編：《中華民
　　　　國外交史料彙編》（七），臺北：渤海堂文化公司，1996 年，第 2875 頁。

　　東北政務委員會委員與各省省長，是奉系政權中除了張學良外在行政方
面的最高長官，東北軍旅長與鎮守使雖然職銜較低，但在以旅為基本單位的
東北軍內，卻是直接帶兵的最高軍事長官，擁有實權。由此可見，九一八事
變後奉系政權內降日者地位之高，而高層人物的大批背離，則預示著奉系軍
閥開始蛻變。

二、奉系地方政權的殘存：北平政務委員會的成立

九一八事變後，對於如何應對事變，奉系和國民政府均期望依靠國聯主持公道，借助國際社會力量迫使日本放棄佔領，而收復東北失地。而國聯在初期也確如國民政府所希望的那樣，起到了幹旋與調和的作用，使日本代表聲明：「謂日政府當依照切實保證日人生命財產安全之程度，繼續令速撤兵至鐵路區域以內」，使中國聲明當負保護鐵路區域以外日僑生命財產安全之責任，並於 9 月 30 日作出決議：「要求日本政府立即開始並順序進行將軍隊撤至鐵路區域以內」，要求中國政府履行保護在滿日僑的允諾，並「採定辦法於接收日兵撤退地面之時得能保證在該地日僑生命財產之安全」，同時還「建議中日兩國政府應立即指派代表協定實行關於撤兵及接收撤退區域所有各事之細目，俾得順利進行不生延緩。」〔註17〕

國聯貌似有效的介入，使國民政府以爲單靠國聯即可收回東北，於是即按國聯建議，準備接收工作。10 月 2 日，蔣介石電張學良：「北平張司令長官勳鑒，日方聲言撤兵，我方應有準備，請即派定東三省各地軍隊之長官接收日軍撤退後之地方，切實負責回覆日軍所破壞之各地治安，並將所派接收長官及預備辦法請先電示。」〔註18〕10 月 8 日，張學良覆電，派定張作相、王樹常兩員負責辦理。〔註19〕與此同時，國民政府還組織成立接收東北各地事宜委員會，11 月 1 日，國民政府發表由蔣介石與張學良指定的該委員會委員：顧維鈞、張作相、張群、吳鐵城、羅文幹、湯爾和、劉哲爲，並指定以顧維鈞爲委員長，〔註20〕並且詳定組織規程。〔註21〕

〔註17〕 《施肇基電蔣中正行政院爲日本撤兵問題重申決議案中之允諾及建議》
（1931.10.23），國史館審編處編：《中日關係史料》，《蔣中正總統文物——革命文獻》（四），臺北：國史館，2002 年，第 26～28 頁。

〔註18〕 《蔣中正電張學良請即派定東三省軍隊長官接收日軍撤退後之地方》
（1931.10.2），國史館審編處編：《中日關係史料》，《蔣中正總統文物——革命文獻》（四），臺北：國史館，2002 年，第 19 頁。

〔註19〕 韓信夫、姜克夫主編：《中華民國大事記》第三冊（1930～1936），中國文史出版社，1997 年，第 250 頁。

〔註20〕 韓信夫、姜克夫主編：《中華民國大事記》第三冊（1930～1936），第 263 頁；《蔣中正電張學良接收委員名單已照辦軍事負責長官亦同時發表》
（1931.11.1），國史館審編處編：《中日關係史料》，《蔣中正總統文物——革命文獻》（四），臺北：國史館，2002 年，第 36 頁。

〔註21〕 該規程主要內容：第一條，本委員會承國民政府之命，商訂接收被日軍佔領東北各地之細目，並辦理各該地之接收及善後事宜。第二條，本委員會由國民政府簡派委員七人組織之，並指定委員一人爲委員長。第三條，本委員會

　　九一八事變後，瀋陽即被日軍佔領，而作為東北最高行政機關的東北政務委員會立時癱瘓，無法運作。9 月 19 日，張學良呈准將東北政委會移設北平，但由於該會部分委員尚留東北使其無法在平正常開會，於是張學良決定暫由其北平副司令行營接辦原東北政務委員會應行職權內各事。11 月 16 日，張學良致電國民政府：「呈為呈報東北政務委員會在沈不能行使職權，所有主管事項暫由本行營辦理一案情形，仰乞鑒核備案事。竊查瀋陽事變之後，所有司法、行政各機關，橫被侵據，東北政務委員會即於斯時不能執行職權。惟該會為東北行政最高機關，所有遼、吉、江、熱四省要政，多須呈請或呈報該會，始能施行。經此劇變，該會既不能行使職權，各該省應行呈報或呈請案件，業已積壓多起，殊於政務進行有礙。本行營體察以上情形，為免除困難起見，業於 10 月 2 日通電該會所屬各機關將應報告或應請示該會之事件一律暫行呈請本行營核辦。惟此種權宜辦法純係維持暫局，一俟東省接收之後，該會能照舊執行職權時，當即恢復該會原有職務，以清權責，而免叢脞。」11 月 23 日，國民政府文官處致行政院公函，謂「奉諭准予備案並函行政院查照」，即同意張學良之要求。〔註 22〕

　　國奉雙方在一廂情願地研究接收事宜的同時，日本則根本沒將國聯決議放在眼裏，不但拒絕退兵，而且繼續進攻黑龍江，直至佔領了東三省，徹底宣告接收無望。另一方面，陸海空軍副司令行營為軍事機關，雖然其轄下總務處有「主辦行營外交交際」、「主辦黨務宣傳及行營各項行政等事宜」〔註 23〕之職權，但畢竟限於軍事行政事宜，而非民政機關，所以行營兼管東北政務

設左列各處：一，政務處；二，外事處；三，治安處；四，交通處。第四條，政務處掌管接收各地之民政、財政、金融、實業等事項。第五條，外事處掌管各國政府所派代表之接洽、商訂接收撤退區域各事之細目及關於上列各事之對外接洽事項。第六條，治安處掌管軍隊、憲兵、警察之調派、監督及接收地方治安事項。第七條，交通處掌管鐵路、公路、電信、電話及其它一切交通事項。第八條，每處設處長一人，由國民政府派充之。處長得由委員兼任。第十四條，本委員會於接收各地機關後，應即呈請國民政府派定負責人員恢復行政機關及地方秩序。《接收東北各地事宜委員會組織規程》（1931.11.9），中國第二歷史檔案館編：《國民黨政府政治制度檔案史料選編》下冊，安徽教育出版社，1994 年，第 285～286 頁。

〔註 22〕《張學良為請准由陸海空軍副司令北平行營接辦原東北政務委員會應行職權內各事致國民政府呈》（1931.11.16），中國第二歷史檔案館編：《國民黨政府政治制度檔案史料選編》上冊，第 395 頁。

〔註 23〕《陸海空軍副司令行營職掌表》，中國第二歷史檔案館編：《國民黨政府政治制度檔案史料選編》上冊，第 394 頁。

委員會應辦事宜亦不能長久。在這種背景下，奉系開始研究在北平改組東北政務委員會的事宜。

　　由於九一八事變後，張景惠、袁金鎧和臧式毅三人留在東北並相繼降日，使得東北政務委員會必須重新遴選委員。1931 年 12 月，張學良決定改組東北政務委員會，並以該會名義於該月 25 日通電發佈經國府備案同意的東北政務委員會新委員名單：

> 自東北事變發生，本會在沈不能行使職權，因即遷平辦事，惟原有委員既難齊集，且爲應時勢需要起見，亟須擴充員額期收集思廣益之效，迭經商承中央確定委員名單如下，計開：張學良、李煜瀛、張繼、熊希齡、趙戴文、王揖唐、韓復榘、劉鎮華、胡適、蔣夢麟、張伯苓、羅文幹、湯爾和、方本仁、蔣伯誠、門致中、周作民、吳鼎昌、魯滌平、徐永昌、商震、宋哲元、傅作義、龐炳勳、張作相、萬福麟、湯玉麟、王樹翰、劉哲、沈鴻烈、于學忠，凡 31 人，業經呈准國府備案。〔註24〕

並強調：「東北政務委員會此次移平，藉重盤材幸託同舟莫名欣忭，比來強鄰內犯國難方殷，我國內外各省區勢若連難安危與共，非合群策群力並顧兼籌不足以集眾長而挽危局」，〔註25〕可見奉系當時倍增委員員額、網絡各方人物實與九一八事變後所面臨的現實困境是分不開的。

　　東北政務委員會從瀋陽移設北平，委員人數增加甚多，故組織條例及政委會組織機構等均有重新研究決定之必要，因此從 1931 年 12 月 26 日到 1932 年 1 月 8 日，東北政委會在北平「舊順承王府」連續召開四次非正式的談話會，希圖對諸般問題首先加以解決，而最終的結果則是決定廢棄原名，改易北平政務委員會的名稱，以符名實，並對原設組織機構進行了改組。

　　1931 年 12 月 26 日，東北政委會召開第一次談話會。出席委員爲張學良、李石曾、張繼、門致中、周作民、傅作義、徐永昌、宋哲元、龐炳勳、萬福麟和于學忠等 11 人，缺席 20 人，東北政委會秘書廳廳長吳家象列席。此次會議實爲預備會，主要是確定了會議將要討論和研究的幾個重要議題。

〔註24〕 J181-021-14219：《東北政務委員會張學良關於該會遷平辦公和委員名單的譯電》（1931.12），北平政務委員會檔，北京檔案館藏；《聘電》，《北平政務委員會公報》，1932 年第 1 期，第 1 頁；韓信夫、姜克夫主編：《中華民國大事記》第三冊（1930～1936），中國文史出版社，1997 年，第 294 頁。

〔註25〕《東北政務委員會敬政電》，《北平政務委員會公報》，1932 年第 1 期，第 2 頁。

　　第一，政委會改制。張學良主動提出：「本會原有暫行條例，現既增加委員且情勢與前不同，自應改訂條例，又本席以爲主席制似有不便，可否改爲執行委員制。」

　　第二，政委會名稱及所轄範圍。張繼稱：「本會名稱及管轄，究應仍爲東北，抑改爲北方，似應先加討論」；李石曾說：「蔣主席辭職前，中央曾討論政治分會或政委會之設立問題，擬一設於粵，一設於平，近日情形則不得知，東北政委會既已移此，仍以繼續辦理爲便」，同時又認爲：「本會現在情形，可從兩方面觀察，或爲新組或爲擴充，政委會之性質與政治分會相似，一中全會現正開會，或將討論此種問題，本會同人可就本會先行研究，如中央議及此事並有結果，將來起草本會條例更有標準。」

　　第三，修訂政委會組織條例。周作民說：「關於政治分會條例等項，應設法撿得作爲參考」，吳家象說：「此事可由秘書廳辦理，現將本會原有暫行條例分送各位委員作爲參考」。

　　第四，改組政委會組織機構。張學良說：「現將秘書廳情形略爲報告，廳內分總務、機要、行政、財務、蒙旗、航政六處，將來擬少用職員，以資撙節，秘書廳長原爲王委員樹翰，嗣王赴京由吳家象繼任，變更與否將來再定」。

　　第五，對新聞界的應對。徐永昌提出：「本會移平後，外間不明眞相者或疑爲東北二字將包括北平，多來詢問，可否招新聞界人酌予說明，並可否即說東北政委會移平辦事」；張學良問到：「如有人問因何擴充員額應如何答覆」，徐永昌說：「可答以國難當前自應集思廣益」；門致中認爲：「本會名稱管轄可暫爲保留，俟中央有定議時再定」，張繼稱：「最好一方研究，一方看情勢，稍遲即易決定」，李石曾則言道：「如慮外間有所猜疑，可暫用非正式談話說明一切」；張學良認爲：「徐委員提出之點洵爲重要，因同人對於外間之詢問必須爲一致之答覆也」，並最後決定於本月 29 日繼續開會。〔註26〕

　　29 日，東北政委會召開第二次談話會。出席委員爲張學良、門致中、徐永昌、宋哲元、傅作義、龐炳勳、張作相、萬福麟和于學忠等 9 人，缺席 22 人，東北政委會秘書廳廳長吳家象列席。此次會議主要討論並決定如下事項：

〔註26〕《東北政務委員會茶話會記錄》（1931.12.26），J221-001-00011；《東北政務委員會茶話談話會記錄及該會政治分會的暫行條例》（1931.12～1932.1），北平政務委員會檔，北京檔案館藏。

第一，推舉修正政委會組織條例起草委員。張學良說：「上次提議調查中央政治分會暫行條例，以爲修正本會條例之參考，現該條例業已複印分送，應推舉起草委員，擬推李石曾、門致中及吳家象起草。」

第二，研究政委會名稱。門致中稱：「修正條例應先確定本會名稱」，徐永昌說：「東北二字外人頗多誤會，似應考慮」，「本會改定名稱後，俟中央承認後即可開正式會」，張學良則言道：「可修改爲北平政務委員會，惟須商得中央承認，可先電致王委員樹翰向中央接洽」。

第三，張學良再提政委會改制。他說：「宜修正主席制爲主席團，將來輪流主席，條例務宜簡單」。

第四，規定政委會法定人數。萬福麟提出：「出席法定人數應有規定」，張學良說：「委員中常川在平者約 15 人，其中不免時有離平者，然不常駐平之委員，亦時有來平者，以 10 人以上爲法定人數，諒無不足之虞。如遇重要事件，凡不在平之委員可電徵其意見，以資表決也」；同時規定「各省市政府應派員駐平以便與本會接洽聯絡」。〔註27〕

1932 年 1 月 1 日，東北政委會召開第三次談話會。出席委員爲張學良、張繼、張伯苓、徐永昌、傅作義、門致中、龐炳勳、張作相、萬福麟、周作民、王樹翰、劉哲和于學忠等 13 人，缺席 18 人，東北政委會秘書廳廳長吳家象列席。此次會議主要討論並決定如下事項：

第一，政委會名稱問題。張學良說：「上次會議所提本會名稱之『東北』二字改爲『北平』一節，現在似難辦到」，劉哲進一步解釋說：「本會名稱在中政會議中有改爲『北平』之意，嗣以改爲『北平』字樣則似是新設，恐他處援例以請，且當此時局改爲『北平』則似有取消『東北』之嫌，故決議但將東北政務委員會移平辦事而不改名稱，以示因而非創。至上次會議致寧之電，本席離寧時尚未接閱，茲特述過去情形，如此倘本會認爲必須更改，似宜請張委員繼或李委員煜瀛先與中央商洽，不宜逕用文電。至本會權限，當時會議中亦經提及東北四省一區，固不待言，關內各省亦本係委託副司令兼管者，現在似暫照原議並無妨礙」。王樹翰稱：「中政會原議重在顧慮粵方，現已不成問題，似請改亦無不可」，

〔註27〕《東北政務委員會談話會記錄》（1931.12.29），J221-001-00011；《東北政務委員會茶話談話會記錄及該會政治分會的暫行條例》（1931.12～1932.1），北平政務委員會檔，北京檔案館藏。

　　第二，張學良又提政委會改制問題。張學良說：「本會職權不變，但改名稱諒亦不妨，惟主席制度須改爲主席團常務委員〔制度〕」。

　　第三，決定增加政委會組織條例起草委員員額。劉哲說：政委會改制問題「可交起草委員審查，惟起草原推三員，似可加推若干員」，張學良決定擬加推張繼、周作民、徐永昌、劉哲 4 人，合前一共 7 人爲起草委員。〔註28〕

　　在此次會議中，張繼提到「聞廣東已設政委會」，即西南政務委員會，並得到王樹翰的確認：「確有此事」，而實際此正爲上述劉哲所言的背景。在九一八事變後，國民黨中政會研究東北政務委員會改組問題時，也正是寧粵雙方爲解決對峙局面實現統一進行討價還價的時候。

　　由於訓政時期約法之爭，使蔣介石與胡漢民發生分裂，進而演變爲寧粵的對峙。而爲了實現統一，寧粵雙方決定各自分別召開國民黨四全大會，然後合一起召開國民黨四屆一中全會。1931 年 12 月 3 日，粵方國民黨四全大會第十次會議決議通過孫科、伍朝樞、李文範等人提案：一、爲修明政治防止獨裁起見，於若干省府上設政務委員會，在國府指導下監督各省行政；二、在中執委會指導下設執行部於重要地點，監督各省市黨部；三、爲國防及剿共起見，於必要地點在軍委會指導下設軍事分會。〔註29〕但於 12 月下旬召開的國民黨四屆一中全會並沒有對此作出正式決議，而是決定將該案交國民黨中常會辦理議決。〔註30〕然而在沒有得到國民黨中常會決議的情況下，12月 31 日粵方國民政府臨時會議便決議：一、統一政府元月一日成立，廣州國民政府各機關、財委會、政委會、僑委會及財政、外交兩部同時結束；二、設立中央執委會西南執行部；三、廣州國民政府結束後，成立國民政府西南政務委員會；四、軍事方面成立國民政府西南軍事委員會；五、財政方面設立國民政府西南財政委員會。〔註31〕1932 年 1 月 1 日，胡漢民、汪精衛、孫科等聯名通電聲明廣州國民政府即行取消，略稱：「上海和平會議告成，……

〔註28〕《東北政務委員會談話會記錄》（1932.1.1），J221-001-00011：《東北政務委員會茶話談話會記錄及該會政治分會的暫行條例》（1931.12～1932.1），北平政務委員會檔，北京檔案館藏。

〔註29〕韓信夫、姜克夫主編：《中華民國大事記》第三冊（1930～1936），中國文史出版社，1997 年，第 282 頁。

〔註30〕韓信夫、姜克夫主編：《中華民國大事記》第三冊（1930～1936），中國文史出版社，1997 年，第 300 頁。

〔註31〕韓信夫、姜克夫主編：《中華民國大事記》第三冊（1930～1936），中國文史出版社，1997 年，第 297 頁。

統一政府本日成立於南京，本會（按指中央執監委員非常會議）及本政府謹踐前言，同日取消。自茲以往，以黨權統一於中央，以治權還諸統一政府，並遵四全大會決議，設立中央執行委員會西南執行部、西南政務委員會、西南軍事分會，負均權共治之責，以努力於剿滅共匪，鞏固國防」。同日，該三機關成立，推胡漢民、陳濟棠、李宗仁、白崇禧、劉紀文、陳策、李揚敬等七人爲執行部常委；陳濟棠、李宗仁、白崇禧、張發奎等二十七人爲西南軍分會委員，陳濟棠爲委員長；李宗仁、鄧澤如、蕭佛成、陳濟棠、唐紹儀、伍朝樞、白崇禧、陳策、張惠長、余漢謀、香翰屏、李揚敬、繆培南、林翼中、黃旭初、李任仁、劉紀文、詹菊似、區芳浦、崔廣秀、關素人、程天固等二十二人爲西南政委會委員，其中李宗仁、鄧澤如、蕭佛成、陳濟棠、唐紹儀等五人爲西南政委會常委。〔註32〕雖然 1 月 7 日國民黨中常會第二次會議決議西南執行部、西南政委會、西南軍分會應停止設立，並要求在中常會未決定辦法前，粵方各執監委員應尊重一中全會將該案交中常會辦理之決議案，〔註33〕但粵方並未理會而是依舊組織了各機關。

由於「中政會原議重在顧慮粵方」，「改爲『北平』字樣則似是新設」，恐其「援例以請」，因而決議「將東北政務委員會移平辦事而不改名稱」。然而現在西南政委會已然成立，所以東北政委會改組爲北平政務委員會「現已不成問題」。

1932 年 1 月 8 日，東北政委會召開第四次談話會。出席委員爲張學良、李石曾、張繼、羅文幹、門致中、周作民、徐永昌、商震、龐炳勳、張作相、萬福麟、王樹翰、劉哲和于學忠等 14 人，缺席 17 人，東北政委會秘書廳廳長吳家象列席。此次會議主要討論並決定如下事項：

第一，政委會組織條例起草委員議定辦法四條：「1. 由張繼電孫哲生請將本會改名爲北平政務委員會，電已發出；2. 改主席爲常務委員制，定爲 3 人或 5 人，必要時增至 7 人；3. 管轄區域暫以遼吉黑熱哈冀察平津爲限；4. 俟孫覆電到後在起草條文。」

第二，擬定於晉綏兩省設立晉綏政務委員會。張學良說：「晉綏兩省具有

〔註32〕韓信夫、姜克夫主編：《中華民國大事記》第三冊（1930～1936），中國文史出版社，1997 年，第 298 頁；《國民政府西南政務委員會公報》，1932 年第 1 號，第 5 頁。

〔註33〕韓信夫、姜克夫主編：《中華民國大事記》第三冊（1930～1936），中國文史出版社，1997 年，第 300 頁。

特殊情形，擬由本會同人聯名向中央建議，請准設立晉綏政務委員會，以謀該兩省政務之發展。」張繼說：「本席已以私人名義致電孫院長科，大意謂晉綏兩省物產豐富，將來建設事業大有發展，確有設立政委會之必要，但並未提及人選問題。」張學良又問：「大家對於請設晉綏政委會有無意見，如均贊成擬即推定起草員撰擬電稿。」由於「眾無異議」，李石曾提出「擬推王樹翰、徐永昌起草電文」。

第三，政委會會議法定人數和常委人數等相關決定。對於李石曾推舉王樹翰等起草電文一事，王樹翰問：「應由何人具名」，張學良說：「本日到會委員應全體列名，又以後本會發表意見，是否均照此例辦理。」于學忠說：「現在自可如是，惟將來開正式會議，似應用本會名義」；李煜瀛說：「凡正式公文應用會名義，餘者用人名」；龐炳勳說：「凡應用會名者，全體負責，即未到會者亦同」。羅文幹說：「遇重要事，對於未到會之委員可要求其書面答覆」，李石曾說：「既設常務委員，即常務委員亦可決議。」張學良說：「決議之法定人數，應規定於條例之內」，李石曾說：「援國府會議例，可以在平委員三分之二爲出席法定數，以到會委員半數或三分之二爲決議法定數。」周作民說：「不在平之委員可委託他委員爲代表」，張學良說：「委託代表比書面答覆爲妥，因是否重要是否須徵其答覆，甚難分別也。」李石曾說：「中常會例常務委員 7 人爲出席，其餘委員只爲列席」，張學良說：「本會常委應定 5 人至 7 人，每月開全體委員會一次，俾其它委員均得接洽。」商震說：「議決案應通知全體委員」，張學良說：「中常會記錄似不分送，係爲保持秘密故。」〔註34〕

東北政務委員會經過四次非正式談話會，最後決定了改組東北政務委員會爲北平政務委員會，並將組織條例有關原則做了詳細的磋商並取得了一致。經過短暫的籌備，1932 年 1 月 30 日，北平政務委員會成立，取消主席制而實行常務委員制，委員仍爲前東北政務委員會 31 名委員，其中常務委員爲張學良、李石曾、張繼、韓復榘、徐永昌、周作民、吳鼎昌、于學忠、王樹翰等 9 人。〔註35〕在北平政務委員會成立時議決通過了由起草委員擬定的《北

〔註34〕《東北政務委員會談話記錄》（1932.1.8），J221-001-00011；《東北政務委員會茶話談話會記錄及該會政治分會的暫行條例》（1931.12～1932.1），北平政務委員會檔，北京檔案館藏。

〔註35〕J221-001-00001：《北平晨報報導北平政務委員會成立消息（剪報）及該會委員名單》，北平政務委員會檔，北京檔案館藏。

平政務委員會暫行條例》，並電呈中央備案。該條例共計 12 條，主要規定了該會管轄範圍、職權、組織機構等內容，擇要如下：

第一條　本會依國民政府之特許設立之。

第二條　本會之管轄區，暫以河北（天津市在內）、遼寧、吉林、黑龍江、熱河、察哈爾六省及東省特別區、北平市爲範圍。

第三條　本會於其管轄區內指揮並監督最高級地方政府。本會對於國民政府未經明白或詳細規定事項於不牴觸範圍內，得爲因地制宜之處分，但處分以後，須呈請國民政府備案。

第四條　本會之決議案交管轄區內之各該省區市最高級地方政府執行之。

第五條　本會暫設委員 31 人，由國民政府指定之。

第六條　本會設常務委員 7 至 9 人，由委員互選之。

第七條　在北平之中央政治會議委員、國民政府委員得出席本會。

第八條　本會於必要時得聘請專門委員。

第九條　本會設秘書廳，其組織條例另定之。〔註36〕

然而北平政務委員會成立後，委員包括常務委員均進行了局部的調整和增加。由於「胡適、湯爾和兩委員始終堅辭，迄未到會」，北平政務會議決准予辭職，而吳鼎昌也因故辭職。北平政委會先後於 1932 年 3 月和 8 月增補孫魁元、潘復和谷鍾秀 3 人爲委員。〔註37〕而 7 月北平政務委員會曾決定加聘張群、顧維鈞、王樹常、劉翼飛、石友三、王克敏、劉尙清、秦德純、易培基等 9 人爲本會委員。〔註38〕由於吳鼎昌同時兼常務委員，所以其辭職後以張群遞補常委，同時增補劉哲爲常委。此次人員變動後，北平政委會委員總人數增加至 40 人，其中常務委員人數增加至 10 人：即常務委員爲張學良、李石曾、張繼、張群、韓復榘、周作民、徐永昌、王樹翰、劉哲和于學忠等 10 人，其它委員爲熊希齡、趙戴文、王揖唐、劉鎭華、蔣夢麟、張伯苓、羅文

〔註36〕《北平政務委員會暫行條例》，《北平政務委員會公報》，1932 年第 1 期，第 38～39 頁。

〔註37〕《北平政務委員會公報》，1932 年第 2 期，第 1 頁；1932 年第 6 期，第 32 頁；1932 年第 7 期，第 48 頁。

〔註38〕《北平政務委員會公報》，1932 年第 7 期，第 1～2 頁。

幹、方本仁、蔣伯誠、門致中、魯滌平、商震、宋哲元、傅作義、龐炳勳、張作相、萬福麟、湯玉麟、沈鴻烈、孫殿英、顧維鈞、潘復、劉尚清、王克敏、王樹常、劉翼飛、石友三、秦德純、易培基和谷鍾秀等 30 人。

北平政務委員會內設秘書廳，「設秘書長一人，總理本廳事務，並指揮監督所屬職員」，廳內原設「總務處、機要處、行政處、蒙旗處、航政處」〔註39〕，「各處置正處長一人，掌管本處事務，副處長一人輔助之」，「各處暫分設二股，每股置股長一人，處員若干人（機要處除外），分掌處內各事務」，「機要處設秘書、秘書上辦事及辦事員若干人」。〔註40〕「航政處之設置係沿東北政務委員會秘書廳之舊制，在東北自是重要，在北平則事務較簡，無單設一處之必要，且航政亦只行政中之一部分」，故於 10 月北平政委會修正該會秘書廳組織條例，「擬將該處裁撤，所有事務在行政處內增設第三股辦理」。在裁撤航政處的同時，於秘書廳內新增情報處〔註41〕，其設置緣由爲：「前陸海空軍副司令行營原設有情報處，北平綏靖公署成立，復旋經裁撤，其事歸總務處辦理。現軍事委員會北平分會各組中無此項職掌，查宣傳事項本非限於軍事，且關係重要，實有專設一處之必要，擬在本會秘書廳內設情報處辦理本會及軍分會宣傳事項，所需經費由雙方平均分任。」〔註42〕秘書廳主要職員參見表 8-2-1。

〔註39〕 總務處執掌事項：文書收發分配編制及保管；撰擬普通文件通告；典守印信；蒙旗以外人員任免；統計；庶務會計；其它不屬於各處事項。機要處執掌事項：撰擬機要文電；收掌會議文件；編列議事日程；記錄議決案；分交議決文件；發佈會議通告；譯述各國文件；招待外賓及臨時通譯。行政處執掌事項：內務；司法行政；教育；財務；農礦工商；建設；墾務殖民；路電交通。蒙旗處執掌事項：各盟旗蒙員任免；各盟旗警察；蒙漢民交涉；蒙民教育；蒙疆調查；蒙漢文牘翻譯；招待蒙員及臨時通譯。航政處執掌事項：河海航行；航業組合；航業教育；漁業；水道港灣調查；水運調查。

〔註40〕 《北平政務委員會秘書廳組織暫行條例》，《北平政務委員會公報》，1932 年第1 期，第 39～43 頁。

〔註41〕 「情報處職掌：1. 關於搜集國內外情報事項；2. 關於編譯國內外情報事項；3. 關於對內對外宣傳事項；4. 關於新聞檢查事項；5. 關於郵件檢查事項；6. 關於電報檢查事項。」《北平政務委員會秘書廳暫行條例修正草案》，J221-001-00002：《北平政務委員會暫行條例草案、議事細則草案、秘書廳組織暫行條例修正草案及國民政府西南政務委員會組織條例》，北平政務委員會檔，北京檔案館藏。

〔註42〕 《北平政務委員會第三十三常會議事日程》（1932.10.25），J221-001-00006：《北平政務委員會第三十三至四十三次常會議事日程》，北平政務委員會檔，北京檔案館藏。

表 8-2-1：北平政務委員會秘書廳主要職員表

部門	秘書廳	下屬機構	機要處	總務處	行政處	蒙旗處	航政處	情報處
職務	秘書長	處長	葉弼亮	張濟新〔註43〕	王瑞之	袁慶恩	宋式善	沈能毅
姓名	吳家象	副處長	夏清貽	夏博泉	陳保孚	許卓聲		

資料來源：《北平政務委員會公報》，1932 年第 1 期，第 3～4 頁；《北平政務委員會公報》，1933 年第 12 期，第 2 頁。

　　北平政務委員會一般「每月開大會一次，每一星期開常會一次，遇有特別事項召集臨時會」。「大會開會日期臨時定之，但須於一星期前通知各委員。常會每星期二上午十時開會。」就常會而言，在 1932 年 2 月到 8 月，除了 4 月因為國聯調查團到北平對九一八事變進行調查而使得常會於該月僅開兩次外，其他各月均每星期開常會一次。9 月至 11 月，常會會期縮為每月三次，12 月後常會會期縮為每月兩次。可見由於當時中日衝突而導致局勢趨於緊張，使得北平政委會根本無法按議事細則之規定按時開會。北平政委會「大會及常會均須有所在地委員過半數之出席方得開會」，「大會主席臨時推定，常會由常務委員輪流主席」，「常會開會時在所在地之非常務委員均得列席」，「表決議案以出席委員過半數之同意為決議可否，同數時取決於主席」，「表決方法以舉手行之，遇必要時得改用投票方法」，「議案不能即付表決時得由主席指定委員審查後再行決議」，「常會認為重要議案應以書面徵詢不能出席各委員之意見，各該委員之同意與否應併入出席委員同意與否之數內計算之」。〔註44〕

　　從北平政務委員會內設機構及主要職員來看，其內設機構是沿襲原東北政務委員會組織，主要職員也基本由原班人馬組成。主要的區別是北平政務委員會秘書廳內不在設置財務處，而是將財務處職能劃歸新成立的財政整理委員會，該會直隸北平政務委員會，這主要是由於華北派系眾多，使得奉系對於財政不能獨攬。

　　九一八事變後，東北政委會移平時秘書廳組織依然沿襲瀋陽時期而設置財務處，同時奉系為了整理華北財政還於 12 月在北平組織成立了財政整理委

────────────

〔註43〕1932 年 10 月北平政委會委任吳甌為秘書廳總務處處長。《北平政務委員會公報》，1932 年第 9 期，第 2 頁。

〔註44〕《北平政務委員會議事細則草案》，J221-001-00002；《北平政務委員會暫行條例草案、議事細則草案、秘書廳組織暫行條例修正草案及國民政府西南政務委員會組織條例》，北平政務委員會檔，北京檔案館藏。

員會，張學良兼任委員長，王克敏爲副委員長，執委張振鷺，常委戢翼翹、周大文、荊有岩等〔註 45〕。而隨著東北政委會改組成爲北平政委會，財務處便裁撤歸併於財政整理委員會。1932 年 2 月，北平政委會訓令：「現值國家多事，支應浩繁，財政一端，關係重要，自應通盤籌劃，量入爲出，特組織財政整理委員會。凡關於財務行政事宜，以及應興應革整頓方法，統由該會處理，原有本會財務處主管事項亦經劃該會辦理，嗣後各該機關，關於財務事項即逕行報由該會核辦，以免分歧。」〔註 46〕

在 1932 年 2 月財政整理委員會改組後，北平政委會制定了《財政整理委員會暫行條例》，主要有以下幾條：

第一條　北平政務委員會爲整理財政起見，特設財政整理委員會。

第二條　本會設常務委員 7～9 人，委員若干人，以冀、晉、察、綏、平、津各省市與本會有關人員及其它財政界、經濟界富有學識經驗者充之，並由常委中公推一人爲主席。

第三條　本會職權：1. 整理收入；2. 審核軍政各費之支出；3. 擬定財政整理全盤之計劃。

第四條　每月開大會一次，由常委定期通知，如有特別事務由主席隨時召集。

第五條　每月 15 日以前，各徵收機關應將前月收支款項開單報告本會審查。〔註 47〕

財政整理委員會常務委員 9 人，主席爲張學良，其他常委爲：王克敏、龐炳勳、榮臻、仇曾詒、鄭道儒、張振鷺、魯穆庭、荊有岩；委員有 20 人：李石曾、張繼、徐永昌、商震、宋哲元、吳鼎昌、周作民、傅作義、于學忠、王樹常、劉翼飛、門致中、秦德純、姚鋐、文光、戢翼翹、周大文、張學銘、蘇全斌、寧恩承。〔註 48〕

〔註 45〕韓信夫、姜克夫主編：《中華民國大事記》第三冊（1930～1936），中國文史出版社，1997 年，第 293 頁。

〔註 46〕J221-001-00010：《北平財政整理委員會主席張學良關於成立該會給北平政務委員會的呈》，北平政務委員會檔，北京檔案館藏。

〔註 47〕《財政整理委員會暫行條例》，J221-001-00010：《北平財政整理委員會主席張學良關於成立該會給北平政務委員會的呈》，北平政務委員會檔，北京檔案館藏。

〔註 48〕《財政整理委員會委員名單》，J221-001-00010：《北平財政整理委員會主席張學良關於成立該會給北平政務委員會的呈》，北平政務委員會檔，北京檔案館藏。

　　除了北平財政整理委員會外，北平政務委員會直轄的專門委員會還有爲研究九一八事變後對日交涉而在北平組織成立的東北外交研究委員會。該會於 1931 年 11 月成立，當時「外交緊急，埋頭工作，各項章則未曾釐訂」，1932年 8 月北平政委會才決議通過了該會組織章程。章程中明確規定該會「隸屬北平政務委員會」，「專以研究東北外交問題爲宗旨，聘任專門委員組織之」，「設委員長一人」，「副委員長一人」，「設委員若干人，由委員長聘任，每周開會一次，遇有特殊事項由委員長隨時召集」。〔註49〕

　　雖然北平政務委員會的委員倍增，並改主席制爲常務委員制，但奉系尤其張學良在該會中仍居於主導地位，比如直到 1933 年 1 月，察哈爾省政府主席宋哲元在請「辭主席一職以便專任軍事」時，仍是將呈文「謹呈北平政治委員分會委員長張」，〔註50〕即向張學良請辭，並將北平政委會稱爲「北平政治委員分會」，意即國民黨中政會分會，稱張學良爲「委員長」，由此亦可見奉系在華北各實力派中的象徵性地位。而且北平政委會管轄範圍和職權與東北政委會相比基本無異，同時該會的成立與東北政務委員會有著明顯的延續關係，因此可見說北平政務委員會的成立是九一八事變後國民黨對奉系在華北既得利益的再次肯定，也反映了在九一八事變後短暫的時間內雖然奉系失去了東北，但其政治地位並未發生質變，而是處於量變階段。

　　這一點我們從九一八事變後華北軍政機構的演變也能看出來。九一八事變前，張學良爲東北邊防軍司令長官兼陸海空軍副司令，副司令行營設於北平。1931 年 12 月 7 日，國民政府明令撤銷陸海空軍總司令部，張學良遂亦向中央請辭副司令職務。同月 15 日，國民政府核准張學良辭去副司令職，另派其爲北平綏靖公署主任，張學良於 1932 年元旦就職，其東北邊防軍司令長官職銜亦因之撤銷。1932 年一二八事變後次日，國民黨中央政治會議決議恢復設立軍事委員會，以應付戰局，並推蔣介石、馮玉祥、閻錫山、張學良、李宗仁、陳銘樞爲委員。3 月 6 日國民黨中央政治會議又通過議決，任命蔣介石爲軍事委員會委員長，閻錫山、馮玉祥、李宗仁、張學良、陳銘樞、李烈鈞、陳濟棠爲委員。惟張學良之專責，仍爲：「督率原有各部，保護疆土，綏靖地

〔註49〕《東北外交研究委員會組織章程》，J221-001-00005；《北平政務委員會第十八至二十一、二十四、二十五、二十七次常會議事日程》，北平政務委員會檔，北京檔案館藏。

〔註50〕《北平政務委員會第四十次常會議事日程》，J221-001-00006；《北平政務委員會第三十三至四十三次常會議事日程》，北平政務委員會檔，北京檔案館藏。

方」。〔註51〕8 月，由於行政院長汪精衛與張學良矛盾激化，張學良辭去北平綏靖公署主任一職。該公署撤銷後，國民政府另在北平設立了軍事委員會北平分會，以蔣介石兼分會委員長，蔣委派張學良代理北平軍分會委員長。雖然副司令行營降格爲綏靖公署和軍委會分會，然而張學良仍爲統率華北軍政的領袖。

但隨著時間的延續和局勢的不斷惡化，奉系的政治地位開始動搖，主要表現在 1933 年 3 月張學良下野及此後對華北軍政兩方面控制力的不斷減弱。至此，奉系完全蛻變，演變成爲東北軍集團，奉系軍閥解體。

三、奉系的解體：華北政權的去奉系化與東北軍的「國軍化」

九一八事變後，日軍雖然佔領了東北，但並未滿足其侵略野心，繼 1932 年一二八事變對國民黨統治中樞進行直接打擊外，仍不斷對華北進行侵擾。1932 年 7 月，日軍開始進犯熱河，由此拉開了日軍對華北侵略的大幕。1933 年 3 月初，熱河失守淪陷，國軍各部退守長城佈防，並遂即發起長城抗戰。1933 年 5 月，中日雙方和談，並簽訂塘沽停戰協定，〔註52〕自此長城一線完全爲日軍掌握，華北門戶洞開。雖然此後華北局勢略有緩和，但好景不長，1935 年日軍又開始策劃華北自治運動，企圖分離華北。

在日軍不斷對華北採取壓迫和武力侵略的背景下，中國方面內部隨之發生了劇變。在蔣介石重新上臺掌軍的同時，汪精衛接替孫科出任行政院院長掌政，國民黨政權進入蔣汪合作時期。但在華北對日問題上汪精衛與張學良卻產生了矛盾，汪甚至一度鬧辭職，蔣汪合作政權與北方的實力派張學良之間產生了裂隙。1933 年 3 月 10 日，熱河淪陷後，在各方責難與壓迫之下，張學良決定採納蔣介石提出的「效忠黨國、鞏固中央之最善方法」，「引咎辭職」，〔註53〕即辭去北平政務委員會常務委員和軍事委員會北平分會代委員長職務，下野出洋。從此，華北軍、政大權脫離了奉系的控制，爲國民黨所掌握，華北政局進入了「何應欽和黃郛共同主持時期」，「何的職位是北平軍分會代委員長，黃郛則是新成立的行政院駐平政務整理委員會委員長」，「何黃二氏

〔註51〕李雲漢編：《抗戰前華北政局史料》，臺北：正中書局，1982 年，第 2、4 頁；張友坤等編著：《張學良年譜》（修訂版），第 425、428 頁。

〔註52〕該停戰協定中文文本可參見秦孝儀主編：《中華民國重要史料初編——對日抗戰時期》緒編（一），第 665 頁；日文文本可參見〔日〕外務省編：《日本外交年表並主要文書：1840～1945》下卷，東京：原書房，1965 年，「文書」第 274 頁。

〔註53〕《張學良辭職通電》，李雲漢編：《抗戰前華北政局史料》，臺北：正中書局，1982 年，第 33 頁。

分掌軍、政達兩年之久」。〔註54〕由此開始，奉系軍閥蛻變成爲東北軍軍事集團，並逐漸走向解體。

1、華北政權的去奉系化

1930 年東北軍武裝調停中原大戰後，華北政權進入了奉系的掌握之中。冀、察兩省和平、津、青三市成爲奉系地盤，而晉、綏兩省則爲張學良副司令行營節制，省政府委員中且有奉方人員充任。而九一八事變後，由於閻錫山返晉，晉綏兩省隨即脫離奉系的掌控，兩省人事開始進行調整。中原大戰後，奉系曾委派己方張濟新和常秉彝兩員爲山西省政府委員，張濟新兼財政廳長，常秉彝先後兼任農礦廳長、工商廳長和實業廳長。九一八事變後不久，張濟新辭職，由晉系前財政廳長仇曾詒接任山西省政府財政廳長，1932 年 6 月仇辭職，遺缺由陸近禮繼任。1932 年 6 月常秉彝辭職，實業廳長遺缺由耿步蟾接任。在晉方排擠奉方人員的同時，國民黨還曾於九一八事變後向山西省政府滲透。苗培成山西人，是國民黨山西省黨部主要負責人，曾於 1931 年 10 月被任命爲山西省教育廳長，1932 年 4 月辭職，遺缺由冀貢泉接任。〔註55〕可見，山西省政權從中原大戰後由晉系主導、奉系節制轉變成爲九一八事變後的由晉系主導、國民黨監督。

冀、察、平、津、青兩省三市自從劃歸奉系後，省市政府委員基本由奉方人員擔任，行政亦歸東北政務委員會進行監督指導。九一八事變後，由東北政委會改組而成立的北平政委會成爲華北最高行政機關，監督指導該兩省三市，而冀察政權仍舊掌控在奉系手中。在北平政務委員會時期，河北省政府雖曾於 1932 年秋進行改組，但改組後的省政府仍以奉方人員居多，省政權仍掌握在奉系手中。此次改組後的河北省政府委員中，張厲生是河北樂亭縣人，爲國民黨要員，時任國民黨中央執行委員，1931 年 12 月末便被任命爲河北省政府委員。可見，九一八事變後國民黨向河北省政權的滲入。察哈爾省政府也於 1932 年秋進行過改組，劉翼飛辭主席職，以宋哲元繼任，然而省政府其他委員則並未更動，基本仍爲中原大戰後奉方推舉的原班人馬。（參見表8-3-3）宋哲元爲西北軍將領，是馮玉祥老部下，時爲第二十九軍軍長。他出任察哈爾省政府主席，奉方的主要考慮是讓宋的西北軍進入察哈爾以協助東北軍對抗日軍，防守察哈爾。

〔註54〕 李雲漢編：《抗戰前華北政局史料》，臺北：正中書局，1982 年，「導言」，第 3 頁。
〔註55〕 劉壽林等編：《民國職官年表》，中華書局，1995 年，第 895～897 頁。

另外，我們從北平政務委員會時期由該會所委任的各官員職務中也可以看出奉系對冀察政權的牢固掌握。（參見表 8-3-1）

表 8-3-1：北平政務委員會委任官員一覽表

時　間	姓　名	職　務
1932 年 2 月	周龍光	天津市市長
	王一民	天津市公安局局長
1932 年 8 月	王鏡寰	代理察哈爾省政府委員兼財政廳廳長
	史靖寰	代理河北省政府委員兼實業廳廳長
1932 年 9 月	魏鑒	代理河北省政府委員兼民政廳廳長
	魯穆庭	代理河北省政府委員兼財政廳廳長
	翟宣穎	代理河北省政府秘書長
	寧恩承	代理財政部河北財政特派員
	荊有岩	代理長蘆鹽運使
	胡毓坤	代理河北官產總處處長
	張振鷺	井陘礦務局局長
1932 年 10 月	楊兆庚	代理察哈爾省政府秘書長
	徐箴	代理北平電話局局長
1933 年 1 月	荊有岩	兼任河北省硝礦總局局長

資料來源：《北平政務委員會公報》，1932 年第 1 期，第 6 頁；1932 年第 7 期，第 1 ～2 頁；1932 年第 8 期，第 1～2 頁；1932 年第 9 期，第 1～2 頁；1933 年第 12 期，第 1～2 頁。

從中我們可以看出，北平政務委員會所委任的各省市上述官員中，基本是奉方人員，且有一半官員職務是與財政和稅收有關。奉系對冀察兩省財政和稅收的牢固控制，便說明了其對冀察兩省政權的控制力度。

九一八事變後，晉綏雖然脫離了奉系的控制範圍，但冀察仍牢固地掌握在奉系手中，且奉系還掌握著北平政務委員會，可以主導華北政局的走向。而 1933 年 3 月張學良下野後不久，華北最高行政機關便改組，而隨後冀察兩省政府也進行了大規模的改組，原奉系勢力逐漸遠離華北政權的中心。

與東北政務委員會實行主席制不同，北平政務委員會實行的是常務委員制，理論上講前者主席具有決定權，而後者則是由各常務委員共同負責並決策。在北平政務委員會成立後，常務委員初定 9 人，後又增加至 10 人。北平

政務委員會是華北最高行政機關，而其中處理華北行政起決策作用的則是北平政委會常務委員會。張學良改組東北政委會，增加委員額數，廢除主席制，目的就是要藉此團結各方力量共赴國難，所以常務委員人選表面上必然要考慮到各派系力量的平衡。（參見表 8-3-2）

表 8-3-2：北平政務委員會常務委員各派系分佈數量表

	奉　系	中間派	國民黨
成立時	3	4	2
增補後	4	3	3

　　九一八事變後，排除外國勢力的影響，華北政治力量基本可以分為三派：奉系、國民黨和中間派，中間派主要包括晉系、西北軍、雜牌軍和華北本地政界力量。1932 年 1 月末，北平政委會成立時常務委員 9 人，其中奉系 3 人：張學良、于學忠、王樹翰，國民黨 2 人：李石曾和張繼，華北地方勢力 4 人：與西北軍淵源深厚又代表華北雜牌軍的山東省政府主席韓復榘、代表晉系的徐永昌、代表平津金融界力量的周作民和吳鼎昌。國民黨、奉系、晉系、馮系、雜牌軍、金融界代表俱全，在當時的政治環境下，要應付危局必然要動員一切力量，可見當時奉系對北平政委會常務委員人選的精心分配。1932 年 7 月北平政委會委員進行增補後，常務委員增至 10 人，各方人數又重新進行了分配，吳鼎昌辭職後赴南京任職，其遺缺由張群遞補，同時增加劉哲為新常委，使得常委中奉系、中間派、國民黨三者力量對比由 3：4：2 變成 4：3：3，可見常委分佈有向奉系和國民黨傾斜的趨勢。但實際上，無論是北平政委會成立時還是委員增補後，都是奉系始終起主導和決定作用。因為在國奉兩強局面下，中間派只能選擇一方依附之，而在奉系實際控制華北的背景下，中間派也更傾向於奉方，而且中間派常委中還有與奉方關係甚為密切者。比如周作民，時任天津金城銀行總經理，與張學良關係密切，自張學良設副司令行營常駐北平後，便時常向金城銀行借款，而其信函均寫給周作民本人，兩人還約定只要見張學良親筆批條，周便如數支付。〔註56〕

　　而在奉系中張學良是核心，均為其馬首是瞻。所以說張學良下野後，不

────────────

〔註56〕僅 1931 年張學良便給部下開出支票現洋近 10 萬元，令部下到金城銀行領取，詳見 J041-001-00191：《金城銀行關於借墊款代收付擔保證明等與張學良陳調元等來去函》（1931～1949），北京市政府檔，北京市檔案館藏。

僅奉系頓時群龍無首，北平政務委員會也立時失去中樞。在這種情況下，如何應付華北危局是國民政府必須應對的問題。1933 年 3 月 12 日，即在張學良通電下野後的第三天，國民政府便「特派軍政部部長何應欽兼代執行軍事委員會北平分會委員長職權」〔註57〕。5 月 3 日，國民黨中央政治委員會經過醞釀後又決定了「應付北方政情」的辦法，即裁撤北平政務委員會，而「設立行政院駐平政務整理委員會，以黃郛、黃紹竑、李石曾、張繼、韓復榘、于學忠、徐永昌、宋哲元、王伯群、王揖唐、王樹翰、傅作義、周作民、恩克巴圖、蔣夢麟、張吉潭、王克敏、張伯苓、劉哲、張厲生、湯爾和、丁文江、魯滌平為委員，黃郛為委員長」，並增補「傅作義、孫魁元、吳光新、魏宗瀚、秦德純、門致中為軍事委員會北平分會委員〔註58〕」。同時，中政會於該日還議決通過《行政院駐平政務整理委員會暫行組織大綱》，規定該會組織如下：「本會設委員 23 人，就中指定一人為委員長」，「本會設左列三處：秘書處、政務處、財務處」，「本會設秘書長一人」。〔註59〕

　　1933 年 6 月 16 日，行政院會議修正通過行政院駐平政務整理委員會管轄範圍為冀、魯、晉、察、綏五省及北平、青島兩市，並加派沈鴻烈為該會委員。同日，北平政務委員會正式宣告結束，17 日，行政院駐平政務整理委員會正式成立。〔註60〕該會以黃郛為委員長，黃雖然不是國民黨員，但卻與蔣介石關係密切，兩者為結拜兄弟。而且黃郛與日本也有密切關係，蔣推舉黃為政整會委員長的目的也是希圖藉重黃來化解華北危局，從而緩解與日本的緊張關係。與北平政委會管轄範圍相比，該會管轄範圍擴大，不僅將晉綏兩省納入，還將從來未為奉系控制過的山東省也納入，這自然有利於政整會整合全部華北資源以處理華北危局。而要達此目的，自然是由奉系主導華北政局所無法實現的，而非由國民政府直接主導華北政局不可。因此，華北政局

〔註57〕　《國民政府准張學良辭職特派何應欽兼代北平軍分會委員長職權令》，李雲漢編：《抗戰前華北政局史料》，臺北：正中書局，1982 年，第 34 頁。

〔註58〕　1932 年 8 月，軍事委員會北平分會成立時有委員 18 人：王樹翰、萬福麟、張作相、張群、韓復榘、徐永昌、王樹常、宋哲元、鮑文樾、于學忠、商震、榮臻、龐炳勳、沈鴻烈、湯玉麟、蔣伯誠、劉翼飛、蕭振瀛，其中以萬福麟、榮臻、蔣伯誠為常委。李雲漢編：《抗戰前華北政局史料》，第 10 頁。

〔註59〕　《中央政治委員會第 355 次會議應付北方政情之決議》、《行政院駐平政務整理委員會暫行組織大綱》，李雲漢編：《抗戰前華北政局史料》，臺北：正中書局，1982 年，第 35～36 頁。

〔註60〕　韓信夫、姜克夫主編：《中華民國大事記》，第 522 頁；《福建省政府公報》，1933 年第 331 期，第 44 頁。

從此便落入國民政府的直接掌握之中，達兩年之久。

　　在華北最高行政機關易主的同時，冀察兩省政府也再次進行了人事調整。（參見表 8-3-3）1933 年 8 月，即在北平政務委員會裁撤後兩個月，察哈爾省政府便首先進行了人事大調整，原奉方人員均被替換，形成了由宋哲元主導的察哈爾省政府。1934 年 11 月，河北省政府也進行了人事調整，林成秀、史靖寰等原奉系委員均被免職，而加入了諸如晉系張蔭梧等華北各派系人員，儘管省政府主席、民政廳長和財政廳長等要職仍爲原奉系委員所掌握並主導著河北省政局，但河北省已遠非北平政務委員會時期的奉系地盤了。可見，在行政院駐平政務整理委員會時期，原奉系勢力已失去了察哈爾省，而其對河北省的控制也在不斷削弱。

　　奉系對冀察政權控制力的削弱直至喪失，始終與日本對華北的侵略有著密切關係。1932 年下半年開始，日軍開始大舉進攻熱河，1933 年上半年，熱河淪陷後日軍又開始大舉進攻長城一線。由於奉系主導的華北當局無力應對，只能由國民政府取而代之走向前臺團結各方力量，所以此時期不僅察哈爾省政府主席易人，華北軍、政最高領導人亦同時易人。1935 年，日軍又陰謀發動華北自治運動，企圖將華北從中國版圖分離出去。爲此，日軍不斷在華北尋釁並製造事端，並制定了以原奉系勢力爲主要排斥對象的方針：「（1）政治以省府爲大目標，市府爲小目標；（2）軍事以東北軍爲大目標，中央軍爲小目標」。〔註61〕日軍所言之「省府」即以于學忠爲主席的河北省政府。並以此爲準繩向國民政府提出了解決華北局勢的兩個條件：「（一）蔣委員長主張中日親善，何部長爲簽訂停戰協定之人，何以任令敵對日方之憲兵第三團、藍衣社、軍分會政訓處、河北省市黨部置諸肘腋之下，並以中央軍爲背景擾亂日滿關係，表裏不符。中國政府應自動將蔣孝先、曾擴情等免職並將憲兵第三團、藍衣社、政訓處、各黨部及中央軍一律調開。（二）于學忠本爲張學良舊部，故始終圖謀破壞協定，年來枝節橫生，皆彼從中作梗，僅表面上令遷保，而仍爲冀主席，於事無濟。中國政府宜自動迅速撤調，否則日方勢必演成自由驅逐之一途。」對於日軍要求，蔣介石決定妥協：「憲兵第三團及軍分會之政訓處亦可調離北平，……至河北省市黨部當令其停止活動及宣傳。惟於孝侯問題，聽經電令三五日內必須遷保，所有天津文武官吏一律由中央另派，天津警備司令擬以啓予承乏，魚

〔註61〕《黃郛電蔣中正磯谷談話要點軍事分以東北軍中央軍爲大小目標》（1935.5.30），國史館審編處編：《中日關係史料》，《蔣中正總統文物——革命文獻中》（四），臺北：國史館，2002 年，第 388〜390 頁。

日以前無論孝侯遵辦與否，中央當於虞日自動發表……。如屆時孝侯不遷或遷保而仍不能緩和，當再下令他調，似此對外對內乃能略爲兼顧」。〔註62〕

表 8-3-3：1931～1935 年歷次改組後河北和察哈爾兩省政府委員一覽表

省　份	歷次改組時間	委　員
河北	1930 年 9～11 月	主席王樹常、民政廳長王玉科、財政廳長姚鉉、教育廳長張見庵、建設廳長林成秀、農礦廳長常秉彝、工商廳長何玉芳、嚴智怡、陳寶泉
	1932 年 9～10 月	主席于學忠、民政廳長魏鑒、財政廳長魯穆庭、教育廳長陳寶泉、建設廳長林成秀、實業廳長史靖寰、嚴智怡、常秉彝、張厲生
	1934 年 11 月	主席于學忠、民政廳長張厚琬、財政廳長魯穆庭、建設廳長胡源彙、教育廳長鄭道儒、張蔭梧、查燿、張厲生、魏鑒
	1935 年 6 月	主席商震、民政廳長李培基、財政廳長李竟容、教育廳長何基鴻、建設廳長呂咸、南桂馨、劉逸南、梁子青
	1935 年 12 月	主席宋哲元、民政廳長張吉鏞、財政廳長賈玉璋、建設廳長梁建章、教育廳長鄭道儒、段宋林、谷鍾秀、張允榮、王景儒
察哈爾	1931 年 1 月	主席劉翼飛、民政廳長伍庸、財政廳長文光、教育廳長高惜冰、建設廳長趙興德、杭錦壽、德穆楚克棟魯布
	1932 年 8 月	主席宋哲元、民政廳長伍庸、財政廳長文光、教育廳長高惜冰、建設廳長趙興德、杭錦壽、德穆楚克棟魯布
	1933 年 8 月	主席宋哲元、民政廳長秦德純、財政廳長過之翰、教育廳長呂復、建設廳長張維藩、德穆楚克棟魯布、龐炳勳、索諾木拉布坦、卓特巴箚普
	1935 年 6 月	主席兼民政廳長秦德純、財政廳長過之翰、教育廳長趙伯陶、建設廳長張維藩、德穆楚克棟魯布、索諾木拉布坦、卓特巴箚普
	1935 年 11 月	主席張自忠、民政廳長楊兆庚、財政廳長過之翰、教育廳長趙伯陶、建設廳長張維藩、德穆楚克棟魯布、索諾木拉布坦、卓特巴箚普

資料來源：劉壽林等編：《民國職官年表》，中華書局，1995 年，第 855～857、945～946 頁。

〔註62〕《黃郛電蔣中正酒井及高橋來會提出于學忠應速撤調聲明七條》（1935.5.30），國史館審編處編：《中日關係史料》，《蔣中正總統文物——革命文獻中》（四），臺北：國史館，2002 年，第 391～398 頁。

　　于學忠為主席的河北省是東北軍在張學良下野後控制的最後一塊地盤，其大部軍費均有賴於河北省財政。而日軍要求國民政府立即將于學忠免省政府主席職，並將東北軍調出河北。如果日軍目的達到，則不僅使華北抵禦日軍的力量削弱，還將使得東北軍失去最後一塊地盤。然而面對日軍的無理要求，蔣介石雖打了折扣但也進行了妥協。由於于學忠為張學良舊部，所以蔣介石將處理辦法致電時任軍事委員會委員長武昌行營主任的張學良：「張主任勛鑒，……河北為兄之外府，犬非驅於不可，倘再無相當之處置，如待其乘隙挑擾以後，正是提出懲于撤于之要求，則中央更無法應付，豈僅喪失威信搖動人心而已哉。以對方經過之事實無理可喻之情勢，觀之九一八事變之爆發難保不再現於今日。若孝侯問題如果堅持期保威信，則必須先下不顧一切、不辭一戰之決心，如無不能，則應勉盡人事自動緩和，以冀補救。二者必須擇一而行，已無徘徊瞻顧之餘地，……於此三五日內自動遷保」。張學良覆電：「查冀府遷保一事，前接孝侯電稱現正趕速進行，決於六月底告竣。……但為顧慮中央威信及地方人心計，仍以省府遷保而不更易主席為宜，尚乞詳加考慮，予以主持。」〔註63〕可見，張學良仍希望能以于學忠為河北省政府主席而維持河北地盤，然而蔣介石卻並未接受張的意見。1935年6月後，國民政府將冀察兩省政府同時進行了人事調整，于學忠免職，省政府主席遺缺以商震繼任，省府委員也全部更換，原奉系委員則悉數免職，（參見表8-3-3）東北軍最後的地盤最終喪失。8月，察哈爾省政府主席宋哲元正式調任平津衛戍司令，省主席遺缺以秦德純兼任，而原平津衛戍司令王樹常則調離華北，到南京任軍事參議院副院長。〔註64〕自此，中原大戰後為奉系所掌握的平津地區——華北政治中心——最後兩個軍政要職，即平津衛戍司令和河北省政府主席兩職也最終失去。

　　1934年初，張學良從歐洲回國，蔣介石安排他到武昌出任由蔣自兼總司令的鄂豫皖三省剿匪總司令部作副司令，並抽調半數東北軍進駐剿匪，而未將其安排在北平再掌華北。而1935年夏，于、王二人的先後去職，使東北軍在北方徹底失去了政治影響力。1935年8月和11月，國民政府又先後下令撤銷行政院駐平政務整理委員會和軍事委員會北平分會，使國民政府直接主導華北政局的時期結束。「日人此次華北急進，……一面以大兵壓境，一面挑唆

〔註63〕《蔣中正電張學良此時于學忠應於此三五日內自動遷保定》（1935.5.31），國史館審編處編：《中日關係史料》，《蔣中正總統文物——革命文獻中》（四），臺北：國史館，2002年，第399～408頁。
〔註64〕李雲漢編：《抗戰前華北政局史料》，臺北：正中書局，1982年，第148頁。

各方，藉口西南有政務委員會，則華北有何不可創造類似組織，即可截留稅收，委派官吏，形成半獨立之狀態」。在日軍「威逼利誘雙管齊下」之下，1935年 11 月，蔣介石「爲因應環境釜底抽薪計，乃決定四項處理原則：（一）設立冀察政務委員會；（二）委員及組織由中央決定，人選以適宜於北方環境爲標準，並任宋明軒〔註65〕爲委員長；（三）一切軍事、外交、政治、經濟保持正常狀態；（四）絕對避免自治名目與獨立狀態（如日人壓迫，中央與地方一致行動——原文夾住）。……現經本上原則擬訂該委員會暫行組織大綱，委員名額定爲 17 人至 27 人，就中除指定一委員長外並指定 3 人至 5 人爲常務委員，其人選均由國民政府特派，會內設秘書、政務、財務三處，各設處長一人……如此處理先行穩定內部，然後再圖打破對外實際之難關，或不失爲解決目前糾紛之應急步驟。」〔註66〕1935 年 12 月 18 日，冀察政務委員會成立，以宋哲元爲委員長，1936 年 1 月，宋又兼任冀察綏靖公署主任一職，冀察軍、政再次進入了由華北本地派系主導的時期。

2、東北軍的「國軍化」

東北易幟後，東北邊防軍司令長官公署成立，東北軍以邊防軍的稱呼加入到國民革命軍序列，開始了緩慢的「國軍化」過程。從 1929 年到 1931 年九一八事變前，東北軍進行了數次改編，但均以旅爲基本單位，使用獨立旅的番號，由張學良牢固地掌控著。〔註 67〕九一八事變後，面對日軍的節節進攻，爲了便於指揮，1932 年 6 月國民政府開始統一改編全國各部隊，陸軍分爲 48 軍，每軍轄兩師，共有 96 師。然而東北軍仍以旅爲單位，並繼續使用獨立旅的番號。〔註68〕

1933 年 3 月 10 日，張學良下野之日，東北軍改編爲 5 個軍，共 26 萬人，並均冠以「國民革命軍陸軍步兵」字樣。實際早在 2 月間，東北軍各部即陸

〔註65〕 宋哲元，字明軒。

〔註66〕 《蔣中正電陳濟棠等冀察政委會設立經過及組織情形》（1935.12.10），國史館審編處編：《中日關係史料》，《蔣中正總統文物——革命文獻中》（四），臺北：國史館，2002 年，第 451～453 頁。

〔註67〕 從皇姑屯事件後奉軍改編，易幟後東北軍改編爲東北邊防軍，中原大戰後東北軍取消邊防軍稱呼正式改編加入國民革命軍戰鬥序列。期間，東北軍均以旅爲基本單位，各階段陸海空軍編制及主官情況可詳見李雲漢主編：《國民政府處理九一八事變之重要文獻》，第 526～566 頁。

〔註68〕 參見朱瑞月編輯：《國民革命建軍史》第二部：安內與攘外（一），臺北：國防部史政編譯局，1993 年，第 75～86 頁。

續進行改編，各旅均改為師，而編制仍舊。〔註69〕至此，東北軍自1928年秋改編以來所實行的旅制徹底廢除，而改用國軍的師制。改編後東北軍序列和主官參見表8-3-4。

表8-3-4：1933年改編後東北軍序列及主官姓名表

步　兵	第51軍，軍長于學忠。 下轄第111師，師長董英斌；第113師，師長李振唐；第114師，師長陳貫群；第118師，師長杜繼武。
	第53軍，軍長萬福麟。 下轄第108師，師長楊政治；第116師，師長繆澂流；第119師，師長孫德荃；第129師，師長周福成；第130師，師長朱鴻勳；騎兵第2師，師長黃顯聲。
	第57軍，軍長何柱國。 下轄第109師，師長何柱國；第112師，師長張廷樞；第115師，師長姚東藩；第120師，師長常經武；騎兵第3師，師長王奇峰。
	第67軍，軍長王以哲。 下轄第107師，師長江惟仁；第110師，師長何立中；第117師，師長黃師嶽。
	第63軍，軍長馮占海。 下轄第91師，師長馮占海。
	獨立第105師，師長劉多荃。 獨立第106師，師長沈克。
騎　兵	騎兵第1師，師長張誠德。 騎兵第4師，師長郭希鵬。 騎兵第5師，師長李福和。 騎兵第6師，師長白鳳翔。
炮　兵	炮兵第6旅，旅長王和華。 炮兵第7旅，旅長喬方。 炮兵第8旅，旅長黃永安。
其他兵種	工兵團，團長杜維綱。 輜重大隊，隊長唐述吉。 通信大隊，隊長康瑞符。 鐵甲車大隊，隊長曹躍章。

資料來源：張德良、周毅主編：《東北軍史》，遼寧大學出版社，1987年，第268～269頁。

〔註69〕張德良、周毅主編：《東北軍史》，遼寧大學出版社，1987年，第268頁。

1934 年初，張學良從歐洲回國後就任鄂豫皖三省剿匪副總司令，並於 3 月將半數東北軍南調鄂豫皖剿匪。所調各部爲何柱國部第 57 軍、王以哲部第 67 軍以及劉多荃部獨立第 105 師。第 57 軍調鄂東之孝感、宋埠、黃安、麻城及皖西各縣，軍部設宋埠，下轄 108、109、111、112、115、120 六個師；第 67 軍調豫南之商城、潢川、光山、羅山等縣，軍部設潢川，下轄 107、110、117、129 四個師；第 105 師接防平漢路南段，駐碻山、明港、信陽、廣水、益園等縣，師部設漢口。留河北的東北軍尚有半數，即萬福麟部第 53 軍，駐保定、北平、石家莊及平漢路一帶，軍部設保定，下轄 116、119、130 三個師及騎兵第 4 師和炮兵第 8 旅的一個團；于學忠部第 51 軍，駐天津及冀東、冀南一帶，軍部設天津，下轄 113、114、118 三個師；馮占海部第 63 軍，駐河北高邑、寧晉、趙縣、元氏、內邱、柏鄉等縣，軍部設高邑。〔註70〕

1935 年 6 月，東北軍騎兵師進行改編，與中央軍騎兵一部合併組建成騎兵軍。騎兵軍軍長何柱國，下轄騎兵第 3 師，師長郭希鵬；騎兵第 4 師，師長王奇峰；騎兵第 6 師，師長白鳳翔；騎兵第 7 師，師長門炳嶽；騎兵第 10 師，師長檀自新。〔註71〕

1935 年隨著中共長征的勝利進行，中共中央和紅軍均轉移到陝甘寧地區，而國民黨各部軍隊也尾隨而至。從 4 月份開始，軍事委員會委員長武昌行營陸續將所屬東北軍各部調往西北，8 月剛剛在河南組建不久的騎兵軍，以及因與華北日軍對抗而遭到免去河北省政府主席職務的于學忠部第 51 軍，均被調往西北剿共。

10 月，蔣介石爲了統一西北剿共領導機關，決定成立西北剿匪總司令部，蔣自兼總司令，張學良爲副總司令，代行總司令職權。11 月 1 日，西北剿匪總司令部在西安成立，節制陝西、甘肅、寧夏、青海四省所駐各部軍隊。該剿匪總司令部所轄東北軍約有 13 萬人，各部序列爲：于學忠部第 51 軍，下轄 113、114、118 三個師；董英斌部第 57 軍，下轄 108、109、111、120、106 五個師；王以哲部第 67 軍，下轄 107、110、117、129 四個師；何柱國部騎兵軍，下轄 3、6、7、10 四個騎兵師；劉多荃部獨立第 105 師；霍守義部直屬第 112 師和熊正平部直屬第 115 師；騎兵第 4 師王照堃部第 10 團；另外還有工兵團、輜重總隊和通信大隊。而此時駐紮在西北以外不屬於西北剿總統轄

〔註70〕張德良、周毅主編：《東北軍史》，遼寧大學出版社，1987 年，第 282～283 頁。
〔註71〕張德良、周毅主編：《東北軍史》，遼寧大學出版社，1987 年，第 289 頁。

的東北軍尚有約 7 萬人：駐河北保定的萬福麟部第 53 軍，下轄 116、119、130 三個師；駐河北高邑的馮占海部第 63 軍，轄 91 師；駐河北大名的王奇峰部騎兵第 4 師（欠第 10 團）；駐洛陽和重慶的黃永安部直屬炮兵第 6 旅和駐鄭州、武漢的喬方部直屬炮兵第 8 旅。〔註72〕

　　自東北易幟到張學良下野，東北軍的領導機關共發生了四次變化：即 1929 年 1 月在奉天成立的東北邊防軍司令長官公署，1931 年 4 月在北平成立的陸海空軍副司令行營，1932 年 1 月成立的北平綏靖公署，1932 年 8 月成立的軍事委員會北平分會。然而無論如何演變，張學良均是這些機構的實際領導者，全部東北軍也均由張學良直接統率。但是自從張學良下野後，東北軍的這種單一領導體制便被打破，東北軍的整體性也隨之被打破。

　　張學良下野後的 1933 年，東北軍由何應欽主持的軍事委員會北平分會節制指揮，1934 年 3 月張學良回國後就任鄂豫皖三省剿匪副總司令，半數東北軍隨即被調至鄂豫皖三省，東北軍的領導機構從此一分為二：南調的東北軍由鄂豫皖三省剿匪總司令部節制指揮，後由 1935 年 3 月成立的由張學良任主任的軍事委員會委員長武昌行營節制指揮，即仍歸張學良掌握，而尚留河北的東北軍仍舊由北平軍分會節制指揮。1935 年 11 月張學良任副總司令的西北剿匪總司令部成立後，原歸武昌行營節制的東北軍、原駐河北的于學忠部第 51 軍和駐河南的何柱國部騎兵軍均西調，由西北剿總節制指揮，而尚留河北的萬福麟部第 53 軍和馮占海部第 63 軍則由新成立的由宋哲元任主任的冀察綏靖公署節制指揮。而在 1935 年炮兵整編時，東北軍炮兵悉數被蔣介石改編，東北軍原炮兵第 7 旅番號被撤銷，改編後新成立兩個炮兵旅，即前述駐洛陽和駐鄭州、武漢的直屬炮兵第 6 旅和第 8 旅，並均歸國民政府軍事委員會直接指揮。可見，自從張學良下野後，奉系已經走向了解體，不僅有近 7 萬東北軍已脫離了張學良的控制，更有為張學良非常重視並在中原大戰後曾提防蔣介石爭奪的炮兵，也最終全部為蔣所控制並分散駐紮在各地。

　　1936 年 12 月西安事變發生後，張學良被「褫奪本兼各職，交軍事委員會嚴辦，所部軍隊歸軍事委員會直接指揮」。〔註73〕1937 年 4 月軍事委員會分期整理東北軍計劃大綱出爐，決定分兩期整編東北軍，以實現「國軍化」：

〔註72〕張德良、周毅主編：《東北軍史》，遼寧大學出版社，1987 年，第 309～312 頁。
〔註73〕《國民政府頒佈褫奪張學良本兼各職令所部軍隊歸軍事委員會直接指揮》（1936.12.12），國史館審編處編：《剿共與西安事變》，《蔣中正總統文物——革命文獻》（三），臺北：國史館，2002 年，第 253 頁。

（甲）方針

一、糾正過去東北軍封建觀念，使逐漸變成國家武力，能擔負國防上責任，以作收復失地之先鋒為主旨。

二、為顧慮事實之必要，先以軍為最高單位，付與以較大之權能，一切人事經理教育諸大端直隸中央，然後徐圖整理改進以合於國軍之正軌。

三、使東北軍諸閒職人員有所依歸，上下官兵心理安定。

四、灌輸各級軍官之國家民族思想及服從中央擁護領袖之精神。

基於右之整理方針，擬定其辦法與步驟如左：

（乙）辦法

第一期，（自現在起至 4 月底止）確定隸屬及指揮系統、各軍建制、駐地，及各單位經費數目與發放手續。

一、各部以軍為單位，直隸軍事委員會並受豫皖綏靖公署之指揮。

二、各軍建制在中央尚無明令改編以前，暫以移防時所編配之各師而前此中央有案者為標準，即四十九軍暫轄 105、129 兩師，五十一軍暫轄 113、114、118 三師，五十七軍暫轄 111、112、109、120 四師，六十七軍暫轄 107、108、117、115 四師。

三、各軍駐地仍暫照移防時所規定者如下：

49A 駐南陽、方城、唐河、泌陽各縣，51A 駐蒙城、鳳臺、壽縣、潁上、霍邱、三河尖、固始各地，57A 駐西華、商水、太康、淮陽各縣，67A 駐渦陽、太和、阜陽、臨泉、沈邱各縣，何柱國之騎兵軍候令調豫。

四、在此期間，中央各軍事主管部各就主管職權將必要之法規章制頒發軍長轉飭所部知照，各該部亦以軍為單位，凡應呈報事項分別性質直接呈報主管各部並分報豫皖綏靖公署。

五、在整編期間各該部應絕對停止自行招兵。

六、經費由各軍（師）直接向軍政部領取轉發，至經費數目以不減少以前餉額為原則，由軍政部整理列表，按期發給。

七、原西北剿匪總部直屬之特務、炮、工、通信、輜重等部隊，除炮兵第十一團、高射炮大隊、工兵第五營、輜重總隊直屬軍政部外，其餘分別編入各師。

八、前西北剿匪總部人員及其他參諮議等，凡在 25 年 12 月 1 日以前委任有案者，由中央仍與原薪。

九、各軍師恢復政治訓練，由軍委會政訓處統籌辦理。

第二期，（自 5 月起至 6 月底止）按整理師編制實行整編。

一、就原有經費使能按國難餉章普遍發餉並依武器裝具之現狀使能充實小單位，增強戰鬥力，依照整理師之編制實行整編。

二、各軍均改編爲兩旅四團制之師二個，其實施計劃由各軍長擬定呈核。

三、人事須按人事法規切實辦理。

四、整編妥後各級官長由中央分批調集訓練，同時由中央派員點驗，其辦法另定之。〔註74〕

表 8-3-5：西北剿總所屬東北軍西安事變前與現在編制對照表

軍 別	原屬師		現在所屬師			槍數		備考
	番號	主官	番號	主官	編制內容	步騎槍	機槍	
第五十一軍（于學忠）	113D	李振唐	110D	張政枋	由抗日先鋒隊及特務團改編而成	不明	不明	係移防時自行成立中央無案
	114 D	车中珩	113 D	李振唐	步三團特一連騎一連迫一連通一連	4234	141	
	118 D	周光烈	114 D	车中珩	同上	3948	230	
			118 D	周光烈	同上	3950	210	
第五十七軍（前董英斌現繆澂流）	111 D	常恩多	111 D	常恩多	同上	6000	198	另有炮兵一連（四門）
	112 D	霍守義	112 D	霍守義	同上	4000	118	
	115 D	劉啓文	109 D	賀奎	同上	5400	342	
			120 D	趙毅	同上	4125	198	

〔註74〕《何應欽呈蔣中正報告分期整理東北軍計劃大綱及經費編制等表》（1937.4），國史館審編處編：《剿共與西安事變》，《蔣中正總統文物——革命文獻》（三），臺北：國史館，2002 年，第 357～361 頁。

第六十七軍（前王以哲現吳克仁代）	107 D	劉翰東	107 D	金奎璧	同上	2700	98	另有炮兵一連（三門）
	117 D	吳克仁	117 D	吳克仁	同上	3500	72	
	129 D	周福成	108 D	張文清	同上	2760	227	
			115 D	劉啓文	步二團餘同上	2109	164	
第四十九軍（劉多荃）			105 D	劉多荃	步三旅（九團）特一連炮一營高射炮一隊通一隊汽車一隊	15000	340	炮兵一營計野炮二十八門山炮八門
			129D	周福成	步三團特一連騎一連迫一連通一連	3000	72	
獨立師	105 D	劉多荃						
	108 D	張文清						
	109 D	賀奎						
	120 D	趙毅						
（甲）騎兵軍（何柱國）	3KD	郭希鵬	3KD	郭希鵬	騎三團通一連炮一連工一連	3000	30	
	6KD	白鳳祥	6KD	劉桂五	騎三團通一連炮一連工一連	3000	24	
	10KD	檀自新	10KR	王紹塈				屬騎四師留於陝西者
	10KR	王紹塈						
（乙）騎兵軍（檀自新）			10KD	檀自新	騎三團通一連炮一連工一連	3000	24	現已直屬中央
特種部隊	炮兵第十一團		劉佩章		炮三營	野炮三十六門		
	工兵第二團		杜維綱					有一營撥歸豫皖綏靖署使用

高射炮隊				
通信大隊				
輜重大隊				

說明：「D」為步兵師，「KD」為騎兵師，「KR」為騎兵團。

資料來源：《何應欽呈蔣中正報告分期整理東北軍計劃大綱及經費編制等表》
（1937.4），國史館審編處編：《剿共與西安事變》，《蔣中正總統文物——
革命文獻》（三），臺北：國史館，2002 年，第 362～365 頁。

西安事變後，原隸屬西北剿總的東北軍全部改歸軍事委員會直轄，並先後被調往豫皖兩省改編為步兵 4 軍 14 師，騎兵 2 軍 3 師。（參見表 8-3-5）此次改編後，部隊人事、經費、軍官教育、整編尤其是政治訓練等一切事宜全部由軍事委員會負責。另外，沈克部第 106 師，及長期駐保定的萬福麟部第 53 軍及所屬 116、119、130 三個師也均由軍事委員會直轄。至此，東北軍作為一個軍事集團也不復存在。

四、結語

九一八事變後東北淪陷，奉系由此開始蛻化，經過量的積累，到 1933 年後奉系終於發生質變，走向解體。從九一八事變後東三省淪陷到 1933 年張學良下野，這一時期為量變階段。儘管奉系從東北撤出了部分東北軍，保存了東北軍大部軍力，並在北平重新建立並控制了華北政權，但仍不能阻止日軍侵略的腳步。在日軍步步緊逼之下，由於國民黨內部發生矛盾，國民政府對日戰和不定，無法給予處在華北抗日前線的東北軍有力的彈藥、經費和援軍支持，使得東北軍在對日軍作戰時畏首畏尾，最終導致承德失守熱河淪陷。而以張學良下野為轉折，奉系發生了質變。原奉系勢力逐漸遠離華北政治中心，直至徹底失去河北政權。而與此同時，東北軍不斷「國軍化」，不斷地脫離張學良的掌控，直到西安事變後徹底歸軍事委員會直轄。

在東北軍不斷「歸附」蔣介石的同時，對於流亡關內的原東北四省官吏蔣介石也積極進行「招撫」。雖然國民政府有安置之責，但時機卻是在張學良下野之後，而非九一八事變之後，其意圖不免令人生疑。1933 年 7 月，國民政府出臺《遼吉黑熱四省流亡在外人員安置辦法》，規定「凡籍隸遼、吉、黑、熱四省，具有相當學識、經驗，因東北事變流亡在外之人員，由行政院定期舉行登記」。登記期限屆滿後，登記人員由銓敘部審查，合格者呈由考試院轉送行政院，依照《公務員任用法》、《公務員任用施行條例》和《現任公務員

甄別審查條例》分別資格分交行政院及所屬各機關任用。〔註75〕進行申請登記尤其經審查合格分配各機關任用者，從此自然脫離東北系統而成為歸附國民黨系統的一員，奉系也好東北軍也罷，其社會基礎自然也就越來越薄弱，其走向滅亡也就只是時間問題了。

〔註75〕登記人員各種資格詳見《遼吉黑熱四省流亡在外人員安置辦法》（1933.7.19），中國第二歷史檔案館編：《國民黨政府政治制度檔案史料選編》下冊，安徽教育出版社，1994 年，第 24～25 頁。

結　論

　　作爲對民國政治走向具有重要影響力的一個地方實力派，奉系從 1916
年形成，到 1933 年走向解體。在此期間，奉系數次入關，其勢力隨著政局
和戰局的變化而不斷變化，有時敗退關外，有時則入主北京。而奉系地方
政權及與中央政權的關係也隨著奉系勢力的演變而不斷演變。在這近二十
年的時間裏，奉系地方政權可以按照其首領的不同而劃分爲兩個時期，即
張作霖時期和張學良時期，參見圖 9-0-1。而按照與中央政權的關係變化，
奉系地方政權的發展又可以劃分爲四個階段，參見圖 9-0-2。

　　第一個階段爲北洋地方政權走向地方自治政權。1916 年奉系形成時，
張作霖僅僅以奉天督軍兼省長的身份控制著奉天一省，此時奉系並未更動
奉天省制，而是以北京政府的官制，即督軍和省長的軍民兩署行使政權。
而後隨著奉系勢力向吉黑兩省的擴張，張作霖升任東三省巡閱使，並以巡
閱使署行使政權。這種承認北京政府的法統地位，並借用其官制作爲奉系
地方政權組織形式的情況一直延續到 1922 年第一次直奉戰爭。由於這次
戰事奉軍敗北，張作霖被北京政府褫奪全部職務，所以奉系操縱東三省各
法團和東三省省議會決定打起當時流行的「聯省自治」旗號，借自治之名，
行「獨立」之實。不過需要指出的是此時奉系宣佈獨立實行自治，並非是
建立「獨立的主權單位」，而是誠如陳志讓先生所言的這一時期的「派系
和省區」「所謂的『獨立』跟民族國家的獨立不同」，「他們『獨立』的主
要考慮是某一時期的中央政權，從他們的角度來看，不能代表他們所瞭解
的『合法』或『正統』兩個觀念，也就是不能使他們的權力『合法』或合
於『正統』，而「一旦中央政權合於他們的要求，『獨立』也就取消了」。

〔註 1〕奉系正是如此，在 1924 年第二次直奉戰爭中打敗直系後，建立了受其左右的北京政府，並接受了鎮威上將軍的任命，宣佈取消自治並成立了鎮威上將軍公署，又繼續「合法」地管理東三省軍民兩政。

　　第二個階段為地方自治政權回歸北洋地方政權並最終控制北京政權，建立軍政府。奉系宣佈獨立後不久，張作霖便重新建立了地方政權，即東三省保安總司令的軍事獨裁體制，而東三省保安總司令部也就成為奉系地方政權新的組織形式。同時，張作霖為了取得「合法性」，還操縱東三省省議會和各法團炮製出了一個所謂代表民意貌似省憲法而實質卻是保安司令官制的保安規約，賦予了張作霖實行軍事獨裁的權力。之後，在 1924 年奉系打敗直系重新確立了對北京政權的影響力後，承認了其「正統」地位，並回歸到北京政府的體制內，取消了保安總司令部而同時建立了鎮威上將軍公署，再次借用北京政府的官制作為其政權的組織形式。在 1925 年郭松齡反奉期間，張作霖再次短暫地宣佈過獨立，實行自治而保境安民，但隨著郭的失敗而很快結束。此次短暫獨立，完全是張作霖為了賦予其包括軍事行動在內的一切行動的合法性並求自保而採取的便宜行事，與前述因不能從中央政權取得合法性而否定其正統地位的情況不同。郭松齡反奉失敗後不久，國民黨發動北伐，直系軍事力量南下並遭到重創，為奉系控制並重新建立北京政權提供了機會。1927 年在北伐軍平定長江中下游，定都南京並成立國民政府後，北洋勢力各派系開始加緊聯合，推舉張作霖為首成立了軍政府，以圖對抗。

　　第三個階段為軍政府的北洋中央政權未經中間過渡而直接演變為地方自治政權。奉系建立了北京軍政府後，雖控制了北京政權，但仍是阻擋不了北伐軍的前進腳步。1928 年春國民黨二次北伐後，奉軍津浦線防線迅速被北伐軍突破，京漢路的奉軍主力亦不得不撤退，最終撤回東北。在張作霖撤退的路上，日本人發動了皇姑屯事件炸死了他。此後，張學良繼任並成為奉系最高首領，同時宣佈自治保境安民，並採取其父時期曾經建立過的保安司令制度重新建立東北政權。當時奉系雖然按照三權分立的模式建立了新政權，但實際起決定作用的還是東三省保安總司令，其他立法、行政與司法機關不過是擺設與點綴而已。此次奉系重新建立自治政權，是由

〔註 1〕陳志讓：《軍紳政權：近代中國的軍閥時期》，廣西師範大學出版社，2008 年，第 8 頁。

於作爲正統中央政權的北京軍政府瓦解，而南京國民政府並不爲奉系所承認使然。

　　第四個階段爲地方自治政權走向國民黨地方政權。在與國民黨就易幟條件進行了反覆談判後，國民黨最終同意在東北建立政務委員會以代替即將被裁撤的政治分會，使奉系保留對東北的實際控制權。1929 年初，東北宣告易幟後，奉系自治政權進行改組，東三省省議會聯合會宣告結束，東北保安委員會改組成爲東北政務委員會，東三省保安總司令部改組爲東北邊防軍司令長官公署，東北最高法院改組爲國民政府最高法院東北分院。至此，奉系地方政權完成去北洋化的外衣，「皈依」三民主義，演變成爲國民黨治下的地方政權。但是，由於利益的非一致性以及脫胎於北洋舊軍閥的緣故，使得並未完全國民黨化的奉系在國民黨政治環境裏顯得格外水土不服。

圖 9-0-1：奉系地方政權演變歷程

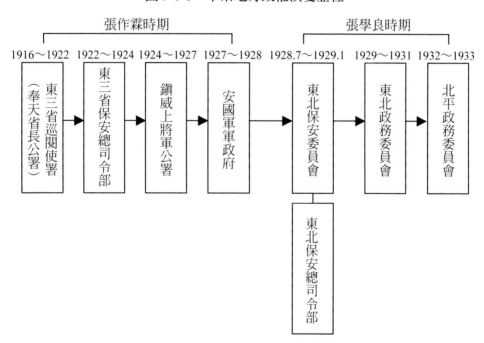

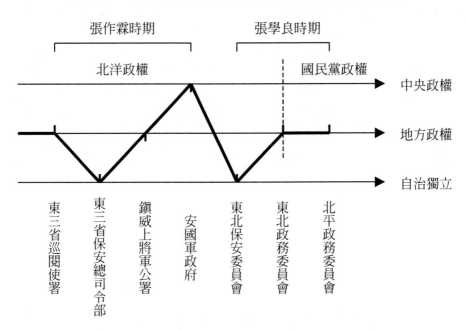

圖 9-0-2：奉系地方政權與中央政權關係演變的四個階段

一、軍閥政治與黨派政治的隔閡——以東北政務委員會合法性危機的應對爲視角

政黨及其政黨政治均是奉系少有接觸的東西，民初政黨政治興起之時奉系尚未形成，而奉系形成之時北京政府已然爲軍閥政治所控制。所以在形成與發展的十餘年裏，奉系對軍閥政治深有瞭解，明白軍權和地盤的重要性，明白用人的地緣和人脈關係。而易幟後加入到國民黨陣營後，則對國民黨的政治遊戲規則明顯不諳，表現出軍閥政治與政黨政治的格格不入，這一點我們從奉系對東北政務委員會合法性危機的應對便可以明瞭。

在東北政務委員會存在的三年時間裏，它前後遭到兩次嚴重的「生存」危機，一次發生在各地政治分會裁撤前後，即 1929 年 2 月至 3 月；另一次發生在中原大戰後，即 1930 年 10 月至 1931 年 1 月。1929 年 2 月初，國民政府認爲「東北政務委員會原非中央訂立之制度乃係由保安委員會蟬化而成，爲東北行政上之最高機關」，「此畸形殊礙統一，故要求取消以昭一致。」〔註2〕由此，剛剛成立不到一個月的東北政委會即遭到了第一次裁撤危機。

通過前文的論述，我們可以看出東北政務委員會的成立，是有其歷史與

〔註2〕《政委會問題》，《盛京時報》，1929 年 2 月 5 日。

制度依據的。一方面它源自於政治分會制度，是在東北易幟談判時國奉雙方早已達成的共識；另一方面早在國民黨北伐期間便出現過臨時性的「政務委員會」的制度，即南京國民政府成立初期的各省政務委員會、湘鄂政務委員會和戰地政務委員會等。因此，東北政委會雖由「保安委員會蟬化而成」，但這種「蟬化」是經過國民政府批准許可的，並不是「殊礙統一」的「畸形」，而是促成統一的「創舉」，它達到了國奉雙方「雙贏」的局面。

顯然，國府裁撤東北政委會之理由站不住腳，奉系只要抓住東北政委會成立之「歷史」，便可叫國府啞口無言。然而奉系並不找歷史依據，卻只尋現實原因：「咸以東省地位特殊，諸般政務普經改革，東北政務委員會爲過渡上之妥善機關因」，「請中央暫緩撤銷」。〔註3〕雖然東北政委會之形式只是國府同意臨時成立的爲促東北易幟而採取的「過渡辦法」，但在國府裁撤要求面前，奉系不提「歷史」只提「現實」，顯然有巧言令色、藉故搪塞之嫌，不具有說服力。以至最後奉系也不得不「承認」：「該會無存在之必要」，「定於5月1日實行撤銷」〔註4〕。

之所以奉系此時不敢提歷史依據，是因爲國民黨已最終決定於1929年3月中旬將各地政治分會全部裁撤。那麼由東北政治分會改變名稱「蟬化而成」的東北政務委員會自然也在被裁之列。所以奉系才會有上述「承認」之舉，當然最後奉系還是沒有撤銷該會。由此可見，東北政委會之成立雖有歷史依據可援，但並不能成爲其繼續存在之依據。

1930年10月，國民政府以屬行訓政，推「行軍民分治」〔註5〕爲由，再次要求裁撤東北政委會，「以資統一政權而重新治」〔註6〕。由此導致東北政委會出現第二次裁撤危機。中原大戰後，馮系瓦解，晉系衰落，蔣張兩大集團勢力大增，一方面蔣中央地位更爲穩固，得以加緊集權中央；另一方面張學良於華北得到若干利益，勢力再次進入華北。雖然有言在先，華北歸張學良接收善後〔註7〕，但奉軍沒費一槍一彈就和平接收冀察平津等省市，獲得巨大利益，怎會讓與晉馮軍火拼數月之久才收到戰果的蔣介石甘心呢。在華北的損失，蔣企圖在東北進行「彌補」，其策略之一即是謀裁撤東北政委會，直接接管東北行政。

〔註3〕《政委會問題》，《盛京時報》，1929年2月5日。
〔註4〕《政務委員會裁撤又訊》，《盛京時報》，1929年3月18日。
〔註5〕《政務委員會取消與司令長官或將讓諸輔帥》，《盛京時報》，1930年10月10日。
〔註6〕《東北政務委員會明年元旦撤銷說》，《盛京時報》，1930年12月24日。
〔註7〕張友坤等：《張學良年譜》（修訂版），社會科學文獻出版社，2009年，第346頁。

　　東北爲奉系生存和發展的根基，自 1916 年奉系形成，東北行政就從沒有假手他人。另外，東北出兵入關助蔣前，國、奉既已達成協議，這自然就是各取所需、互不虧欠的利益交換。因爲如沒有奉系支持，蔣不可能迅速取勝，而如果奉系支持晉馮，則蔣必敗。所以，面對國府的裁撤要求，奉系先是明確表示「張司令就任〔註8〕與東北政治無關」〔註9〕，繼而又以中原大戰後「軍隊尚未實行編遣，而冀察二省尤未離軍事時期，加以中俄交涉起無眉目，東北政委會責任繁重」等應付時局的現實情況爲由，認爲「須俟大局完全底定，各省軍民分治後」，東北政務委員會才能撤銷，而「不能短期撤銷」〔註10〕。

　　然而「大局完全底定」還遙遙無期。在北方，奉系成爲地方最大實力派，華北四省盡在張學良控制之下，華北政治及晉馮軍善後事宜如何也繞不過張學良；而在南方，中共勢力遍佈數省，已威脅蔣的統治，兩廣地方實力派還企圖與蔣分庭抗禮。面對這種局勢，蔣需要以東北政委會爲核心的奉系集團的有力支持，穩定北方，才能以圖南方。所以最終蔣不得不對東北政委會問題做出讓步：「中央因時局尚未完全底定，加以北方善後諸多繁重，因之對於東北政務委員會決計留存，決俟時局大定，軍民分治後再行撤銷。至政委會對關內冀察熱三省早已規定，照關外辦法隨時施令立於省府以上監督地位。至對山西綏遠二省，暫時則由副司令命令一切，將來二省軍事結束後亦由東北政委會臨時監督行政」〔註11〕。自此，國民政府迫於現狀於事實上承認了東北政委會存在的合法性，該會不僅得以「留存」，控制範圍還擴大到了華北，使奉系勢力再次達到頂峰。

　　在做出上述讓步後，既然東北政務委員會無法裁撤，於是國民黨開始考慮如何將「政務委員會」納入到國民黨體制內，使其由臨時性制度轉變爲固定制度。1931 年 6 月 4 日國府頒佈《國民政府政務委員會組織條例》，在制度上首次將東北政務委員會合法化，並於 14 日由國民黨三屆五中全會修正通過的國府組織法中加以確認。也就是說在國民政府於事實上承認東北政委會合法後，直到 1931 年 6 月上述條例出爐並修正了國民政府組織法後，才爲東北政委會提供了法律依據。但是，這個出臺對於東北政務委員會來說，有點姍姍來遲，而對於西南政務委員會來說，卻是恰到時機。

〔註 8〕 即張學良就任中華民國陸海空軍副總司令，表示奉系在華北取得巨大利益。
〔註 9〕《政委會暫難撤去》，《盛京時報》，1930 年 10 月 17 日。
〔註 10〕《政委會撤銷有待》，《盛京時報》，1930 年 12 月 27 日。
〔註 11〕《政委會猶決緩撤》，《盛京時報》，1931 年 1 月 9 日。

　　1931 年 2 月，因「約法之爭」蔣扣留並軟禁胡漢民，導致了蔣與以胡爲精神領袖的兩廣派系的對立。12 月隨著蔣的下野，兩廣與南京最終妥協，根據粵方提案另行設立「西南執行部」、「西南政務委員會」和「西南軍事分會」，爲西南暫時黨、政、軍最高機構。於是上述條例便爲西南政委會之成立提供了法律依據，當然東北政委會也就最終在即將結束前獲得了法律依據。

　　東北與西南兩個政務委員會，名字一樣，後者明顯是援引前者爲例而成立的，但其命運卻不一樣。東北政委會在存在期間，兩遭裁撤危機，若不是受時局變化之影響，恐早爲國府裁撤。而西南政委會於 1932 年 1 月 1 日成立後，直到 1936 年「兩廣事變」爲止，其存在期間始終未曾遭到蔣的裁撤。其中雖有諸多原因，但「有法可依」這一點對於民國時期「重視」法制建設的國府還說，還是有約束力的。然而在兩年多的時間裏，奉系並沒有在國民政府修改組織法時要求做出利於自己的修改〔註12〕，這不能不說是奉系對「法」認識的不足。

　　奉系脫胎於北洋舊軍閥，那個時代的軍閥武人專政，槍桿子立命，根本不識「法」爲何物。即使奉系順利「轉生」，成爲國民黨地方派系，但其對「法」的認識和運用仍無法與國民黨正統出身的蔣介石和胡漢民兩派相比。國民黨是以西方資產階級民主政治理論爲基礎建立起來的政黨，從「三民主義」、「建國大綱」到「訓政綱領」、「憲法草案」，不僅是一套完全的政治理論，更是國民黨自律的「法」。所以，雙方對「法」認識的不同，必然導致奉系在「文鬥」中捉襟見肘，難於應付，不得不頻頻從現實環境和時局變化中去尋找利於己方的因素，而始終難於「根治病痛」。最終國府迫於現實做出讓步，制定了《國民政府政務委員會組織條例》，並修改了《國民政府組織法》，但好景不長，天不祐奉，「九一八」事變發生，外來因素徹底「裁撤」了東北政委會。這不能不說是歷史對國奉雙方開了一個玩笑，讓他們都白忙了一場。

　　奉系不僅在法律制定與修改方面沒有作爲，在國民黨中央會議上也沒有提出利於東北政委會的議案。而對「法」有敏銳洞察力的以胡漢民爲領袖的兩廣派系，則在國民黨四全大會上提出了西南政務委員會的議案，國民政府還於 1931 年 12 月末頒佈了《國民政府西南政務委員會組織條例》。該條例第一條即明確宣告了西南政委會成立的法理依據：「依據第四次全國代表大會之

〔註12〕　從 1928 年 7 月國、奉正式談判開始，到 1931 年 12 月東北政委會結束，國民政府分別於 1928 年 10 月、1930 年 11 月、1931 年 6 月和 12 月四次修正國民政府組織法。

議決案，設西南政務委員會，直隸於國民政府」，其它條款則將西南政委會之權限、管轄範圍、組織構成做了較詳盡的規定。〔註13〕

而反觀東北政委會只有《東北政務委員會暫行條例》，還是奉系自己發佈的。該條例是仿照《政治會議分會暫行條例》制定的，因爲前者對東北政委會權力的規定與後者對政治分會權力的規定極爲相似，即均規定該會有權「指導並監督」「最高級地方政府」，同時均擁有「因地制宜」和「緊急處分」之權。〔註14〕但後者第一條就明確規定了政治分會的權力來源，即它的法理依據：「中央執行委員會得於特定地域設立政治分會，中央政治會議各分會之管轄區域，由中央政治會議隨時指定之」，而前者卻沒有這方面的任何說明，使東北政委會與國民政府之關係顯得很「模糊」。

國民黨實行「以黨治國」〔註15〕，國民黨在整個政權體系內處於最高領導地位，政府處於黨的指導與監督之下。國民政府的組織及法規均是國民黨中央制定，交由國民政府頒佈的。也就是說，國民黨的政治理論及其決議才是國民政府一切權力的法理依據。而奉系要想讓東北政委會之存在成爲合法，就必須要國民黨中央通過決議認可，而奉系始終沒有認識到這一點。這就說明即便是「皈依」「三民主義」的奉系在與國民黨和國民政府打交道的過程中，仍然不能按國民黨的政治遊戲規則行事。正是因爲奉系不諳國民黨政治遊戲規則，而是仍然按照舊軍閥那套「槍桿子」決定一切的的軍閥思維行事，所以奉系高層在中原大戰期間協商是否出兵助蔣時，張作相才會說：「我們吃高粱米的，哪能鬥得起南蠻子」〔註16〕。看似可笑的一句話，卻道出了國奉雙方根本的不同，奉系雖然易了幟，但並沒有因此而融入國民黨的政治文化中。從東北易幟到「西安事變」，在國民黨內派系鬥爭的大部分時間裏，雖然奉系都是打著擁護中央的旗號，但從不主動參與黨內鬥爭。從軍閥獨裁專制到國民黨黨治統治，沒有完成國民黨化「轉變」的奉系最終必將爲歷史所淘汰。

〔註13〕 參見中國第二歷史檔案館編：《中華民國史檔案資料彙編》第五輯第一編：政治（一），江蘇古籍出版社，1994 年，第 39～40 頁。

〔註14〕 東北文化社年鑑編印處編：《東北年鑑》，東北印刷局，1931 年，第 179 頁；中華民國史事紀要編委會：《中華民國史事紀要（初稿）》1928 年 1 月至 6 月，第 313 頁。

〔註15〕 參見孔慶泰：《國民黨政府政治制度史》，安徽教育出版社，1998 年，第 176 頁。

〔註16〕 大風：《張學良的東北歲月》，光明日報出版社，1991 年，第 205 頁。

二、「政治分會——政務委員會」制度的形成及其作用

　　北京政府時期，雖然廢除了君主獨裁專制，進入了共和時代，但除了名義上的大總統外，中央政權依然是專制體制，只不過專制者由一姓一家的皇帝轉變爲多姓多家的軍閥派系罷了。在地方政治制度上，北京政府雖然廢除了清朝時期長期實行的督撫體制，但無論是軍政長官的都督、督軍和督辦，還是民政長官的民政長和省長，均是一元制的領導體制，均帶有濃厚的個人專政色彩，實則也爲各派系割據地方帶來了便利。所以，針對北京政府的這種弊病，國民黨從 1925 年建立廣州國民政府開始，便將國民黨已經實行的具有民主色彩的委員制〔註 17〕漸進地注入到國民黨中央和地方政權體制中。如 1925 年 7 月頒佈的《國民政府組織法》和 1926 年 11 月頒佈的《修正省政府組織法》，明確規定國民黨中央和地方政府均實行委員制。〔註 18〕

　　以黨治國是國民黨長期所奉行的基本方針，在國民黨進行北伐期間，爲了適應革命形勢的需要和促進革命的發展，國民黨曾根據不同情況設立了許多政治分會，如爲了穩固作爲後方根據地的兩廣，設立了廣州政治分會；在國民革命軍征戰的省份，爲了指導地方政治和服務軍事，設立了諸如湖北臨時政治會議、福建臨時政治會議、中政會浙江分會和中政會上海分會等各省政治分會；爲了聯絡、拉攏馮玉祥和閻錫山又設置了開封和太原兩個政治分會；爲了團結桂系共同北伐，重新設立了武漢政治分會；二次北伐勝利在望時爲了維持各集團軍利益的平衡，又設立了北平臨時政治分會。可見政治分會制度在北伐時期對於國民黨推進北伐起了不可低估的作用。而爲了促使東北易幟，實現中國的統一，國民黨還決定在東北設立政治分會，以滿足奉系對東北控制權的要求，如果成行，那這一制度又將對國民黨的統一大業產生巨大影響。

　　國民黨在將黨的政治領導機關中央政治會議的分會佈設於各地的同時，

〔註 17〕1924 年國民黨改組，借鑒俄共的組織體制，從中央到地方建立的各級黨的執行機關便是各級執行委員會，同時在國民黨中央黨部，孫中山也主張采用委員制，以中央執行委員會爲最高執行機關。但鑒於孫中山在黨內的當然地位，國民黨一大決定既採納俄共委員制，又兼顧總理制，以孫中山爲總理，爲全國代表大會主席和中央執行委員會主席。而孫中山逝世後，這一職位便一直出缺而不再由他人接任。參見王奇生：《黨員、黨權與黨爭：1924〜1949 年中國國民黨的組織形態》，上海書店出版社，2009 年，第 14〜15 頁。

〔註 18〕袁繼成等編：《中華民國政治制度史》，湖北人民出版社，1991 年，第 93、166 頁。

作為中央政府的廣州國民政府和南京國民政府又在國民革命軍到達各省建立了中央政府的派出機關，即政務委員會，作為各省省政府成立前的過渡性政權組織。北伐時期，國民政府設立的政務委員會主要有以下兩種類型：一是在國民革命軍到達各省，為了適應戰時需要並為正式省政府的成立作準備而臨時成立的各省政務委員會，如湖北、江蘇和浙江等省政務委員會，以及在山東和河北設立的戰地政務委員會；二是在國民黨中央特委會決定裁撤政治分會的情況下，為了適應兩湖戰事需要並指導地方政治建設，而設立的湘鄂臨時政務委員會。可見，國民黨實行政務委員會這種臨時性地方政治制度的初衷，是為了使戰區迅速恢復秩序並籌建省政府。而湘鄂臨時政務委員會的設立，則是以替代唐生智等人所設立的武漢政治分會為目的，雖也是負責重建湖南和湖北兩省省政府的臨時性政權組織，但卻使政務委員會從一省行政機關轉變為兩省最高行政機關。這一應對時局的小小變化，從北伐時期政務委員會這一臨時性制度的發展來看，只能算是一次短暫的突變。但如果從更廣闊的歷史視野下去觀察，我們卻能發現，正是這一次的突變對未來民國歷史的走向提供了新的契機，因為它為東北政務委員會的成立以及易幟後的政務委員會制度的進一步發展提供了先例。

在東北易幟談判時，國奉雙方已經達成成立東北政治分會的協議，而此時蔣介石則正在謀求裁撤各地政治分會，雖並非專門針對奉方，但不能否認蔣在其中藏有不可告人的企圖。因為蔣在二次北伐前便一直謀求裁撤各地政治分會，而在對奉談判易幟條件時卻允諾可以在東北成立政治分會，這豈不矛盾。所以奉方才非常不滿，提出了「此種過渡辦法，絕不能少」的易幟必要條件。一面是國奉雙方易幟談判並不順利，而同時又不斷受到日本的干涉，使得談判隨時可能陷入僵局，一面是蔣和國民黨都迫切期盼著在其領導下實現中國的統一，在這種情況下，蔣必須找到一個既能為奉系所接受，又能為黨內其他派系高層所認可的辦法。而湘鄂臨時政務委員會這一短暫的突變，就為易幟談判雙方提供了可選擇的先例。同樣以裁撤政治分會為背景，同樣均要成為多個省份的最高行政機關，相同的背景和性質使得能夠替代東北政治分會的只能是東北政務委員會。另外，數次被削弱職權的政治分會實際已和掌管數省行政的政務委員會沒有什麼差別。這一變化自然可為奉系所接受。而政務委員會在國民黨歷史上的應用，以及湘鄂政務委員會的先例，也可以使黨內各派系所接受。自此，政治分會制度雖然取消，但它實際卻以政

務委員會的形式得以延續，而北伐時期以一省臨時性過渡政權爲主流而存在的政務委員會卻因一次突變而發生轉折，成爲具有政治分會性質掌管數省行政的最高機關。以致在易幟後的數年時間裏，對於政務委員會，無論是政界還是輿論界仍抱以政治分會的眼光來審視。〔註 19〕

以東北易幟爲契機，政治分會與政務委員會成功實現融合，政治分會制度從此演變爲新的政務委員會制度。東北政務委員會便是這一制度的第一個存在形式，但它仍具有臨時性和過渡性的特點，以致其合法性屢遭質疑而遭

〔註 19〕　政界仍視政務委員會爲政治分會：如九一八事變後在討論成立北平政務委員
　　　　　會時，此前東北政務委員會已然存在了近三年，而李石曾仍稱「政委會之性
　　　　　質與政治分會相似」（因爲兩者職權相同，前文已有分析），「中央曾討論政
　　　　　治分會或政委會之設立問題，擬一設於粵，一設於平」；而後北平政務委員會
　　　　　已然成立一年有餘的 1933 年初，時任察哈爾省政府主席的宋哲元在給張學良
　　　　　提交辭呈「懇辭主席一職以便專任軍事」時，仍稱張學良爲「北平政治委員
　　　　　分會委員長」。《東北政務委員會茶話談話會記錄及該會政治分會的暫行條例》
　　　　　（1931.12～1932）：J221-001-00011，《北平政務委員會第三十三至四十三次常
　　　　　會議事日程》（1932.10～1933.2）：J221-001-00006，北平政務委員會檔，北京
　　　　　市檔案館藏。
　　　　　輿論界也同視政務委員會爲政治分會：在東北政務委員會成立不久，便有
　　　　　報刊對這一組織形式提出質疑：「東北政務委員會是個什麼東西？委員完全
　　　　　由地方當局聘任，實在是南京政府治下特殊的制度，他的地位權限似乎等
　　　　　於各地的政治分會，而名義上之尊崇尤爲過之，確足以表示東省是一個特
　　　　　別區域。」「東北政務委員會，比較政治分會，更足以表現『分治』的精神」，
　　　　　是「『分治合作』的制度」；九一八事變後在北平政務委員會成立前，很多
　　　　　報刊紛紛報導國府「欲設置華北華南政分會」、「在北方另設政治分會」、「北
　　　　　方將設政治分會……張學良以北方綏靖主任職務，責任重大，恐非一人所
　　　　　勝。現由李石曾建議，在北方另設政治分會使由各方分擔重任，筱電中央
　　　　　商榷。將在一中全會開始時提出討論，該會將採委員制」；北平政務委員會
　　　　　成立後，亦有報刊報導指出：「北平政務委員會，亦即政治分會，其職權則
　　　　　沿用東北政委會章程，區域範圍，決於遼吉黑熱之外，加河北察哈爾兩省
　　　　　及平津兩市。」「經張繼等提議，以晉綏兩省，政情及經濟關係，均有另設
　　　　　政分會之必要，應由平會電向中央建議，眾議僉同。」「西北政分會，擬在
　　　　　太原成立，任閻錫山爲分會主席，暫轄晉綏兩省，陝甘兩省將來亦擬劃入。
　　　　　閻最近表示國難當頭，義不容辭，中央如有明令發表，本人決效綿薄。」
　　　　　「南京又傳全國將設三個政分會，西南西北及北平，由陳濟棠、閻錫山、
　　　　　張學良分別主持，將提中政會討論後決定。」大道：《東省易幟後的黨務和
　　　　　政治》，《檢閱周刊》，1929 年第 11～12 期合刊，第 31 頁；《設置政分會問
　　　　　題》，《民眾三日刊》，1931 年第 18 期，第 2 頁；《北方將設政治分會》，《勵
　　　　　志》，1931 年第 1 卷第 30 期，第 25 頁；《剪報》，1932 年第 7 期第 85 頁，
　　　　　原載《觀海晚報》，1931 年 12 月 18 日；《華北與政治分會》，《國聞周報》，
　　　　　1932 年第 9 卷第 4 期，第 8～9 頁。

受兩次裁撤危機。但隨著時局的發展和力量對比的不斷變化，奉系的地位開始上昇，並最終成為穩定北方政局的支柱力量。現實的情況迫使國民黨和國民政府做出讓步，將政務委員會這一臨時性的過渡辦法固定化和合法化。《國民政府政務委員會組織條例》的頒佈，不僅為即將結束的東北政務委員會提供了合法性，更重要的是為即將成立的北平政務委員會和西南政務委員會提供了根據，更為國民政府應對華北危機提供了一種暫時緩解危局、延緩日本侵略的工具。

總的來說，易幟後政務委員會制度經歷了從臨時性、過渡性到正式性、常設性的轉變。以應對情況不同來劃分，即從功能和作用上來說易幟後的政務委員會可以分為以下兩類：一是促進和維持民國的統一，主要有東北政務委員會和西南政務委員會。正是國民黨承認了奉系對東北的實際控制，允諾成立東北政治分會，後改為東北政務委員會，才使得東北易幟來的很快，使人們更多地認為易幟的阻力主要來自於日方的阻撓，而張學良則是始終傾向國民黨並主張易幟的。而實際情況則是，張學良要追尋國家統一與「分治合作」的契合點，既要使日本圖謀破產，更要充分維護奉系的利益，這也是一個政治實體在政治行為中應有的邏輯思維。因此可以說東北政務委員會的成立，對國民黨統一中國產生了重大影響。而西南政務委員會的成立，則使國民黨和國民政府維持了統一的形式。1931年蔣介石軟禁胡漢民，引發了國民黨內的大地震，以胡為精神領袖的兩廣派系在廣州重新建立了國民黨中央和國民政府，國民黨和民國再次走向分裂的邊緣。雖然九一八事變的發生，促使雙方冷靜下來考慮重新合作的問題，但如果找不到雙方均能接受的辦法，那麼兩廣派系的分裂將持續更長時間。而此時奉系失去了對東北的控制，東北政務委員會「移設」北平，意欲重新組織新的政務委員會。這也直接為西南派系提供了樣本和範例，而政務委員會制度又剛剛為國民黨所追認，於是迅速彌合分裂創口的辦法便找到了，這就是西南政務委員會。

二是應對日本侵略，緩解華北危機，主要有北平政務委員會、行政院駐北平政務整理委員會、蒙古地方自治政務委員會和冀察政務委員會。對於北平政務委員會，張學良和奉系雖然定義其為東北政務委員會的「移設」和改組，但北平政委會實際管轄範圍只有冀察熱三省和平津兩市，因此只能算是奉系失去東北後在華北重新建立的地方政權。但此時，日軍步步緊逼，除在

上海發動對國民政府的直接打擊外，還在熱河和長城一線加緊進攻。因此，北平政務委員會雖具有奉系地方政權的性質，但同時也具有在華北抗禦日軍進攻的作用，為蔣系中央軍避免兩線作戰、維護蔣介石在國民黨和國民政府的地位，使國民政府得以盡量發展經濟和軍工並加強軍備，均起了一定的作用。國民黨也曾試圖在華北親自應對日本，而成立了行政院駐平政整會，由黃郛負責華北政治，而以何應欽為軍委會北平分會委員長主持華北軍事。雖也取得一定成效，但終因日本無視停戰條約效力，單方面破壞「塘沽停戰協定」，陰謀策動蒙古和華北分離，而迫使國民黨不得不退回幕後，避免與日本發生直接衝突。因此相繼成立了蒙古地方自治政務委員會和冀察政務委員會，以便在國民黨與日本之間起到緩衝地帶的作用。

從職權範圍來說，冀察政務委員會的組織及職權與前述東北、北平和西南等各政務委員會沒有本質差別，均是內設各廳、處、會等部門，並為數省最高行政機關。〔註20〕而蒙古地方自治政務委員會則是另外一種類型，雖與冀察政務委員會一樣，也是為應對日本侵略和緩解華北危機而設置，但蒙古地方自治政務委員會卻不是一省更不是數省最高行政機關，而僅是察哈爾省蒙旗地區的最高行政機關。該會「直隸於行政院」「辦理各盟旗地方自治政務」；「設委員9人至24人，由行政院呈請國民政府任命之，並於委員中指定委員長一人，副委員長二人」，並均「以用蒙古人為原則」；內設秘書廳、參事廳、民治處、保安處、實業處、教育處和財政委員會等部門。但在該政委會之上，國民政府還設立了蒙古地方自治指導長官公署，該政委會除了受行政院及中央主管機關領導外，還要接受「中央指導大員之指導」。〔註21〕該長官公署「承行政院之命，指導蒙古地方自治政務委員會並調解省縣與蒙旗之爭執」；設「指導長官一人，副長官一人，由行政院呈請國民政府特派之」；署內設參贊二人，在「蒙古地方自治政務委員會開會時，指導長官、副長官得派參贊出席指導」；指導長官認為「蒙古地方自治政務委員會處理事件及發佈命令」「不當時」，有權「糾正及撤銷之」，而且「蒙古地方自治政務委員會

〔註20〕　東北和北平兩政委會組織及職權前文已述，西南、政整會和冀察三政務委員會組織及職權參見《國民政府西南政務委員會組織條例》，《行政院駐平政務整理委員會組織大綱》，《冀察政務委員會暫行組織大綱》，中國第二歷史檔案館編：《國民黨政府政治制度檔案史料選編》下冊，安徽教育出版社，1994年，第287、290、295頁。

〔註21〕　《蒙古地方自治政務委員會暫行組織大綱》，《廣東省政府公報》，1934年第256期，第2～3頁。

經費由指導長官公署轉發」。〔註22〕可見國民政府在對各蒙旗的管理上實行的是雙軌制，一面有省政府，一面又設置與省政府平級的政務委員會，即在行政區劃並不改變的情況下，將原本歸察哈爾省政府管轄的各蒙旗劃出來，單獨由蒙古地方自治政務委員會管轄。而在該政委會之上又設置了指導長官公署，代表中央指導該會，並負責協調該會與省縣政府之間的關係。

通過上述分析，我們可以看出「政治分會——政務委員會」制度的形成與發展時時受到政局變化的影響，而該制度的發展與演變反過來又對國民黨、國民政府以及民國政局走向產生了深刻影響。

〔註22〕 《蒙古地方自治指導長官公署暫行條例》，《北平市市政公報》，1934 年第 240 期，第 2 頁。

附表：民國時期東北各縣歷任長官職官表

<table>
<tr><td colspan="4" align="center">遼寧省</td></tr>
<tr><td colspan="4" align="center">1. 瀋陽縣</td></tr>
<tr><td>姓　名</td><td>籍　貫</td><td>官　職</td><td>始任時間</td></tr>
<tr><td>趙恭寅</td><td>浙江紹興</td><td>知事</td><td>1913</td></tr>
<tr><td>朱佩蘭</td><td></td><td>知事</td><td>1917</td></tr>
<tr><td>趙景祺</td><td></td><td>知事</td><td>1920</td></tr>
<tr><td>王寶善</td><td>錦西</td><td>知事</td><td>1922</td></tr>
<tr><td>張翹漢</td><td></td><td>知事</td><td>1923</td></tr>
<tr><td>關定保</td><td>遼陽</td><td>知事</td><td>1925</td></tr>
<tr><td>恩麟</td><td>奉天法庫</td><td>知事</td><td>1926</td></tr>
<tr><td>王家瑞</td><td>遼寧新民</td><td>縣長</td><td>1929</td></tr>
<tr><td>李毅</td><td>遼寧黑山</td><td>縣長</td><td>1931</td></tr>
<tr><td colspan="4" align="center">2. 新民縣</td></tr>
<tr><td>姓　名</td><td>籍　貫</td><td>官　職</td><td>始任時間</td></tr>
<tr><td>左坊</td><td>京兆</td><td>知事</td><td>1913</td></tr>
<tr><td>廖彭</td><td>貴州</td><td>知事</td><td>1914</td></tr>
<tr><td>周啓英</td><td>瀋陽</td><td>知事</td><td>1917</td></tr>
<tr><td>戴瑞珍</td><td></td><td>知事</td><td>1918</td></tr>
<tr><td>倪泰</td><td>安徽</td><td>知事</td><td>1918</td></tr>
<tr><td>李仙根</td><td>直隸</td><td>知事</td><td>1919</td></tr>
</table>

<table>
<tr><td>魏國斑</td><td>京兆</td><td>知事</td><td>1922</td></tr>
<tr><td>劉芳彬</td><td>安徽</td><td>知事</td><td>1922</td></tr>
<tr><td>王寶善</td><td>錦西</td><td>知事</td><td>1924</td></tr>
<tr><td>王煜斌</td><td>奉天盤山</td><td>知事</td><td>1925</td></tr>
<tr><td>劉忠恕</td><td>旗籍</td><td>知事</td><td>1927</td></tr>
<tr><td>王佐才</td><td>奉天法庫</td><td>縣長</td><td>1929</td></tr>
<tr><td>魏鑒</td><td>遼寧營口</td><td>縣長</td><td>1931</td></tr>
<tr><td>齊國鎮</td><td>遼寧遼陽</td><td>縣長</td><td>1931</td></tr>
<tr><td colspan="4" align="center">3. 遼中縣</td></tr>
<tr><td>姓　名</td><td>籍　貫</td><td>官　職</td><td>始任時間</td></tr>
<tr><td>福濬</td><td></td><td>知事</td><td>1912</td></tr>
<tr><td>杜變銓</td><td></td><td>知事</td><td>1913</td></tr>
<tr><td>沈兆禕</td><td></td><td>知事</td><td>1913</td></tr>
<tr><td>申鍾嶽</td><td>奉天奉化</td><td>知事</td><td>1914</td></tr>
<tr><td>趙宇航</td><td>直隸南宮</td><td>知事</td><td>1915</td></tr>
<tr><td>陳紫瀾</td><td></td><td>知事</td><td>1915</td></tr>
<tr><td>吳恩培</td><td></td><td>知事</td><td>1915</td></tr>
<tr><td>牛蘭</td><td>直隸</td><td>知事</td><td>1916</td></tr>
<tr><td>關定保</td><td>遼陽</td><td>知事</td><td>1917</td></tr>
<tr><td>林國楨</td><td>浙江</td><td>知事</td><td>1922</td></tr>
</table>

姓 名	籍 貫	官 職	始任時間
史靖寰	瀋陽	知事	1922
閻寶敬		知事	1924
李子厚		知事	1927
盧權英	奉天瀋陽	知事	1928
徐維淮	遼寧西豐	縣長	1929

4. 復縣

姓 名	籍 貫	官 職	始任時間
申鍾嶽	奉天奉化	知事	1913
李春榮	奉天瀋陽	知事	1913
蘇鼎銘	湖南長沙	知事	1914
曲鴻年	奉天海城	知事	1916
蘇鼎銘	湖南長沙	知事	1916
程廷恒	江蘇崑山	知事	1917
呂靖寰		知事	1921
張燕卿	直隸皮南	知事	1923
陳亞新	奉天遼源	知事	1924
景作剛	奉天本溪	知事	1926
景作剛	奉天本溪	縣長	1929

5. 莊河縣

姓 名	籍 貫	官 職	始任時間
王驤	奉天岫岩	知事	1912
汪炳猷	四川	知事	1913
張勵學	直隸	知事	1914
魏墨林	直隸	知事	1914
王濟輝	貴州	知事	1914
齊瑤瑭	吉林	知事	1915
馬良翰	吉林	知事	1916
廖彭	貴州	知事	1918
趙增厚	四川	知事	1919
李紹陽	江蘇	知事	1920
孫孝宗	奉天蓋平	知事	1921

姓 名	籍 貫	官 職	始任時間
孫文敷	吉林同賓	知事	1925
張鴻鈞	奉天安東	知事	1928
王純古	黑龍江巴彥	知事	1928
王純古	黑龍江巴彥	縣長	1929

6. 臺安縣

姓 名	籍 貫	官 職	始任時間
崔國光	錦縣	知事	1913
貢士元	江南	知事	1914
王治訓	安徽	知事	1915
倪泰	浙江	知事	1916
周啓英	瀋陽	知事	1918
章霖	浙江	知事	1919
楊緒昌	貴州	知事	1919
劉芳彬	安徽	知事	1921
尹永禎	奉天柳河	知事	1922
吳壽錢	河南	知事	1922
那雲鵬	奉天開原	知事	1923
孫淮善	奉天海城	知事	1926
李濟東	奉天鳳城	知事	1928
於冠瀛	遼寧懷德	縣長	1929
閔鳳鈞	安徽	縣長	1930

7. 海城縣

姓 名	籍 貫	官 職	始任時間
郭進修	直隸天津	知事	1912
田雨時	奉天錦縣	知事	1913
田薌谷	吉林伊通	知事	1913
廷瑞	京兆	知事	1914
高文垣	吉林	知事	1925
姜興周	奉天盤山	知事	1926
孫文敷	吉林同賓	知事	1928
孫文敷	吉林同賓	縣長	1929

8. 撫順縣			
姓　名	籍　貫	官　職	始任時間
張克湘	遼寧蓋平	縣長	1929
李濟東	奉天	縣長	1931
夏宜	遼寧蓋平	縣長	1931

9. 興京縣			
姓　名	籍　貫	官　職	始任時間
戴裕忱	奉天	知事	1913
鄒健鵬	四川	知事	1914
高寶忠	奉天	知事	1919
沈國冕	江蘇武進	知事	1920
蘇顯揚	奉天遼陽	知事	1924
黃居穎	奉天鐵嶺	知事	1927
李雨春	奉天北鎮	知事	1928
衣文深	奉天莊河	縣長	1929

10. 清原縣			
姓　名	籍　貫	官　職	始任時間
沈國冕	江蘇武進	設治員	1925
蒼文霈	北京宛平	設治員	1928
劉玉璞	吉林榆樹	知事	1928
劉玉璞	吉林榆樹	縣長	1929

11. 本溪縣			
姓　名	籍　貫	官　職	始任時間
張雲嵐	天津	知事	1912
符慶仁	奉天新民	知事	1913
沈明善	浙江紹興	知事	1913
史久祿	浙江	知事	1913
李仙根	天津	知事	1914
史久祿	浙江	知事	1914
畢維恒		知事	1915
單文坤		知事	1916

李心曾	奉天海城	知事	1918
劉承堯	浙江	知事	1921
文存錫	瀋陽	知事	1922
溫文	瀋陽	知事	1923
白尚純	奉天錦縣	知事	1924
張全福	奉天岫岩	知事	1925
李振東	奉天梨樹	知事	1926
楊升	奉天新民	知事	1927
白尚純	奉天錦縣	知事	1928
徐家桓	吉林	縣長	1929

12. 桓仁縣			
姓　名	籍　貫	官　職	始任時間
黃懋祺	福建承福	知事	1912
費國光	直隸承德	知事	1914
王濟輝	貴州	知事	1915
戴瑞珍	奉天開原	知事	1916
李秉鏞	直隸河間	知事	1918
何煥典	湖北廣濟	知事	1919
吉人	奉天遼陽	知事	1922
侯錫爵	奉天綏中	知事	1924
李沛如	遼寧西安	知事	1928
李沛如	遼寧西安	縣長	1929
劉錚達	奉天瀋陽	縣長	1931

13. 鳳城縣			
姓　名	籍　貫	官　職	始任時間
朱蓮溪		知事	1913
繼源		知事	1914
金朝樞	福建	知事	1915
沈國冕	江蘇	知事	1915
魏默林	直隸	知事	1919
費光國	直隸	知事	1920

王瑞芝	奉天遼陽	知事	1922
李雨春	奉天北鎮	知事	1926
邊樹棟	奉天瀋陽	知事	1927
姜相臣	奉天蓋平	知事	1928
佟玉墀	奉天撫順	縣長	1929
戴常箴	遼寧臺安	縣長	1930
曲明允		縣長	1931

14. 岫岩縣

姓　名	籍　貫	官　職	始任時間
李心曾	奉天海城	知事	1912
魏紹周	奉天義縣	知事	1913
劉培荃	直隸	知事	1914
文光	浙江旗籍	知事	1916
李廣甲	山東蓬萊	知事	1920
高乃濟	遼陽	知事	1923
彭世祺	奉天鐵嶺	知事	1928
齊鄉	遼寧法庫	縣長	1929
張恒懋	遼寧瀋陽	縣長	1931

15. 安東縣

姓　名	籍　貫	官　職	始任時間
熊埴	江西高安	知事	1912
冉楷	直隸清苑	知事	1914
齊鎮東	直隸樂亭	知事	1914
程廷恒	江蘇崑山	知事	1914
蘇鼎銘	湖南長沙	知事	1917
張維周	吉林長春	知事	1917
冉楷	直隸清苑	知事	1917
陳藝	江蘇宜興	知事	1918
倪泰	浙江紹興	知事	1919
林國楨	浙江紹興	知事	1919
關定保	奉天遼陽	知事	1922

姜承業	奉天金縣	知事	1925
俞榮慶	浙江紹興	知事	1926
王瑞芝	奉天遼陽	知事	1926
王杼	奉天遼陽	知事	1927
王介公	安徽涇縣	縣長	1930

16. 寬甸縣

姓　名	籍　貫	官　職	始任時間
裘炳熙	浙江	知事	1912
程廷恒	江蘇崑山	知事	1913
齊鎮東	直隸樂亭	知事	1914
張純熙	江蘇鹽城	知事	1915
項惠年	直隸寶坻	知事	1916
曲鴻年	奉天海城	知事	1916
黃祖安	安徽懷遠	知事	1916
汪翔	湖北夏口	知事	1921
周從政	奉天蓋平	知事	1924
汪徵波	奉天法庫	知事	1926
婁學熙	吉林賓縣	縣長	1929
張之鵬	奉天瀋陽	縣長	1930

17. 錦西縣

姓　名	籍　貫	官　職	始任時間
張奎文	奉天	知事	1912
汪本然	浙江平湖	知事	1913
王鴻文	江蘇	知事	1914
馬繼楨	山西	知事	1915
王景松	浙江	知事	1915
陶祖堯	浙江紹興	知事	1916
石汶	直隸	知事	1919
鄒建鵬	四川富順	知事	1920
張翹漢	奉天	知事	1922
王寶善	奉天錦西	知事	1923

劉芳彬	安徽	知事	1924
劉寅祉	奉天莊河	知事	1925
張鑒唐	奉天綏中	知事	1928
劉煥文	奉天黑山	縣長	1929
張國棟	奉天遼中	縣長	1931

18. 興城縣

姓　名	籍　貫	官　職	始任時間
李懋春	奉天瀋陽	知事	1913
廷瑞	蒙古正黃旗	知事	1914
陳紫瀾	福建閩侯	知事	1914
王懋官	河北密雲	知事	1916
程銘善	安徽合肥	知事	1918
劉士元	天津	知事	1919
陶祖堯	浙江	知事	1922
張爾文	奉天遼陽	知事	1922
恩麟	奉天法庫	知事	1923
王恩士	奉天鐵嶺	知事	1926
黃世芳	奉天營口	知事	1928
白斌安	吉林雙城	縣長	1929
鄭巽	江蘇溧水	縣長	1930
于冠瀛	遼寧懷德	縣長	1931

19. 綏中縣

姓　名	籍　貫	官　職	始任時間
王懋官	順天密雲	知事	1912
劉文馥	京兆	知事	1915
王懋官	順天密雲	知事	1916
程世恩	奉天新民	知事	1919
梁禹襄	湖南	知事	1921
董暘	奉天海城	知事	1923
華啓文	奉天安東	知事	1925
文鎰	京兆宛平	知事	1926

孫憲章	奉天寬甸	知事	1928
濮良至	浙江溧水	縣長	1930
溫繼嶠	奉天海城	縣長	1931

20. 錦縣

姓　名	籍　貫	官　職	始任時間
郭進修	直隸天津	知事	1912
朱佩蘭	直隸滄州	知事	1913
項惠年	直隸寶坻	知事	1915
王文藻	北京宛平	知事	1916
齊鵬閣		知事	1922
齊國鎮	遼寧遼陽	知事	1928
齊國鎮	遼寧遼陽	縣長	1929
谷金聲	奉天義縣	縣長	1930

21. 北鎮縣

姓　名	籍　貫	官　職	始任時間
曹祖培	安徽	知事	1912
曾有嚴		知事	1913
馬夢吉	安徽	知事	1915
王士仁		知事	1917
樊寶青	順天通州	知事	1919
黃硯田		知事	1922
周予潔		知事	1922
姜興周		知事	1924
曲廉本	奉天瀋陽	知事	1925
王文璞	黑龍江拜泉	知事	1926
李萬里	奉天法庫	縣長	1929
張恒懋	遼寧瀋陽	縣長	1930
王大忠	遼寧瀋陽	縣長	1931

22. 黑山縣

姓　名	籍　貫	官　職	始任時間
馬夢吉	安徽	知事	1912

曹祖培	安徽	知事	1913
齊耀瑭	吉林伊通	知事	1919
杜光嘉	奉天鐵嶺	知事	1921
黃祖安	安徽	知事	1922
柏芳茂	河南	知事	1923
馬吟龍	奉天法庫	知事	1924
徐德恩	瀋陽	知事	1926
王如山	奉天鐵嶺	知事	1928
高德光	江蘇上海	縣長	1929
蘇勳	奉天錦縣	縣長	1930

23. 義縣

姓　名	籍　貫	官　職	始任時間
趙宇航	直隸冀州	知事	1912
韓其楫	福建	知事	1913
王鴻遇	直隸臨榆	知事	1914
王玉泉	奉天海城	知事	1915
李兆麟	山東歷城	知事	1916
張國恒	奉天黑山	知事	1918
裴煥星	奉天法庫	知事	1922
齊鄉	奉天法庫	知事	1925
趙興德	奉天黑山	知事	1926
趙興德	奉天黑山	縣長	1929
濮良至	江蘇溧水	縣長	1929
孫維善	遼寧海城	縣長	1930
宋德謙	遼寧瀋陽	縣長	1930

24. 營口縣

姓　名	籍　貫	官　職	始任時間
郭進修	天津	知事	1913
王浣	江蘇	知事	1915
朱佩蘭	河北滄州	知事	1915
李仙根	直隸河間	知事	1917

陳文學	江蘇江寧	知事	1919
靳造華	奉天法庫	知事	1926
裴煥辰	奉天法庫	知事	1928
裴煥辰	奉天法庫	縣長	1929
楊晉源	遼寧瀋陽	縣長	1930

25. 盤山縣

姓　名	籍　貫	官　職	始任時間
馬俊顯	漢軍正紅旗	知事	1913
沈明善	廣東	知事	1915
齊耀瑭	吉林伊通	知事	1916
李元乘	江蘇	知事	1919
劉肇烈	湖北	知事	1921
吳廷緒	奉天遼陽	知事	1922
馮廣民	奉天鐵嶺	知事	1927
高克明	奉天遼陽	知事	1928
連叔平	湖北恩施	知事	1928
文光	浙江	縣長	1929
趙澤民	吉林雙城	縣長	1929
冷全舜		縣長	1930
趙澤民	吉林雙城	縣長	1931

26. 蓋平縣

姓　名	籍　貫	官　職	始任時間
胡永年	奉天錦縣	知事	1913
趙孚	安徽	知事	1914
朱斌奎	奉天遼陽	知事	1916
章運熺	浙江紹興	知事	1918
王作霖	奉天開原	知事	1924
石秀峰	奉天開原	知事	1925
辛廣瑞	吉林五常	縣長	1929

27. 彰武縣

姓　名	籍　貫	官職	始任時間
王文藻	順天大興	知事	1912
楊傑	浙江紹興	知事	1914
魯晉	河南	知事	1915
魏紹唐	福建閩侯	知事	1915
張鴻聲	吉林伊通	知事	1915
溫文	奉天蓋平	知事	1916
孫象乾	奉天興京	知事	1922
王耀中	熱河建平	知事	1924
李萬里	奉天法庫	知事	1926
田慶瀾	安徽合肥	縣長	1929
唐奎斌	奉天錦縣	縣長	1930
張思禹	四川	縣長	1931

28. 遼陽縣

姓名	籍貫	官職	始任時間
于沖漢	遼陽	知事	1912
霍型武		知事	1912
金朝樞		知事	1915
田蓊谷	漢軍正紅旗	知事	1916
尹永禎	奉天復縣	知事	1920
章啓槐	江西玉山	知事	1920
胡永年	奉天錦縣	知事	1920
尹永禎	奉天復縣	知事	1922
劉芳彬	安徽	知事	1922
吳殿章	奉天北鎮	知事	1922
李濟東	奉天鳳城	知事	1922
儲鎮	江蘇宜興	知事	1923
裴煥星	奉天法庫	知事	1925
董英森	奉天新民	知事	1927
王煜斌	奉天盤山	知事	1927

文光	浙江杭縣	縣長	1930
楊顯青	遼寧東豐	縣長	1931

29. 鐵嶺縣

姓　名	籍　貫	官職	始任時間
王永江	奉天金州	知事	1912
陳藝	江蘇宜興	知事	1912
冉楷	直隸清苑	知事	1917
廖彭	貴州	知事	1919
張勘	奉天蓋平	知事	1922
郝鐵權	奉天	知事	1925
高乃濤	奉天遼陽	知事	1925
李濟東	奉天鳳城	知事	1927
黃世芳	奉天營口	知事	1928
黃世芳	奉天營口	縣長	1929
俞榮慶	浙江紹興	縣長	1930

30. 開原縣

姓　名	籍　貫	官職	始任時間
金正元	旗人	知事	1913
何樹德	安徽	知事	1914
章啓槐	江西	知事	1914
文光	旗人	知事	1922
靳邦彥	奉天法庫	知事	1925
鮮魁元	吉林	知事	1926
洪敬銘	奉天瀋陽	知事	1927
李毅	奉天黑山	知事	1928
李毅	奉天黑山	縣長	1929
佟玉墀	奉天撫順	縣長	1930

31. 西豐縣

姓　名	籍　貫	官職	始任時間
冉楷	河北清苑	知事	1913
鄒大鏞	遼陽	知事	1913

章遠培	浙江紹興	知事	1914
吳豐年		知事	1915
唐家驛	安徽	知事	1915
徐星朗	遼陽	知事	1917
李承惠	復縣	知事	1918
牛蘭	直隸	知事	1920
吳肇和	廣西桂林	知事	1920
蕭德潤	奉天興京	知事	1924
馮廣民	奉天鐵嶺	縣長	1929

32. 昌圖縣

姓　名	籍　貫	官　職	始任時間
程道元	廣東香山	知事	1913
馬俊顯	吉林德惠	知事	1916
劉培莖	河北清縣	知事	1917
牛蘭	直隸獻縣	知事	1924
許桂衡	奉天遼陽	知事	1926
曲廉本	奉天瀋陽	知事	1928
白尚純	奉天盤山	縣長	1929
趙興德	奉天黑山	縣長	1930
祖福廣	吉林永吉	縣長	1931

33. 康平縣

姓　名	籍　貫	官　職	始任時間
趙宗謨		知事	1912
冉楷	河北清苑	知事	1915
李瑞林		知事	1919
王鼎元		知事	1922
吳壽箋	河南商城	知事	1923
富元	奉天鐵嶺	知事	1925
李徵		知事	1927
李成善	奉天黑山	知事	1928
文子鐸	遼寧義縣	縣長	1929

張維周	吉林長春	縣長	1931

34. 法庫縣

姓　名	籍　貫	官　職	始任時間
魏紹國		知事	1913
李心曾	奉天海城	知事	1914
楊寅恭	浙江紹興	知事	1915
貢士元	安徽	知事	1916
林豐	京兆	知事	1919
李如棠	奉天新民	知事	1920
於麟閣	奉天復縣	知事	1924
曲廉本	奉天瀋陽	知事	1925
姜興周	奉天盤山	知事	1925
李澤生	奉天營口	知事	1926
吳常安	奉天鐵嶺	縣長	1929
楊成能	江蘇武進	縣長	1931

35. 突泉縣

姓　名	籍　貫	官　職	始任時間
韓躍塋		知事	1919
王明仕		知事	1921
蒼文霈	北京	知事	1923
張其軍	吉林扶餘	知事	1926
高乃濤	奉天遼陽	知事	1928
高乃濤	奉天遼陽	縣長	1929
李澤生	奉天營口	縣長	1929
王佐才	奉天法庫	縣長	1931

36. 西安縣

姓　名	籍　貫	官　職	始任時間
馬洪亮	安徽	知事	1913
史錫雲	河北遵化	知事	1914
黃懋棋	福建永福	知事	1915
趙宇航	河北冀州	知事	1915

唐家珌	浙江秀水	知事	1915
袁泰		知事	1916
熊子英		知事	1916
霍型武		知事	1919
鄭頤津		知事	1921
趙文澤		知事	1922
梁維新	奉天	知事	1923
張仁安	黑龍江慶城	知事	1926
齊繩周	遼寧北鎮	縣長	1929
齊興華		縣長	1930
王桐	遼寧瀋陽	縣長	1931

37. 東豐縣

姓　名	籍　貫	官　職	始任時間
崇廉	河北京兆	知事	1912
湯文煥	江蘇南京	知事	1913
蔣志廉	直隸玉田	知事	1914
楊紹宗	河北天津	知事	1915
謝桐森	熱河承德	知事	1915
章運熹	江蘇	知事	1917
王鏡寰	奉天北鎮	知事	1917
裴煥星	奉天法庫	知事	1919
馬仲援	奉天綏中	知事	1922
邢麟章	吉林農安	知事	1926
王瀛傑	吉林雙城	縣長	1929

38. 海龍縣

姓　名	籍　貫	官　職	始任時間
白永貞	奉天遼陽	知事	1913
林國禎	浙江紹興	知事	1914
李中淇	山東	知事	1915
湯文煥	江蘇上元	知事	1916
竇中俌	瀋陽	知事	1923

王家鼎	山東蓬萊	知事	1924
張聯文	奉天金縣	知事	1926
王佐才	奉天法庫	知事	1926
李筠生	遼寧開原	縣長	1930

39. 通化縣

姓　名	籍　貫	官　職	始任時間
楊國棟	熱河建平	知事	1919
袁澍棠	奉天新民	知事	1923
李春雨	奉天鐵嶺	知事	1925
郭毓珍	奉天鐵嶺	知事	1928
羅承維	奉天遼陽	縣長	1929
馮景異	奉天瀋陽	縣長	1930
裴煥星	奉天法庫	縣長	1931

40. 柳河縣

姓　名	籍　貫	官　職	始任時間
冉楷	直隸	知事	1912
林國禎	浙江紹興	知事	1913
祝鶴年	浙江嵊縣	知事	1914
趙增厚		知事	1915
王本然		知事	1916
霍型武		知事	1916
陳亮功		知事	1917
王荷	河北灤縣	知事	1920
宋世傳	吉林磐石	知事	1921
于貴良	吉林長嶺	知事	1921
黃雲書	奉天瀋陽	知事	1921
陳耀先	黑龍江綏化	知事	1922
吳長安	奉天鐵嶺	知事	1928
孫維善	奉天海城	縣長	1929
王大忠	遼寧瀋陽	縣長	1930
王硯岑		縣長	1930

| 高元策 | 遼寧海城 | 縣長 | 1931 |

41. 輯安縣

姓　名	籍　貫	官職	始任時間
趙孚	浙江	知事	1913
張雲嵐	直隸	知事	1914
高濬明	山西	知事	1915
馮守田	山西	知事	1916
裴煥星	奉天法庫	知事	1917
成友善	奉天瀋陽	知事	1919
王煜斌	奉天盤山	知事	1922
夏廣珍	奉天撫順	知事	1924
劉天成	河南商城	知事	1925
俞榮慶	浙江紹興	知事	1928
俞榮慶	浙江紹興	縣長	1929
蘇顯陽	奉天遼陽	縣長	1930

42. 輝南縣

姓　名	籍　貫	官職	始任時間
鄭步蟾	江西上饒	知事	1914
趙鵬第	京兆	知事	1917
王瑞芝	奉天遼陽	知事	1919
費光國	直隸灤州	知事	1921
鄭步蟾	江西上饒	知事	1922
王杍	奉天遼陽	知事	1923
白純義	奉天新賓	知事	1924
尹永禎	奉天遼陽	知事	1928
尹永禎	奉天遼陽	縣長	1929
高振武	奉天海城	縣長	1931

43. 金川縣

姓　名	籍　貫	官職	始任時間
魏運衡	奉天復縣	縣長	1929

44. 懷德縣

姓　名	籍　貫	官職	始任時間
田雨時	奉天	知事	1912
趙榮山	吉林磐石	知事	1913
楊兆鏞	浙江	知事	1914
尹壽松	安徽桐城	知事	1914
張元驤	浙江紹興	知事	1919
儲鎮	江蘇宜興	知事	1919
王家鼎	山東	知事	1923
趙亨萃	奉天復縣	知事	1924
吳甌	奉天遼陽	知事	1928
李宴春	奉天海城	知事	1928
李宴春	奉天海城	縣長	1929
趙澤民	吉林雙城	縣長	1931
馬春田	奉天海城	縣長	1931

45. 梨樹縣

姓　名	籍　貫	官職	始任時間
顏國勳	河北竹溪	知事	1912
汪炳猷	四川保寧	知事	1912
王士仁	山東歷城	知事	1913
黃祖安	安徽懷遠	知事	1916
曲鴻年	奉天海城	知事	1916
方良鈺	安徽績溪	知事	1919
尹壽松	安徽桐城	知事	1920
臧爾壽	奉天瀋陽	知事	1925
劉靖寰	黑龍江拜泉	知事	1928
包文峻	奉天柳河	知事	1928
包文峻	奉天柳河	縣長	1929

46. 遼源縣

姓　名	籍　貫	官職	始任時間
董吉慶		知事	1912

姓 名	籍 貫	官職	始任時間
靖兆鳳		知事	1913
錢恩溥		知事	1914
靖兆鳳		知事	1915
趙延辰		知事	1917
張奉先		知事	1922
張元愷	河南商城	知事	1924
金玉聲	遼寧撫松	知事	1928
金玉聲	遼寧撫松	縣長	1929
黃世芳	奉天營口	縣長	1931
徐維新		縣長	1931

47. 雙山縣

姓 名	籍 貫	官職	始任時間
牛爾裕		知事	1913
楊國棟		知事	1915
莫德惠	吉林雙城	知事	1915
林豐		知事	1916
李筠生	奉天開原	知事	1928
趙仲達	奉天鳳城	縣長	1930

48. 臨江縣

姓 名	籍 貫	官職	始任時間
王濟輝	貴州思南	知事	1914
陸永恒	江蘇丹徒	知事	1914
潘毓岱	河南	知事	1915
關文元	吉林蛟河	知事	1918
豐惠	奉天遼陽	知事	1919
俞榮慶	浙江山陰	知事	1921
張克湘	奉天蓋平	知事	1926
袁葆眞	奉天康平	知事	1926
吳常安	奉天鐵嶺	知事	1928
張維周	吉林長春	知事	1928
董敏舒	黑龍江呼蘭	縣長	1929

49. 撫松縣

姓 名	籍 貫	官職	始任時間
湯信臣	直隸天津	知事	1913
曲升堂	山東黃縣	知事	1914
蘇毓芳	奉天義縣	知事	1917
梁維新	奉天法庫	知事	1918
趙佩光	熱河	知事	1920
曲升堂	山東黃縣	知事	1920
曹祖培	山東	知事	1922
劉天成	河南商城	知事	1923
高文璐	奉天遼陽	知事	1925
張雲俊	奉天寬甸	知事	1927
張雲俊	奉天寬甸	縣長	1929

50. 長白縣

姓 名	籍 貫	官職	始任時間
陶立鴻	浙江紹興	知事	1913
侯治平	奉天海城	知事	1913
章祖洪	浙江新興	知事	1914
馬洪亮	安徽懷寧	知事	1914
董英森	奉天遼陽	知事	1918
祁守康	奉天瀋陽	知事	1927
翟潤田	奉天西豐	知事	1928
翟潤田	奉天西豐	縣長	1929

51. 安圖縣

姓 名	籍 貫	官職	始任時間
鄒鑒	湖南靖州	知事	1912
羅德林	奉天開原	知事	1913
李雨吉	浙江紹興	知事	1914
繼源	京兆	知事	1916
張維周	吉林長春	知事	1919
劉德懋	奉天撫順	知事	1923

戴常箴	奉天台安	知事	1924
陳鴻讀	奉天綏中	知事	1925
陳國鈞	奉天海城	知事	1928
馬空群	奉天遼陽	縣長	1929

52. 洮安縣

姓　名	籍　貫	官　職	始任時間
郝延鐘		知事	1913
蔣國銓		知事	1914
張振中	直隸安平	知事	1915
姚錫藩		知事	1921
厲維城		知事	1922
趙寶貴		知事	1924
劉鳳鳴		知事	1925
金潤璧	浙江杭縣	知事	1925
徐泓馭	吉林	縣長	1929
劉鳴九	遼寧海城	縣長	1930
李峰		縣長	1930
徐泓馭	吉林	縣長	1931
金文彬		縣長	1931

53. 鎮東縣

姓　名	籍　貫	官　職	始任時間
陸慶曾		知事	1912
李懋春	奉天瀋陽	知事	1913
董召棠	奉天鳳城	知事	1913
陳善	浙江紹興	知事	1914
張星桂	直隸撫寧	知事	1917
薛維勳	山西襄城	知事	1921
郭恩波	奉天義縣	知事	1923
陳占甲	奉天遼陽	知事	1925
錢濟勳	江蘇	縣長	1930
佟寶璋	遼寧瀋陽	縣長	1931

54. 安廣縣

姓　名	籍　貫	官　職	始任時間
周開恒	京兆宛平	知事	1913
梁兆璜	天津	知事	1914
魏紹唐	福建閩侯	知事	1914
魯晉	河南	知事	1915
劉蔭檉	直隸樂亭	知事	1916
張興仁	奉天法庫	知事	1917
富維青	奉天遼陽	知事	1921
劉榮國	奉天復縣	知事	1923
王濟溥	奉天鐵嶺	知事	1927
王濟溥	奉天鐵嶺	縣長	1929
李瑞凝	奉天遼中	縣長	1930

55. 開通縣

姓　名	籍　貫	官　職	始任時間
劉蔭檉	直隸樂亭	知事	1912
劉藻林	直隸寶坻	知事	1914
馬宗融	奉天遼陽	知事	1917
李如棠	奉天新民	知事	1919
林豐	直隸宛平	知事	1922
李成善	奉天黑山	知事	1922
王瀛傑	吉林雙城	知事	1927
吳甌	奉天遼陽	縣長	1929
馮執經	廣東番禺	縣長	1929
鄭巽	江蘇溧水	縣長	1930

56. 瞻榆縣

姓　名	籍　貫	官　職	始任時間
舒消賓		知事	1915
章中選		知事	1916
余沛		知事	1916
李培雨		知事	1917

劉奎錫	直隸衡水	知事	1918
沈鵬飛		知事	1919
李雨春	奉天西安	知事	1922
金文彬		知事	1923
王國棟	奉天海城	知事	1925
邊樹棟	瀋陽	知事	1926
李光前	奉天海城	知事	1927
張其軍		知事	1928
劉煥文	奉天黑山	知事	1928
李蔭春	奉天蓋縣	縣長	1929
莊紹裕	遼寧瀋陽	縣長	1930

57. 洮南縣

姓　名	籍　貫	官職	始任時間
史記常	江蘇宜興	知事	1913
戴瑞玢	奉天開原	知事	1914
夏慶銜	湖南	知事	1914
張延厚	安徽桐城	知事	1916
張德恒	京兆	知事	1920
張振中	直隸安平	知事	1921
烏兆麟	奉天遼中	知事	1922
喻榮華	奉天瀋陽	知事	1922
郭眷周	奉天北鎮	知事	1924
張勘	奉天蓋平	知事	1925
陳亞新	奉天遼源	知事	1927
申振先	奉天法庫	知事	1928
申振先	奉天法庫	縣長	1929

58. 通遼縣

姓　名	籍　貫	官職	始任時間
齊卿	奉天法庫	知事	1928
汪徵波	遼寧法庫	縣長	1930

59. 金縣（缺）

吉林

1. 長春縣

姓　名	籍　貫	官職	始任時間
蘇鼎銘	湖南長沙	知事	1913
易翔	湖南	知事	1914
彭樹棠	湖北麻城	知事	1914
林世翰	廣東梅縣	知事	1920
啓彬	直隸宛平	知事	1922
趙鵬第	江蘇鎮江	知事	1923
張書翰	吉林伊通	知事	1926
馬仲援	奉天綏中	縣長	1929
趙汝楳	奉天海城	縣長	1931

2. 農安縣

姓　名	籍　貫	官職	始任時間
樂紹奎	雲南	知事	1914
徐伯勳	安徽懷寧	知事	1916
李培元	奉天興京	知事	1920
孫鴻章	奉天盤山	知事	1922
鄭士純	奉天西安	知事	1926
劉保擷	瀋陽	知事	1927
孫振堂	奉天錦縣	縣長	1930

3. 榆樹縣

姓　名	籍　貫	官職	始任時間
趙邦彥	浙江歸安	知事	1912
許元震	浙江	知事	1914
李奎保	奉天新民	知事	1915
舒風儀	安徽懷寧	知事	1916
周敬熙	浙江紹興	知事	1918
王文治	直隸	知事	1919
莫德惠	吉林雙城	知事	1919
盧維時	奉天海城	知事	1921

王惕	奉天錦州	知事	1922
譚書紳	奉天開原	知事	1923
宋雲同	奉天懷德	知事	1925
厲維城	奉天海城	知事	1926
厲維城	遼寧海城	縣長	1929

4. 德惠縣

姓　名	籍　貫	官　職	始任時間
申伯勳	奉天鐵嶺	知事	1912
曲升堂		知事	1913
李德鈞	京兆	知事	1913
全斌	順天	知事	1914
李齊芬	湖北江陵	知事	1915
郭光烈	山東	知事	1915
張允升	奉天盤山	知事	1917
雷飛鵬		知事	1918
楊渡	奉天海城	知事	1920
劉彥卿	河北	知事	1921
鄭慶餘	熱河阜新	知事	1922
劉彥卿	河北	知事	1923
楊宇齊	奉天法庫	知事	1923
孫殿奎	瀋陽	知事	1925
馬仲援	奉天綏中	知事	1926
李錫璋	奉天錦縣	縣長	1929

5. 雙陽縣

姓　名	籍　貫	官　職	始任時間
茹臨元	浙江會稽	知事	1913
宋兆麟	直隸遵化	知事	1914
梅鎮涵	貴州桐仁	知事	1914
吉人	滿洲正黃旗	知事	1915
林世翰	廣東梅縣	知事	1915
張朝柱		知事	1916

何景新		知事	1916
于振民		知事	1917
王聞長		知事	1918
趙樹琪		知事	1918
仇玉庭	奉天岫岩	知事	1920
劉銘勳		知事	1922
劉會桐	吉林農安	知事	1923
孫殿奎	瀋陽	知事	1924
霍紹光		知事	1925
劉延祺	奉天海城	知事	1928
楊步墀	福建閩侯	縣長	1930

6. 永吉縣

姓　名	籍　貫	官　職	始任時間
熊廷襄		知事	1913
魁福		知事	1913
趙邦彥	浙江	知事	1914
高翔		知事	1914
李廷璐		知事	1914
于芹		知事	1915
高汝清	奉天復縣	知事	1925
王惕	遼寧錦縣	縣長	1929

7. 舒蘭縣

姓　名	籍　貫	官　職	始任時間
易翔	湖南	知事	1912
鄭棻	奉天海城	知事	1913
張軼群		知事	1915
劉懷嶽		知事	1916
馬適齋		知事	1916
馬超群	江蘇	知事	1916
龐作藩	遼寧綏中	知事	1917
吳鑒		知事	1921

顏三樂		知事	1924
李培元	奉天興京	知事	1924
高汝清	奉天復縣	知事	1924
張興國		知事	1925
李奎保	奉天新民	知事	1927
李合幹		知事	不詳
袁慶清	奉天遼陽	縣長	1929

8. 額穆縣

姓　名	籍　貫	官　職	始任時間
李樹珊	奉天梨樹	知事	1912
馬超群	江蘇	知事	1913
吳建三	湖南	知事	1916
李樹珊	奉天梨樹	知事	1917
毛鴻勳	湖南	知事	1918
韓廷煥	直隸	知事	1918
張步雲		知事	1919
仇玉珽	奉天岫岩	知事	1919
高鐸	四川瀘水	知事	1920
劉潤之		知事	1921
袁葆真		知事	1923
厲維城	奉天海城	知事	1925
趙變純	奉天錦西	知事	1927
趙變純	奉天錦西	縣長	1929

9. 樺甸縣

姓　名	籍　貫	官　職	始任時間
顏之樂		知事	1912
張玉書		知事	1913
周際唐		知事	1915
張步雲		知事	1916
林世翰	廣東梅縣	知事	1917
歐署村	奉天懷德	知事	1918

朱約之		知事	1919
馮誠求		知事	1920
李兆麟	山東	知事	1921
張閣臣		知事	1922
高汝清	奉天復縣	知事	1923
許德洧		知事	1924
趙汝楳	奉天海城	知事	1925
胡聯恩	奉天義縣	知事	1926
姜恩之	吉林榆樹	縣長	1930

10. 磐石縣

姓　名	籍　貫	官　職	始任時間
蘇鼎銘	湖南長沙	知事	1912
黃守愚	湖南保清	知事	1913
李心曾	奉天海城	知事	1915
關健三		知事	1916
李葆山		知事	1917
張步雲		知事	1918
周擇		知事	1918
張廷翊		知事	1919
趙榮山	吉林磐石	知事	1919
王樹聲		知事	1919
汪鳴鶴		知事	1920
徐伯勳	安徽懷寧	知事	1921
何慶頤		知事	1927
胡聯恩	遼寧義縣	縣長	1930
呂鳳翔		縣長	1930
何殿芳		縣長	1930

11. 伊通縣

姓　名	籍　貫	官　職	始任時間
劉潤芝		知事	1913
劉延祺	奉天海城	知事	1914

夏士藩		知事	1917
鄭慶餘	熱河阜新	知事	1917
晶樹滋		知事	1920
朱約之		知事	1920
孫樹棠		知事	1923
趙驥		知事	1924
常蔭鈞	遼寧梨樹	知事	1928
常蔭鈞	遼寧梨樹	縣長	1929

12. 蒙江縣

姓　名	籍　貫	官　職	始任時間
孫□□		知事	1913
劉玉棠		知事	1914
孫福鵬		知事	1914
李廷璐		知事	1916
谷□□		知事	1917
董春魁		知事	1919
吳鍾麟		知事	1920
牛爾裕		知事	1921
劉廷弼		知事	1923
孟昭遠		知事	1928
姜恩芝		縣長	1929
韓香閣	吉林長春	縣長	1930

13. 延吉縣

姓　名	籍　貫	官　職	始任時間
關雲乂		知事	1912
張治		知事	1915
葉琳		知事	1916
劉延祺	奉天海城	知事	1917
徐恢		知事	1918
洪汝中		知事	1919
楊培祖		知事	1920

熊孟鼇		知事	1921
劉懋昭	湖南	知事	1926
孫象乾	遼寧興京	知事	1928
孫象乾	遼寧興京	縣長	1929
啓彬	奉天	縣長	1931

14. 和龍縣

姓　名	籍　貫	官　職	始任時間
善元	京兆	知事	1912
俞駿		知事	1915
韓白秋		知事	1916
劉懋昭	湖南	知事	1916
金礦		知事	1917
毛鴻勳	湖南寧遠	知事	1919
曹啓蔚		知事	1919
王銘紳	奉天海城	知事	1920
田慶瀾		知事	1921
馬超群	江蘇松江	知事	1923
楊培組		知事	1926
劉祖蔭	奉天海城	知事	1927
劉祖蔭	奉天海城	縣長	1929
啓彬	奉天	縣長	1931
熊希堯	湖南益陽	縣長	1931

15. 琿春縣

姓　名	籍　貫	官　職	始任時間
彭樹棠	湖北麻城	知事	1913
善元	京兆	知事	1914
何景新	湖北	知事	1916
張濟川	湖北	知事	1916
齊炳章	直隸	知事	1917
熊孟鼇	湖南益陽	知事	1917
王煥彤	山東	知事	1921

姓 名	籍 貫	官 職	始任時間
朱約運	河北灤縣	知事	1923
催龍藩	奉天義縣	知事	1927
催龍藩	奉天義縣	縣長	1929

16. 汪清縣

姓 名	籍 貫	官 職	始任時間
張朝柱		知事	1912
姜乃升		知事	1916
趙鎮	黑龍江巴彥	知事	1916
吳鴻志		知事	1917
秋福豫		知事	1918
高承漠		知事	1919
白斌安	吉林雙城	知事	1920
姚明德		知事	1921
劉懋昭	湖南	知事	1923
孫象乾	遼寧興京	知事	1926
魯震		知事	1928
徐泓漸	吉林永吉	縣長	1930

17. 敦化縣

姓 名	籍 貫	官 職	始任時間
王鈺		知事	1912
張濟川		知事	1912
李成懋		知事	1914
王炳文		知事	1914
黃兆芝		知事	1917
熊慶篪		知事	1917
何嘉義		知事	1919
何嘉茂		知事	1919
施世傑		知事	1920
李樹珊		知事	1923
方若愚		知事	1924
徐彬		知事	1926
郭恩波	遼寧義縣	知事	1928

姓 名	籍 貫	官 職	始任時間
郭恩波	遼寧義縣	縣長	1929

18. 扶餘縣

姓 名	籍 貫	官 職	始任時間
高翔		知事	1912
廖佩珣		知事	1913
孫憲熙		知事	1914
何橫		知事	1916
張鳳墀		知事	1917
杜瑞霖		知事	1920
洪汝沖		知事	1921
孫洪卓		知事	1921
趙榮山		知事	1922
李毅		知事	1923
李科元		知事	1924
孫殿奎	遼寧瀋陽	知事	1926
孫殿奎	遼寧瀋陽	縣長	1929

19. 長嶺縣

姓 名	籍 貫	官 職	始任時間
萬邦憲		知事	1913
廖佩珣		知事	1915
崔乙峰		知事	1916
萬邦憲		知事	1917
林珪	福建	知事	1919
張實樵		知事	1922
馮函清		知事	1924
史光書		知事	1926
孫振棠	遼寧錦州	知事	1928
徐景明	吉林寧安	縣長	1930

20. 阿城縣

姓 名	籍 貫	官 職	始任時間
吳實蕃		知事	1912
顏之樂		知事	1915

施世傑		知事	1915
邱正夔	湖南	知事	1915
徐世勳		知事	1916
韓廷煥		知事	1916
孟廣鈞		知事	1918
蔡祖年		知事	1919
張鳳墀		知事	1920
高鐸		知事	1922
溫立敬		知事	1923
劉保搢	瀋陽	知事	1924
張國維		知事	1927
林宇廉		知事	1928
白洪達	遼寧錦縣	知事	1928
白洪達	遼寧錦縣	縣長	1929

21. 穆棱縣

姓　名	籍　貫	官　職	始任時間
羅含章		知事	1912
李達春		知事	1913
申伯勳		知事	1914
趙榮善		知事	1916
楊步墀	福建閩侯	知事	1916
齊炳章		知事	1916
楊步墀	福建閩侯	知事	1918
徐鼎勳		知事	1918
何忠聲		知事	1920
孫裕國		知事	1920
尹永禎		知事	1923
穆長瑞	遼寧錦縣	知事	1927
穆長瑞	遼寧錦縣	縣長	1929

22. 密山縣

姓　名	籍　貫	官職	始任時間
慶康		知事	1912
龐作騰		知事	1914
黃守愚		知事	1917
洪汝沖		知事	1919
徐本森		知事	1920
夏樹棠		知事	1922
劉相溥		知事	1922
劉優		知事	1923
馬良翰	吉林永吉	知事	1923
馬良翰	吉林永吉	縣長	1929

23. 寧安縣

姓　名	籍　貫	官　職	始任時間
文錦	旗人	知事	1912
李恩露	吉林伊通	知事	1913
德頤	旗人	知事	1915
孟清溪	直隸	知事	1916
李德鈞	京兆	知事	1917
劉延祺	奉天海城	知事	1919
曲鴻年	奉天海城	知事	1920
楊渡	奉天海城	知事	1921
王世選	吉林永吉	知事	1922
溫文	奉天	知事	1925
孔憲熙		知事	1927
臧爾壽	遼寧瀋陽	縣長	1929

24. 虎林縣

姓　名	籍　貫	官　職	始任時間
范織泰	奉天遼陽	知事	1913

高汝清	奉天復縣	知事	1914
熊冕章	湖南長沙	知事	1917
張晉升	奉天海城	知事	1920
趙光印	奉天海城	知事	1920
陳材楠	吉林榆樹	知事	1926
樂紹奎	雲南交趾	知事	1928
董春芳	奉天義縣	縣長	1930

25. 東寧縣

姓　名	籍　貫	官　職	始任時間
張作霖		知事	1913
張文翰		知事	1913
鄭頤津		知事	1915
周敬熙		知事	1916
曹啓蔚		知事	1918
姚鴻鈞		知事	1919
趙玉珊		知事	1920
韓積三		知事	1920
鄭慶餘		知事	1923
曹啓蔚		知事	1923
王圻鎮		知事	1924
馬紹融		知事	1926
馬紹融		縣長	1929
李英佐	吉林榆樹	縣長	1929

26. 勃利縣

姓　名	籍　貫	官　職	始任時間
姚鴻鈞		知事	1918
張寶書		知事	1919
毛鴻勳		知事	1920
樂紹奎		知事	1921
熊希光		知事	1922
吳鍾麟		知事	1924

孫啓先		知事	1925
劉鍾祺		知事	1928
劉鍾祺		縣長	1929
王贊卿	奉天北鎮	縣長	1930
毛鴻勳		縣長	1931

27. 樺川縣

姓　名	籍　貫	官　職	始任時間
劉懷	安徽	知事	1914
鄭芬	奉天海城	知事	1915
黃日昌	安徽	知事	1916
邱正夔	湖南	知事	1916
高汝清	奉天復縣	知事	1917
周敬熙	浙江紹興	知事	1920
王策	直隸天津	知事	1920
孟廣鈞	山東德州	知事	1921
彥之樂	奉天遼陽	知事	1921
臧爾壽	奉天	知事	1921
張鳳墀	直隸安國	知事	1923
鄭士純	奉天西安	知事	1925
唐純禮	吉林雙城	知事	1926
唐純禮	吉林雙城	縣長	1929

28. 饒河縣

姓　名	籍　貫	官　職	始任時間
陳垣		知事	1912
趙邦澤	雲南龍陵	知事	1913
劉翰地	吉林	知事	1914
陸邁	江蘇太倉	知事	1915
劉懋昭	湖南	知事	1919
唐中班	山東	知事	1922
張樂興	瀋陽	知事	1923
孫嶽全	奉天懷德	知事	1923

龐作藩	奉天瀋陽	知事	1924
錢光陸	瀋陽	知事	1924
姜永昌	吉林	知事	1925
谷正清	江西	知事	1926
張朝柱	廣東	知事	1928
陶靖	奉天義縣	縣長	1929
劉鴻謨	遼寧瀋陽	縣長	1930

29. 富錦縣

姓　名	籍　貫	官職	始任時間
吳鍾林		知事	1912
景星五		知事	不詳
陸邁		知事	1915
吳士澄		知事	1916
孟廣鈞	山東德州	知事	1917
吳士澄		知事	1918
孫迪		知事	不詳
杜瑞麟		知事	不詳
霍嶽嶒		知事	不詳
蔣體師		知事	不詳
龐作藩	遼寧綏中	知事	不詳
宋雲桐		知事	1923
郭衛樹		知事	1923
薛翹如	遼寧義縣	知事	1928
李海春	奉天遼中	縣長	1930

30. 依蘭縣

姓　名	籍　貫	官職	始任時間
吳士澄	安徽涇縣	知事	1913
楊夢齡	遼寧榆樹	知事	1913
張曾榘	直隸滄州	知事	1914
趙桐恩	順天	知事	1916
楊培祖	浙江	知事	1916

鄭棻	奉天海城	知事	1917
田慶瀾	安徽合肥	知事	1919
楊步墀	福建閩侯	知事	1919
曲鴻年	奉天海城	知事	1920
楊步墀	福建閩侯	知事	1921
毛鴻勳		知事	1922
王世選	吉林永吉	知事	1925
劉保摺	遼寧瀋陽	知事	1928
王世選	吉林永吉	縣長	1929
劉保摺	遼寧瀋陽	縣長	1930

31. 撫遠縣

姓　名	籍　貫	官職	始任時間
胡承喆		知事	1913
酈廣		知事	1913
高鐸		知事	1915
何慶頤		知事	1920
劉鴻謨		知事	1927
袁怡筅	遼寧	縣長	1930

32. 延壽縣

姓　名	籍　貫	官職	始任時間
張允升	奉天盤山	知事	1912
龐作藩	奉天綏中	知事	1914
張允升	奉天盤山	知事	1914
梅頤		知事	1917
崔蓬山		知事	1917
王文治	山東	知事	1918
李鴻惠	河北寶坻	知事	1919
鄧東山	山東	知事	1920
王潛		知事	1921
韓乃庚	吉林雙城	知事	1927
魏宗蓮		縣長	1929

姓 名	籍 貫	官職	始任時間
王世選	吉林永吉	縣長	1930
李有忱	奉天新民	縣長	1931

33. 賓縣

姓 名	籍 貫	官職	始任時間
劉鳴復		知事	1912
劉福宗		知事	1912
李廷潞	順天宛平	知事	1913
李德鈞	順天固安	知事	1914
李奎保	奉天新民	知事	1916
王聞長	直隸盧臺	知事	1918
高汝卿	奉天復縣	知事	1920
劉庚蓮	直隸東光	知事	1920
王樹聲	吉林雙陽	知事	1922
宋雲桐	奉天懷德	知事	1923
張書翰	吉林伊通	知事	1925
趙汝梅	奉天海城	知事	1927
德壽	京兆大興	縣長	1929
孫象乾	奉天興京	縣長	1931

34. 珠河縣

姓 名	籍 貫	官職	始任時間
孫荃芳		知事	1927
孫荃芳		縣長	1929
薛翹如	遼寧義縣	縣長	1930

35. 五常縣

姓 名	籍 貫	官職	始任時間
周擇		知事	1912
翟方梅		知事	1912
周擇		知事	1916
李廷潞		知事	1917
吳建三	湖南長沙	知事	1917
李廷潞		知事	1919

姓 名	籍 貫	官職	始任時間
朱福庚	浙江紹興	知事	1920
裘玉昆	奉天新民	知事	1922
李兆麟	山東歷城	知事	1923
劉庚蓮		知事	1924
石渭	奉天	知事	1925
鄭秉璋		知事	1926
王者興	奉天義縣	知事	1928
韓慶雲	遼寧錦縣	縣長	1929
田書文		縣長	1931
譙金聲	河北阜城	縣長	1931

36. 雙城縣

姓 名	籍 貫	官職	始任時間
歐暑春	奉天懷德	知事	1913
魏紹周	奉天義縣	知事	1915
林世翰	廣東梅縣	知事	1917
莊達	京兆大興	知事	1920
高文垣	奉天遼陽	知事	1921
田雨時	奉天錦縣	知事	1923
賈乃恭		知事	1927
楊鳳玉	熱河阜新	縣長	1929
魏鐵華	吉林雙城	縣長	1931

37. 方正縣

姓 名	籍 貫	官職	始任時間
找邦彥		知事	1912
沈景佺		知事	1914
鄭慶餘		知事	1916
范琛		知事	1916
善元		知事	1917
楊步墀	福建閩侯	知事	1918
張嗣良		知事	1920
高思澍		知事	1920

秦榮光		知事	1921
李翰昌		知事	1922
張嗣良		知事	1923
石渭		知事	1924
成友善		知事	1926
薛翹如	遼寧義縣	知事	1927
唐寶森	吉林永吉	知事	1928
唐寶森	吉林永吉	縣長	1929

38. 葦河縣

姓　名	籍　貫	官　職	始任時間
蔣樹春		知事	1927
董春魁		知事	1928
李竹亭		縣長	1929
馬紹融	遼寧瀋陽	縣長	1931

39. 濱江縣

姓　名	籍　貫	官　職	始任時間
于芹		知事	1914
張曾矩		知事	1915
莫德惠		知事	不詳
張書翰		知事	1923
譚書紳	奉天開原	知事	不詳
李科元	遼寧錦縣	知事	1926
李科元	遼寧錦縣	縣長	1929

40. 同江縣

姓　名	籍　貫	官　職	始任時間
熊冕章		知事	1913
李樹珊		知事	1914
孟廣鈞		知事	1915
吳士澄	安徽涇縣	知事	1917
趙桐恩	直隸河潤	知事	1918
張朝柱		知事	1919

申伯勳	奉天鐵嶺	知事	1920
何橫		知事	1922
錢光陸	江蘇	知事	1924
劉鍾棋	奉天撫順	知事	1927
吳鍾林	奉天金州	知事	1928
張錫侯	奉天臨江	縣長	1929

41. 寶清縣

姓　名	籍　貫	官　職	始任時間
李郁馥	吉林榆樹	縣長	1929

42. 乾安設治局

姓　名	籍　貫	官　職	始任時間
徐晉賢	遼寧錦縣	設治員	1928

黑龍江

1. 大賚縣

姓　名	籍　貫	官　職	始任時間
潘殿保	山東登州	知事	1912
于英蕤	黑龍江呼蘭	知事	1913
孟平	浙江	知事	1913
錫壽	吉林伊通	知事	1917
靖兆鳳	熱河	知事	1918
趙孚	安徽	知事	1918
李興唐	奉天	知事	1919
何式楷	奉天錦州	知事	1921
周揚俊	湖南	知事	1922
徐國順	安徽	知事	1927
高運海	奉天懷德	縣長	1929
徐玉良	遼寧鳳城	縣長	1930
王家範	吉林伊通	縣長	1931

2. 呼蘭縣

姓　名	籍　貫	官　職	始任時間
鍾毓	奉天瀋陽	知事	1913

雲章	奉天瀋陽	知事	1917
張佐廷	奉天瀋陽	知事	1918
烏兆麟	奉天遼中	知事	1919
王玉科	奉天錦縣	知事	1920
孫佐廷	奉天瀋陽	知事	1921
路克遵	奉天梨樹	知事	1923
李興唐	奉天昌圖	知事	1925
路克遵	奉天梨樹	知事	1925
孫鴻卓	奉天盤山	知事	1928
成友直	奉天瀋陽	知事	1928
廖飛鵬	河南商城	縣長	1929

3. 綏化縣

姓　名	籍　貫	官職	始任時間
常蔭廷	奉天梨樹	知事	1913
李慶昌		知事	1923
徐國順		知事	1924
孫潤庠	奉天梨樹	知事	1927
周楊埃		知事	1927
程崇	吉林濱江	知事	1928
龐作藩	奉天綏中	縣長	1929

4. 綏棱縣

姓　名	籍　貫	官職	始任時間
徐國順		知事	1918
洪國璋	奉天開原	知事	1919
孫潤庠	奉天梨樹	知事	1920
段耀先	河北昌黎	知事	1922
劉伯召		知事	1923
李英麒		知事	1924
魏秉鈞		知事	1925
于國柱		知事	1927
趙慶墉	河北淶水	縣長	1929

孟憲宗		縣長	1929
黃恒祥	遼寧鳳城	縣長	1930

5. 肇州縣

姓　名	籍　貫	官職	始任時間
張樾	安徽	知事	1912
孫之忠	浙江紹興	知事	1914
支壽銘	奉天	知事	1919
王棟臣	奉天	知事	1920
王賢彤	奉天金州	知事	1923
阮希賢	浙江	知事	1924
梁寶林	奉天	知事	1926
王贊卿	奉天北鎮	知事	1926
王家範	吉林伊通	縣長	1929
孫伯芳	遼寧撫順	縣長	1929

6. 海倫縣

姓　名	籍　貫	官職	始任時間
辛天成		知事	1913
王勉旃		知事	1915
王嶽奎		知事	1915
何廷翼		知事	1916
查貴廉		知事	1917
馮文洵		知事	1918
丁夢武		知事	1921
戴瑞珍		知事	1921
趙榮善		知事	1922
任鵬超		知事	1922
辛天成		知事	1925
高欽		知事	1925
段耀先	河北昌黎	知事	1928
譚書紳	奉天	知事	1928
成友直	遼寧瀋陽	縣長	1929

戴策勳	河北寧河	縣長	1929
楊溥	河北清苑	縣長	1930
宋德玉	遼寧營口	縣長	1931

7. 安達縣

姓　名	籍　貫	官　職	始任時間
李鍾山	黑龍江巴彥	知事	1913
鄔漢章	山西河曲	知事	1914
趙佩光	熱河	知事	1914
阮希賢	浙江紹興	知事	1915
路克遵	奉天梨樹	知事	1922
楊鳳旭	福建閩侯	知事	1923
呂繼純	奉天新民	知事	1923
王贊卿	奉天北鎮	知事	1925
胡奎弼	龍江	知事	1926
洪國璋	奉天開原	知事	1927
趙振綱	直隸撫寧	知事	1928
孫鴻卓	奉天黑山	縣長	1929
劉養然	奉天盤山	縣長	1929
程崇	吉林濱江	縣長	1929
高國柱	奉天法庫	縣長	1930
張錫堃	黑龍江海倫	縣長	1931

8. 慶城縣

姓　名	籍　貫	官　職	始任時間
劉啓昆		知事	1913
錫廉		知事	1913
劉善琦		知事	1915
王鴻遵		知事	1917
寧與齡		知事	1920
孫甲東		知事	1921
鄒洸		知事	1922
趙桂馨		知事	1923

劉樹柢		知事	1925
李學詩		知事	1927
韓之棟		知事	1928
宋德玉	遼寧營口	縣長	1929
丁瑞麟	河北靜海	縣長	1931

9. 明水縣

姓　名	籍　貫	官　職	始任時間
趙全璧		知事	1928
趙全璧		縣長	1929
高乃濟	遼寧遼陽	縣長	1929
靖國儒	熱河綏東	縣長	1931

10. 蘭西縣

姓　名	籍　貫	官　職	始任時間
王英敏		知事	1913
陳良傑		知事	1914
沈□		知事	1916
張奎英		知事	1918
何廷翼		知事	1921
黃秉恒		知事	1921
高玉堂		知事	1923
王贊卿	奉天北鎮	知事	1924
陶宗奇		知事	1925
宋作舟		知事	1928
葉成玉	黑龍江龍江	縣長	1929
陳紹濂		縣長	1929
陳萬凱	遼寧撫順	縣長	1930

11. 青岡縣

姓　名	籍　貫	官　職	始任時間
于家銘	山東寧海	知事	1912
烏兆麟	奉天遼中	知事	1913
張林儒	河北保定	知事	1916

烏兆麟	奉天遼中	知事	1917
薛翹如	奉天義縣	知事	1918
王賢雕	奉天金州	知事	1919
戴策勳	河北寧河	知事	1921
孫潤庠	奉天梨樹	知事	1922
靖國儒	熱河綏東	知事	1925
劉亞唐	黑龍江綏化	縣長	1928
朱宗衡	四川	縣長	1929
王振綱	黑龍江大賚	縣長	1929
林福山	奉天	縣長	1931

12. 肇東縣

姓　名	籍　貫	官　職	始任時間
賀良楫		知事	1914
段國恒		知事	1915
李興唐	奉天昌圖	知事	1916
朱文元		知事	1919
韓大光		知事	1920
徐恩誠		知事	1921
許桂恒		知事	1921
吳家駿		知事	1924
王之翰		知事	1925
柳蔭亭		知事	1927
賈文翰		知事	1928
宋繼唐		知事	1928
楊溥	河北清苑	縣長	1929
戴策勳	河北	縣長	1930
程汝霖	安徽桐城	縣長	1930

13. 望奎縣

姓　名	籍　貫	官　職	始任時間
嚴兆麟	浙江杭縣	知事	1918
宋延恩		知事	1922

王春和	河北樂亭	知事	1923
孫潤庠		知事	1925
許桂恒	龍江	知事	1927
靖國儒	熱河綏東	知事	1928
靖國儒	熱河綏東	縣長	1929
程紹濂	黑龍江巴彥	縣長	1930

14. 璦琿縣

姓　名	籍　貫	官　職	始任時間
潘殿保		知事	1913
孫榮圖		知事	1918
程汝霖	安徽桐城	知事	1922
王之翰		知事	1924
章霖		知事	1925
李夢庚		知事	1926
韓樹業	吉林雙城	縣長	1929
梁岩		縣長	1930
鄒邦傑	黑龍江海倫	縣長	1930

15. 龍鎮縣

姓　名	籍　貫	官　職	始任時間
辛天成		知事	1916
索炳坤		知事	1919
徐玉良	遼寧鳳城	知事	1921
劉蔭椁		知事	1921
劉樹柢		知事	1927
梁橫		知事	1927
李維權		知事	1928
蕭鶴延		知事	1928
溫酩德	遼寧金縣	縣長	1929

16. 奇克縣

姓　名	籍　貫	官　職	始任時間
王彝章	遼寧錦縣	縣長	1929

李萬金		縣長	1930
吳恩祿	黑龍江巴彥	縣長	1930

17. 嫩江縣

姓　名	籍　貫	官職	始任時間
姚明德		知事	1913
劉廷灝		知事	1916
朱福庚		知事	1917
薛翹如	遼寧義縣	知事	1917
吳棣棻		知事	1919
李暹		知事	1920
張友箖		知事	1922
吳培基		知事	1924
宋作舟		知事	1925
吳崇貴		知事	1928
林福山	遼寧西安	縣長	1929
左魁章	河北	縣長	1930

18. 蘿北縣

姓　名	籍　貫	官職	始任時間
黃光彝	江蘇儀徵	知事	1914
宋錫恩		知事	1915
張祖溶	直隸清苑	知事	1917
劉廷灝		知事	1918
習觀樞		知事	1920
武雲峰		知事	1921
王之翰		知事	1923
程汝霖	安徽桐城	知事	1925
程汝霖	安徽桐城	縣長	1929
韓樹業	吉林雙城	縣長	1930

19. 綏濱縣

姓　名	籍　貫	官職	始任時間
杜紹陵	黑龍江綏化	縣長	1929

栗鍾華	遼寧遼源	縣長	1930
劉少卿		縣長	1931

20. 湯原縣

姓　名	籍　貫	官職	始任時間
王繼業		知事	1912
文會		知事	1914
李映庚		知事	1914
寧與齡		知事	1916
孫裕國		知事	1918
伊雙慶		知事	1920
王佐卿		知事	1922
王贊卿	奉天北鎮	知事	1923
高玉堂		知事	1924
籍國珍		知事	1924
鍾毓清	黑龍江綏化	縣長	1929
王海峰	吉林賓縣	縣長	1930

21. 巴彥縣

姓　名	籍　貫	官職	始任時間
楊魯	廣東澄海	知事	1912
王耀昆		知事	1913
胡斗衡	安徽蕪湖	知事	1914
張宗敬		知事	1915
馬六舟	四川成都	知事	1915
王岱	奉天錦縣	知事	1916
崇裕		知事	1919
楊魯	廣東澄海	知事	1919
兆麟	奉天遼中	知事	1920
毛丕恩		知事	1921
王玉科	奉天錦縣	知事	1921
李學詩		知事	1923
高欽		知事	1924

李興唐	奉天昌圖	知事	1925
胡潤庠		知事	1927
戴策勳		知事	1928
翟星凡	黑龍江林甸	縣長	1929
靖國儒	熱河承德	縣長	1930

22. 木蘭縣

姓　名	籍　貫	官職	始任時間
達行阿	黑龍江	知事	1913
馬六舟	四川成都	知事	1913
毛丕恩	直隸南宮	知事	1915
吳玉成	湖南潛山	知事	1916
徐佩璋	安徽懷寧	知事	1917
熊良弼	江西南昌	知事	1919
徐國順	安徽懷寧	知事	1919
夏繼茂	河南商城	知事	1923
孫咸熙	奉天遼陽	知事	1924
李夢庚	奉天遼陽	知事	1925
劉伯召	奉天	知事	1925
成友直	奉天瀋陽	知事	1927
張仁溥	黑龍江慶城	知事	1928
孫守成	奉天	知事	1928
丁蘭升	山東壽張	縣長	1929
成友直	奉天遼陽	縣長	1930
張仁序	江蘇銅山	縣長	1930

23. 通河縣

姓　名	籍　貫	官職	始任時間
丁夢武		知事	1912
高登甲		知事	1912
福平安		知事	1914
高登甲		知事	1915
徐之鱗		知事	1918

何丙炎		知事	1918
孫裕國		知事	1920
劉彥卿		知事	1920
谷鍾毓		知事	1922
宋廷恩		知事	1922
史致中		知事	1922
張文鶚		知事	1923
宋汝霖		知事	1924
李興唐	奉天昌圖	知事	1924
李學詩		知事	1924
賈文翰		知事	1924
趙玉珊		知事	1928
李兆麟		知事	1928
王海峰	吉林賓縣	縣長	1929
鍾毓清	黑龍江綏化	縣長	1930
張仁序		縣長	1930
何奇偉	湖北隨縣	縣長	1930

24. 依安縣

姓　名	籍　貫	官職	始任時間
任國英		知事	1929
馬元良		縣長	1929
梁岩	黑龍江拜泉	縣長	1929
萬錫璋	河北昌黎	縣長	1930

25. 訥河縣

姓　名	籍　貫	官職	始任時間
趙秉璋	河北	知事	1913
王百康		知事	1915
楊魯	廣東	知事	1915
張樾	江蘇	知事	1916
趙桂馨	奉天	知事	1921
方良鈺	安徽	知事	1921

張霖如	直隸	知事	1923
徐玉良	奉天鳳城	知事	1923
劉裕祿	奉天	知事	1928
崔福坤	奉天義縣	縣長	1929

26. 林甸縣

姓　名	籍　貫	官　職	始任時間
伊雙慶	吉林雙城	知事	1917
黃光佐		知事	1920
王者賓		知事	1922
王春和		知事	1922
辛天成		知事	1923
柳尊五		知事	1925
王春和		知事	1926
趙伯俊		知事	1928
鈞壽		知事	1928
張錦祿	遼寧錦縣	縣長	1929
高國柱		縣長	1930
王樹章	遼寧遼中	縣長	1931

27. 克山縣

姓　名	籍　貫	官　職	始任時間
薛翹如	遼寧義縣	知事	1915
趙桂馨		知事	1916
李科元		知事	1920
徐恩誠	浙江紹興	知事	1921
孫潤庠		知事	1922
李暹		知事	1923
阮希賢	浙江	知事	1926
孫鴻志	吉林長嶺	知事	1928
孫鴻志	吉林長嶺	縣長	1929

28. 泰來縣

姓　名	籍　貫	官　職	始任時間
馮文詢		知事	1917
查貴廉		知事	1918
趙元熙		知事	1918
紀萬韞		知事	1920
張游翔		知事	1923
辛天成		知事	1925
武志昂		知事	1928
龐作藩	遼寧綏中	知事	1928
譚書紳	奉天	知事	1929
王履中	吉林長嶺	縣長	1929

29. 龍江縣

姓　名	籍　貫	官　職	始任時間
杜蔭田		知事	1912
鍾毓		知事	1918
孫佐廷		知事	1919
張霖如	直隸安國	知事	1921
李學詩		知事	1923
王玉科		知事	1923
孫咸熙		知事	1925
廖飛鵬		知事	1928
程崇	吉林濱江	縣長	1929
成友直	遼寧瀋陽	縣長	1929
王家範		縣長	1930
楊博	河北清苑	縣長	1930

30. 拜泉縣

姓　名	籍　貫	官　職	始任時間
張祖溶	直隸清苑	知事	1913

石瑞麟	直隸樂亭	知事	1914
熊國璋	四川萬縣	知事	1915
兆麟	奉天遼中	知事	1916
洪恩福	江蘇丹徒	知事	1917
張霖如	直隸安國	知事	1917
李興唐	奉天昌圖	知事	1921
孫容圖		知事	1922
李興唐	奉天昌圖	知事	1923
信鵬超		知事	1925
段耀先	河北昌黎	知事	1928
段耀先	河北昌黎	縣長	1929

31. 呼瑪縣

姓　名	籍　貫	官　職	始任時間
孫繩武		知事	1914
雲章		知事	1918
李英麒		知事	1919
吳玉成		知事	1921
楊世清		知事	1923
談綏熙		知事	1924
朱宗衡	四川	知事	1928
馬向春	遼寧營口	縣長	1929
王夑章		縣長	1930
張連慶	吉林永吉	縣長	1931

32. 漠河縣

姓　名	籍　貫	官　職	始任時間
趙春芳		知事	1917
何炳炎		知事	1920
吳隸芬		知事	1921
陶宗奇		知事	1922
李夢庚		知事	1926
蒼明順		知事	1927
張錫堃	黑龍江望奎	縣長	1929

33. 通北縣

姓　名	籍　貫	官　職	始任時間
熊良弼	江西南昌	知事	1917
周楊埈		知事	1920
袁昱		知事	1921
信鵬超		知事	1922
谷鍾毓		知事	1923
高欽		知事	1923
張游翔		知事	1924
卜世營		知事	1928
張游翔		知事	1928
陳昭卓	河北玉田	縣長	1929
張仁安	黑龍江慶城	縣長	1930
潘淵龍		縣長	1930

34. 景星縣

姓　名	籍　貫	官　職	始任時間
嚴壽臣	黑龍江綏化	知事	1929
武常德		縣長	1929
劉震明	山東臨清	縣長	1931

35. 烏雲縣

姓　名	籍　貫	官　職	始任時間
徐玉良	遼寧鳳城	縣長	1929
高運海		縣長	1930
孫紹興	黑龍江大賚	縣長	1931

36. 鷗浦縣

姓　名	籍　貫	官　職	始任時間
高式琦	黑龍江巴彥	縣長	1929
馬元駿	遼寧鐵嶺	縣長	1930

37. 呼倫縣

姓　名	籍　貫	官　職	始任時間
何如銘		知事	1920
郭曾煜		知事	1921

阮希賢	浙江	知事	1923
張毓岣	河北撫寧	知事	1924
李慶昌		知事	1927
張毓岣	河北撫寧	知事	1928
郎官普	遼寧新民	縣長	1930

38. 臚濱縣			
姓　名	籍　貫	官　職	始任時間
趙春芳		知事	1920
楊鳳旭		知事	1921
董文瑞		知事	1922
段耀先	河北昌黎	知事	1923
王恩銘		知事	1925
張鳴昆		知事	1928
齊肇豫	河北高陽	知事	1928
齊肇豫	河北高陽	縣長	1929
成友直	遼寧瀋陽	縣長	1930

39. 室韋縣			
姓　名	籍　貫	官　職	始任時間
郭文田		知事	1920
馮潤章		知事	1922
王恩銘		知事	1923
段耀先	河北昌黎	知事	1925
方良鈺	安徽	知事	1926
潘殿保	山東樓霞	知事	1928
郎官普	遼寧新民	縣長	1929
李玉琛	遼寧莊河	縣長	1929

40. 奇乾縣			
姓　名	籍　貫	官　職	始任時間
李玉琛	遼寧莊河	知事	1920
趙榮善		知事	1924
陶景明		知事	1925
史康祖		知事	1926

張淩恩		知事	1928
郎官普	遼寧新民	縣長	1929
潘殿保	山東樓霞	縣長	1929
李鴻銑	河南固始	縣長	1930

41. 雅魯縣			
姓　名	籍　貫	官　職	始任時間
萬錫璋	河北昌黎	縣長	1929
杜紹陵	黑龍江綏化	縣長	1930

42. 佛山縣			
姓　名	籍　貫	官　職	始任時間
惠榮	吉林寧安	縣長	1929

43. 布西設治局			
姓　名	籍　貫	官　職	始任時間
任國英	遼寧法庫	設治員	1929
陳鴻謨	遼寧綏中	設治員	1930

44. 索倫設治局			
姓　名	籍　貫	官　職	始任時間
邢世芳	吉林農安	設治員	1929

45. 泰康設治局			
姓　名	籍　貫	官　職	始任時間
楊孝則	遼寧營口	設治員	1929

46. 甘南設治局			
姓　名	籍　貫	官　職	始任時間
劉國璧	遼寧鳳城	設治員	1929
傅豫廷	遼寧法庫	設治員	1930

47. 德都設治局			
姓　名	籍　貫	官　職	始任時間
王作霖	遼寧開原	設治員	1929
陳毅	遼寧黑山	設治員	1930

48. 東興設治局			
姓　名	籍　貫	官　職	始任時間
張仁序	江蘇揚州	設治員	1929

姓　名	籍　貫	官　職	始任時間
高韻泉	江蘇沛縣	設治員	1930

49. 鐵驪設治局

姓　名	籍　貫	官　職	始任時間
傅曾傑	河北盧龍	設治員	1929
柳文林	遼寧營口	設治員	1930

50. 鳳山設治局

姓　名	籍　貫	官　職	始任時間
于文英	黑龍江泰來	設治員	1929

51. 遜河設治局

姓　名	籍　貫	官　職	始任時間
杜含英	黑龍江	設治員	1929

52. 富裕設治局

姓　名	籍　貫	官　職	始任時間
黃恒祥	遼寧鳳城	設治員	1929
孟憲宗	遼寧瀋陽	設治員	1930

53. 克東設治局

姓　名	籍　貫	官　職	始任時間
桂聯	遼寧瀋陽	設治員	1930

熱河

1. 朝陽縣

姓　名	籍　貫	官　職	始任時間
李茨		知事	1912
蔣隆基		知事	1914
陳斅詩	浙江	知事	1915
孫廷弼	浙江紹興	知事	1916
譚蘭馨	安徽	知事	1918
伍鈞	江蘇武進	知事	1922
沈鳴詩	熱河朝陽	知事	1924
喻榮華	奉天	知事	1925
沈鳴詩	熱河朝陽	知事	1925
范琛	江蘇	知事	1925
劉綬曾	直隸	知事	1925

楊國棟	熱河建平	知事	1925
項強	熱河阜新	知事	1926
楊宗立	熱河建平	知事	1926
周鐵錚	奉天義縣	縣長	1929
項強	熱河阜新	縣長	1931

2. 阜新縣

姓　名	籍　貫	官　職	始任時間
李宗元	熱河豐寧	知事	1912
陳鎔	山東	知事	1914
葉蓁	直隸	知事	1915
尹日桂	山東	知事	1916
張濤	河南	知事	1917
李樹聲	山東濟南	知事	1917
杜秉綸	山東青州	知事	1918
路金城	安徽	知事	1921
王煜斌	奉天盤山	知事	1921
任良金	山東	知事	1923
孫廷弼	浙江紹興	知事	1924
崔卓林	奉天盤山	知事	1926
李宗元	熱河豐寧	知事	1927
周鐵錚	奉天義縣	知事	1928
李宗元	熱河豐寧	縣長	1930
楊宗立	熱河建平	縣長	1931

3. 淩源縣

姓　名	籍　貫	官　職	始任時間
孫廷弼	浙江	知事	1912
伍鈞	江蘇	知事	1914
孫汝鐍	浙江	知事	1915
任良金	山東	知事	1916
趙樹潤	直隸	知事	1917
邱方煜	山東諸城	知事	1918
黃仕祥	北京	知事	1921

李科元	錦州	知事	1922		楊承采	江蘇銅山	知事	1916
孫汝鍇	浙江	知事	1922		吳慶霖	奉天	知事	1918
陳德潤		知事	1922		歐陽桓	貴州	知事	1918
常永生	河南	知事	1922		陳斅詩	浙江	知事	1920
林汝瓊	江南	知事	1923		吉衡	奉天	知事	1921
宮保廉	奉天清源	知事	1924		周啓曾	山東	知事	1922
劉少卿	奉天義州	知事	1925		杜秉綸	山東	知事	1922
楊守亨	奉天清源	知事	1925		田擢賓	直隸	知事	1924
石德潤	湖北	知事	1926		馬家驤	浙江	知事	1924
秋磷	直隸	知事	1926		姜乃升	熱河朝陽	知事	1925
姜乃升	熱河朝陽	知事	1926		王國生	熱河赤峰	知事	1925
王耀忠	熱河建平	知事	1926		孫廷弼	浙江	知事	1925
周憲章	熱河朝陽	知事	1926		孟憲尹	山東	知事	1926
馬夢吉	天津	知事	1929		范琛	直隸	知事	1926
張丹墀	安徽桐城	縣長	1929		夏雲圖	河南	知事	1926
4. 建平縣					解殿臣	直隸	知事	1927
姓　名	**籍　貫**	**官　職**	**始任時間**		馬夢吉	天津	知事	1928
張洪壽	浙江	知事	1913		楊承采	江蘇銅山	縣長	1929
方雨田	安徽	知事	1913		王煥	河北黃岡	縣長	1929
高鴻飛	吉林	知事	1914		田萬生	奉天黑山	縣長	1930
孫廷弼	浙江	知事	1915					

資料來源：趙恭寅修，曾有翼等纂：《瀋陽縣志》，第 2 卷，奉天作新印刷局，1917 年鉛印本，第 7 頁；沈國晃等修，蔣齡益纂：《鳳城縣志》，第 2 卷，1921 年石印本，第 2 頁；王寶善修，張博惠纂：《新民縣志》，第 3 卷、第 13 卷，1926 年石印本，第 6 頁、第 17～20 頁；徐維淮修，李植嘉纂：《遼中縣志》，第 14 卷，瀋陽東北交通用品製造廠，1930 年鉛印本，第 7 頁；孫維善修，王紹武等纂：《臺安縣志》，第 2 卷，遼寧作新印刷局，1930 年鉛印本，第 2～3 頁；侯錫爵修，羅明述纂：《桓仁縣志》，第 4 卷，桓仁縣教養工廠，1930 年石印本，第 49 頁；關定保等修，於雲峰纂：《安東縣志》，第 3 卷、第 8 卷，安東宏業號鉛印部，1931 年鉛印本，第 10～11 頁、第 10 頁；邢麟章、王瀛傑修，李耦纂：《東豐縣志》，第 2 卷，東豐縣實業工廠，1931 年鉛印本，第 3 頁；楊晉源修，王慶雲纂：《營口縣志》，上部，1933 年石印本，第 48 頁；楊步墀纂修：《吉林依蘭縣志》，職官門，吉林吉東印刷社，1921 年鉛印本，第 48～49 頁；王世選修，梅文昭纂：《寧安縣志》，第 2 卷，1924

年鉛印本，第 23 頁；張霖如修，胡乃新等纂：《拜泉縣志》，第 3 卷，春記山坊，1919 年石印本，第 45；萬福麟修，張伯英等纂：《黑龍江志稿》，第 47 卷，北平 1932～1933 年鉛印本；奉天省長公署政務廳編：《奉天省職員錄》，1928 年，第 135～175 頁；遼寧省政府秘書處：《遼寧省職員錄》，1930 年，第 124 頁；遼寧省政府秘書處：《遼寧省職員錄》，1931 年，第 120 頁；吉林省政府秘書處編：《吉林全省文官職員錄》，1930 年，第 67 頁；黑龍江省政府秘書處編：《黑龍江全省文官職員錄》，1929 年，第 7 頁；黑龍江政府秘書處編：《黑龍江全省文官職員錄》，1931 年，第 60 頁；東北人物大辭典編委會編：《東北人物大辭典》，遼寧人民出版社、遼寧教育出版社，1992 年，第 1136～1402 頁。

參考文獻

一、檔案

（一）未刊檔案

1. 遼寧省檔案館藏：
   （1）東北政務委員會檔　　全宗號：JC1-1、JC1-2、JC1-89、JC1-90、JC1-91、JC1-92
   （2）東三省交涉總署檔　　全宗號：K91
   （3）奉天省長公署檔　全宗號：JC10
   （4）民國資料，下冊　卷號967
2. 北京市檔案館藏：
   （1）北平政務委員會檔　　全宗號：J181、J221
   （2）北平市政府檔　　全宗號：J041

（二）已刊檔案

1. 秦孝儀主編：《中華民國重要史料初編──對日抗戰時期》緒編，臺北：中國國民黨中央黨史委員會，1981年。
2. 遼寧省檔案館編：《奉系軍閥檔案史料彙編》，江蘇古籍出版社，1990年。
3. 中國第二歷史檔案館編：《中華民國史檔案資料彙編》第五輯第一編，南京：江蘇古籍出版社，1994年。
4. 中國第二歷史檔案館編：《國民黨政府政治制度檔案史料選編》，安徽教育出版社，1994年。
5. 李雲漢主編：《中國國民黨黨務發展史料──中央常務委員會黨務報告》，臺北：近代中國出版社，1995年。
6. 洪喜美編：《國民政府委員會會議記錄彙編》，臺北：國史館，1999年。

7. 中國第二歷史檔案館編：《中國國民黨中央執行委員會常務委員會會議錄》，廣西師範大學出版社，2000 年。

8. 國史館審編處編：《中日關係史料》，《蔣中正總統文物——革命文獻》（四），臺北：國史館，2002 年。

9. 國史館審編處編：《剿共與西安事變》，《蔣中正總統文物——革命文獻》（三），臺北：國史館，2002 年。

二、資料彙編、工具書、年譜和文集

（一）資料彙編

1. 奉天省長公署政務廳編：《奉天省職員錄》，（無出版者），1928 年。

2. 《中央政治會議廣州分會十六年份月刊合編》，（編者與出版者不詳），1928 年。

3. 東北文化社編：《蘇俄侵邊暴行日記》，東北印刷局，1929 年。

4. 國民黨中央執行委員會秘書處編：《中國國民黨第三次全國代表大會會議記錄》，1929 年。

5. 李石曾、于右任等著，畢修勺編：《分治合作問題討論集》，革命周報社，1929 年。

6. 黑龍江省政府秘書處編：《黑龍江全省文官職員錄》，（無出版者），1929 年。

7. 《東北政務委員會檢送搜查哈爾濱蘇聯領館破獲各項文件書籍彙錄》，索書號：MS/D820.11/6，南京圖書館藏。

8. 遼寧省政府秘書處編：《遼寧省職員錄》，（無出版者），1930 年。

9. 吉林省政府秘書處編：《吉林全省文官職員錄》，（無出版者），1930 年。

10. 遼寧省民政廳行政會議秘書處編：《遼寧省民政廳第一次行政會議紀要》，（無出版者），1930 年。

11. 遼寧省政府秘書處編：《遼寧省職員錄》，（無出版者），1931 年。

12. 黑龍江政府秘書處編：《黑龍江全省文官職員錄》，（無出版者），1931 年。

13. 《政治會議工作報告》，（編輯者和出版者不詳），1931 年。

14. 東北文化社年鑒編印處編：《東北年鑒》，東北印刷局，1931 年。

15. 中央宣傳部編撰科：《中東路問題重要論文匯刊》，中央宣傳部出版科，1931 年。

16. 《北平財政整理委員會收支款項表（1932.2～12）》，縮微號：MGTS/016681，國家圖書館藏。

17. 陳覺：《九一八後國難痛史資料》，東北問題研究會，1932 年。

18. 國民政府外交部：《國際聯合會調查團報告書》，世界書局，1933 年。

19. 王鐵崖編：《中外舊約章彙編》，三聯書店，1959 年。

20. 中華民國外交問題研究會編：《九一八事變》，《中日外交史料叢編》（二），臺北：中國國民黨中央委員會黨史委員會，1965 年。

21. 黃季陸主編：《革命人物志》第 1 集，臺北：中央文物供應社，1969 年。

22. 杜元載主編：《革命人物志》第 8 集，臺北：中央文物供應社，1971 年。

23. 杜元載主編：《革命人物志》第 11 集，臺北：中央文物供應社，1973 年。

24. 蕭繼宗主編：《革命人物志》第 15 集，臺北：中央文物供應社，1976 年。

25. 秦孝儀主編：《革命人物志》第 20 集，臺北：中央文物供應社，1979 年。

26. 羅家倫主編：《革命文獻》第 21 輯，臺北：中國國民黨中央黨史委員會，1978 年。

27. 蔣永敬編：《北伐時期的政治史料：1927 年的中國》，臺北：正中書局，1981 年。

28. 中華民國史事紀要編委會：《中華民國史事紀要（初稿）》，臺北：中華民國史料研究中心，1982 年。

29. 李雲漢：《九一八事變史料》，臺北：正中書局，1982 年。

30. 李雲漢編：《抗戰前華北政局史料》，臺北：正中書局，1982 年。

31. 榮孟源主編：《中國國民黨歷次代表大會及中央全會資料》，光明日報出版社，1985 年。

32. 遼寧省檔案館，吉林省渾江市政協文史資料研究委員會編：《臨江抗日風暴檔案史料：1927 年臨江官民拒日設領鬥爭》，（出版社不詳），1987 年。

33. 吉林省檔案館編：《九·一八事變》，檔案出版社，1991 年。

34. 吉林省政協文史資料委員會編：《九一八事變資料彙編》，吉林文史出版社，1991 年。

35. 大風編：《張學良的東北歲月》，光明日報出版社，1991 年。

36. 李雲漢主編：《國民政府處理九一八事變之重要文獻》，臺北：中國國民黨中央委員會黨史委員會，1992 年。

37. 萬仁元、方慶秋主編：《中華民國史史料長編》，南京大學出版社，1993 年。

38. 季嘯風、沈友益主編：《中華民國史史料外編——前日本末次研究所情報資料》（中文部分），廣西師範大學出版社，1996 年。

39. 陳志奇輯編：《中華民國外交史料彙編》，臺北：渤海堂文化公司，1996 年。

40. 龔育之主編：《中國二十世紀通鑑》第二冊第六卷（1926～1930），線裝書局 2002 年。

41. 國史館印行：《蔣中正總統檔案：事略稿本》，臺北：國史館，2003 年。

（二）工具書、大事記、年譜和文集

1. 劉壽林編：《辛亥以後十七年職官年表》，中華書局，1966 年。

2. 《東北人物大辭典》編委會：《東北人物大辭典》，遼寧人民出版社，1991 年。

3. 姜士林等主編：《世界政府辭書》，中國法制出版社出版，1991 年。

4. 《東北人物大辭典》編委會編：《東北人物大辭典》，遼寧人民出版社、遼寧教育出版社，1992。

5. 劉壽林等編，《民國職官年表》，中華書局，1995 年。

6. 中國社會科學院語言研究所詞典編輯室編：《現代漢語詞典》（修訂本），商務印書館，1997 年。

7. 張憲文等主編：《中華民國大辭典》，江蘇古籍出版社，2002 年。

8. 徐友春主編：《民國人物大辭典》（增訂版），河北人民出版社，2007 年。

9. 陳興唐主編：《中國國民黨大事典》，中國華僑出版社，1993 年。

10. 韓信夫、姜克夫主編：《中華民國大事記》，中國文史出版社，1997 年。

11. 胡玉海：《奉系軍閥大事記》，遼寧民族出版社，2005 年。

12. 蔣永敬：《胡漢民先生年譜》，臺北：中國國民黨中央委員會黨史委員會，1978 年。

13. 張友坤等編：《張學良年譜》（修訂版），社會科學文獻出版社，2009 年。

14. 中國國民黨中央委員會黨史委員會：《李石曾先生文集》，臺北：中央文物供應社，1980 年。

15. 中國國民黨中央委員會黨史委員會編訂：《國父全集》，臺北：中央文物供應社，1981 年。

16. 畢萬聞主編：《張學良文集》，新華出版社，1992 年。

17. 周毅、張友坤主編：《張學良文集》，香港：同澤出版社，1996 年。

三、地方志、文史資料和回憶錄

（一）地方志

1. 趙恭寅修，曾有翼等纂：《瀋陽縣志》，奉天作新印刷局，1917 年鉛印本。

2. 沈國冕等修，蔣齡益纂：《鳳城縣志》，1921 年石印本。

3. 王寶善修，張博惠纂：《新民縣志》，1926 年石印本。

4. 徐維淮修，李植嘉纂：《遼中縣志》，瀋陽東北交通用品製造廠，1930 年鉛印本。

5. 孫維善修，王紹武等纂：《臺安縣志》，遼寧作新印刷局，1930 年鉛印本。

6. 侯錫爵修，羅明述纂：《桓仁縣志》，桓仁縣教養工廠，1930 年石印本。

7. 關定保等修，於雲峰纂：《安東縣志》，安東宏業號鉛印部，1931 年鉛印本。

8. 邢麟章、王瀛傑修，李耦纂：《東豐縣志》，東豐縣實業工廠，1931 年鉛印本。

9. 楊晉源修，王慶雲纂：《營口縣志》，1933 年石印本。

10. 楊步墀纂修：《吉林依蘭縣志》，吉林吉東印刷社，1921 年鉛印本。

11. 王世選修，梅文昭纂：《寧安縣志》，1924 年鉛印本。

12. 張霖如修，胡乃新等纂：《拜泉縣志》，春記山坊，1919 年石印本。

13. 萬福麟修，張伯英等纂：《黑龍江志稿》，北平 1932～1933 年鉛印本。

（二）文史資料和回憶錄

1. 中國人民政治協商會議全國委員會文史資料研究委員會編，《文史資料選輯》第 6 輯，中華書局，1960 年。

2. 中國人民政治協商會議全國委員會文史資料研究委員會編，《文史資料選輯》，第 52 輯，中華書局，1965 年。

3. 中國人民政治協商會議吉林省委員會文史資料研究委員會編：《吉林文史資料選輯》第 4 輯，吉林人民出版社，1983 年。

4. 中國人民政治協商會議吉林省委員會文史資料研究委員會編：《吉林文史資料》第 11 輯，吉林省委員會文史資料研究委員會，1985 年。

5. 中國人民政治協商會議遼寧省委員會文史資料委員會編：《遼寧文史資料》第 17 輯，遼寧人民出版社，1986 年。

6. 中國人民政治協商會議全國委員會文史資料委員會《文史資料選輯》編輯部編：《文史資料選輯》（合訂本），中國文史出版社，2000 年。

7. 北京市政協文史資料委員會：《杏壇憶舊》，北京出版社，2000 年。

8. 吳鐵城：《吳鐵城回憶錄》，臺北：三民書局，1968 年。

9. 顧維鈞：《顧維鈞回憶錄》，中國社科院近代史所譯，中華書局，1983 年。

10. 李毓澍訪問，陳存恭記錄，郭庭以校閱：《戢翼翹先生訪問記錄》，臺北：中央研究院近代史研究所，1985 年。

四、期刊和報紙

《政府公報》、《國民政府公報》、《東北政務委員會周刊》、《北平政務委員會公報》、《國民政府西南政務委員會公報》、《外交部公報》、《奉天公報》、《民政月刊》、《遼寧財政月刊》、《黑龍江財政月刊》、《廣東省政府公報》、《福建省政府公報》、《北平市市政公報》、《中央半月刊》、《國民外交周報》、《國民外交半月刊》、《工商半月刊》、《東方雜誌》、《革命周報》、《革命評論》、《革命前路》、《時事月報》、《半月評論》、《同澤季刊》、

《錢業月報》、《銀行周報》、《紅旗》、《檢閱周刊》、《民眾三日刊》、《勵志》、《大公報》、《申報》、《中央日報》、《盛京時報》、《京報》、《東三省公報》、《剪報》、《國聞周報》

五、專著和論文

（一）專著

1. 董顯光：《東路中俄決裂之眞相》，上海眞美善書店，1929年。

2. 雷殷：《中東路問題》，國際協報館，1929年。

3. 漢壽曾志陵：《中東路交涉史》，北平建設圖書館，1931年。

4. 陳體強：《中國外交行政》，商務印書館，1945年。

5. 洪鈞培：《國民政府外交史》，沈雲龍主編：《近代中國史料叢刊》第28輯，臺北：文海出版社，1968年。

6. 陶菊隱：《北洋軍閥統治時期史話》，北京：三聯書店，1983年。

7. 錢實甫：《北洋政府時期的政治制度》，中華書局，1984年。

8. 秦孝儀主編：《中華民國名人傳》，臺北：近代中國出版社，1984年。

9. 謝國興：《黃郛與華北危局》，臺北：國立臺灣師範大學歷史研究所，1984年。

10. 孔經緯：《東北經濟史》，四川人民出版社，1986年。

11. 張德良、周毅主編：《東北軍史》，遼寧大學出版社，1987年。

12.〔日〕林久治郎著，王也平譯：《「九一八」事變：奉天總領事林久郎遺稿》，遼寧教育出版社，1987年。

13.〔英〕加文・麥柯馬克著，畢萬聞譯：《張作霖在東北》，吉林文史出版社，1988年。

14. 陳崇橋、胡玉海等編著：《從草莽英雄到大元帥：張作霖》，遼寧人民出版社，1991年。

15. 張魁堂：《張學良傳》，東方出版社，1991年。

16. 袁繼成等：《中華民國政治制度史》，湖北人民出版社，1991年。

17. 姜士林、魯仁、劉政主編：《世界政府辭書》，中國法制出版社，1991年。

18. 陳之邁：《中國政府》，《民國叢書》第三編20（政治、法律、軍事類），上海書店，1991年。

19. 朱瑞月編輯：《國民革命建軍史》，臺北：國防部史政編譯局，1993年。

20.〔美〕費正清編，楊品泉等譯：《劍橋中華民國史》（1912～1949），中國社會科學出版社，1994年。

21. 孔慶泰：《國民黨政府政治制度史》，安徽教育出版社，1998年。

22. 嚴強：《宏觀政治學》，南京大學出版社，1998 年。

23. 〔日〕水野明著，鄭樑生譯：《東北軍閥政權研究——張作霖、張學良之抗外與協助統一國內的軌迹》，臺北：國立編譯館，1998 年。

24. 〔日〕西村成雄著，史桂芬等譯：《張學良》，中國社會科學出版社，1999 年。

25. 魏宏運主編：《民國史紀事本末》，遼寧人民出版社，1999 年。

26. 來新夏等：《北洋軍閥史》，南開大學出版社，2000 年。

27. 陳立文：《從東北黨務發展看接收》，臺北：東北文獻雜誌社，2000 年。

28. 胡玉海、張偉：《奉系人物》，遼海出版社，2000 年。

29. 胡玉海：《奉系縱橫》，遼海出版社，2001 年。

30. 馬尚斌：《奉系經濟》，遼海出版社，2001 年。

31. 王海晨、胡玉海：《世紀情懷：張學良全傳》，廣東人民出版社，2001 年。

32. 中國日用化工協會火柴分會編：《中國火柴工業史》，中國輕工業出版社，2001 年。

33. 〔美〕唐德剛訪錄，〔美〕王書君著述：《張學良世紀傳奇》，山東友誼出版社，2002 年。

34. 陳進金：《地方實力派與中原大戰》，臺北：國史館，2002 年。

35. 張憲文等：《中華民國史》，南京大學出版社，2005 年。

36. 竇應泰：《張學良遺稿：幽禁期間自述、日記和信函》，作家出版社，2005 年。

37. 楊鴻年、歐陽鑫著：《中國政治史》（修訂版），武漢大學出版社，2005 年。

38. 田湘波：《中國國民黨黨政體制剖析（1927～1937）》，湖南人民出版社，2006 年。

39. 〔法〕讓·雅克·盧梭著，徐強譯：《社會契約論》〔英漢對照〕，九州出版社，2007 年。

40. 錢端升等：《民國政制史》，上海人民出版社，2008 年。

41. 托托：《張氏父子與蘇俄之謎》，遠方出版社，2008 年。

42. 〔加〕陳志讓：《軍紳政權：近代中國的軍閥時期》，廣西師範大學出版社，2008 年。

43. 王奇生：《黨員、黨權與黨爭——1924～1949 年中國國民黨的組織形態》，上海書店出版社，2009 年。

44. 徐勇：《近代中國軍政關係與「軍閥」話語研究》，中華書局，2009 年。

（二）論文

1. 王星舟：《吳鐵老東北之行》，臺灣《傳記文學》，第 29 卷第 4 期。

2. 吳相湘：《張作霖與日本關係微妙》，臺灣《傳記文學》，1984 年第 44 卷第 6 期。

3. 陳崇橋：《試論「楊常事件」》，《近代史研究》1986 年第 2 期。

4.〔日〕土田哲夫：《張學良與不抵抗政策》，漢笛編：《張學良生涯論集》（海內外專家論文精選），光明日報出版社，1991 年。

5. 荊有岩：《張學良執政時期東北華北的財經》，漢笛編：《張學良生涯論集》（海內外專家論文精選），光明日報出版社，1991 年。

6. 唐啓華：《北伐時期的北洋外交——北洋外交部與奉系軍閥處理外交事務的互動關係初探》，《中華民國史專題論文集：第一屆討論會》，臺北：國史館，1992 年。

7. 陳崇橋、蕭鴻：《罕見的歷史奇迹——張學良、張作相相互讓「帥位」紀實》，《社會科學輯刊》1994 年第 1 期。

8.〔日〕土田哲夫：《民國時期的「地方外交」——張學良東北政權的事例》，張憲文主編：《民國研究》第二輯，南京大學出版社，1995 年。

9. 陳進金：《東北軍與中原大戰》，《近代史研究》，2000 年第 5 期。

10. 張憲文：《從〈大溪檔案〉史料析二三十年代蔣介石的軍事政治戰略》，《南京大學學報》，2000 年第 1 期。

11. 曾業英：《論一九二八年的東北易幟》，《歷史研究》，2003 年第 2 期。

12. 王海晨：《從滿蒙交涉看張作霖對日謀略》，《史學月刊》，2004 年第 8 期。

13. 郭正秋：《易幟後蔣張在東北地方政權上的合作與爭鬥》，《理論學刊》，2006 年第 5 期。

14. 郭正秋：《易幟後蔣張在東北財權上的合作與爭鬥》，《長白學刊》，2007 年底 3 期。

15. 胡玉海：《論奉系軍閥》，《東北史地》，2008 年第 2 期。

16. 張皓：《從軍事委員會北平分會到冀察政務委員會——國民政府對華北危局的應付》，《長春工業大學學報》（社科版），2008 年第 1 期。

六、外文資料

1. 外務省編：《日本外交年表並主要文書：1840～1945》，東京：原書房，1965 年。

2. 日本外務省編：《日本外交文書》，昭和期 I 第 1 部第 5 卷，1994 年。

3.〔日〕尾形洋一：《第二次幣原外交と滿蒙鐵道交涉》，《東洋學報》，第 57 卷第 3～4 期。

致　謝

　　我出生在瀋陽市郊一個普通的農村家庭，父母皆以務農爲生，而每當農忙之時，我便要成爲家裏一個重要的勞動力，這種情況一直持續到2009年我來南京大學讀博士之前。所以，從小對於田間地頭的辛勞我就深有感觸。作爲家裏的獨子，父母雖對我百般疼愛卻從不溺愛，作爲我人生的第一任導師指導著我不斷成長。父母緊衣縮食勤儉持家地供我讀書，雖也期盼著我能出人頭地，但我知道父母最大的期望其實就是不想再讓我重複他們昨天的辛勞。面對父母樸實的心願，作爲兒子的我只能以努力和奮鬥的實際行動來回報他們。所以，我從面朝黃土背朝天的農村走進了繁華喧鬧的城市，從一個普通的中學生成長到高等學府的研究生。這一切的取得我首先要感謝父母對我無私的奉獻和付出。

　　其次，我要感謝將我帶入學術殿堂的引路人，即我的碩導胡玉海教授。在高中和大學時代，我便表現出對歷史濃厚的興趣，並有著自己對歷史的不同感悟，但這還僅是作爲歷史愛好者而喜好罷了。進入遼寧大學以後，在眾位教授尤其是我的碩導胡玉海教授的教導之下，我才真正地打開了歷史的天窗，進入到這一令人興奮的領域。在胡老師的指導下，我的碩士論文選擇了研究奉系政權這一在奉系軍閥史和東北地方史中具有開拓性意義的課題，也使我真正走入了學術的殿堂。此外，我還要感謝遼大歷史學院的焦潤明教授和金穎教授，他們對我碩士論文提出了很多建設性的意見。

　　再次，我要感謝引領我在學術道路上走的更高更遠的兩位恩師，即我的兩位博導高華教授和申曉雲教授，能拜入兩位歷史學家的門下是我今生的榮幸。進入南京大學後，在高老師的鼓勵和指導下，我選擇繼續在奉系政權這

一課題上深入下去。從選題到開題，從大綱結構到內容觀點，這中間的每一步都浸透著高老師的辛勞與汗水。尤其高老師在病榻之上，仍然關心著我的論文，不斷地指導我打開和拓寬研究視野，理清思路，從而確定了詳細的論文框架，爲論文的寫作打下了堅實的基礎。可是不幸的是，天妒英才，高老師英年早逝，使中國史學界失去了一位冷靜的「觀察者」〔註1〕。然而我又是幸運的，高老師駕鶴西去後，我轉到了申曉雲教授的門下得以順利完成學業。申老師學通古今，視野開闊，精通近現代史和民國史，對北洋軍閥史更是有深刻的見地和研究。雖然我轉入申老師門下較晚，但申老師和藹可親，一點沒有門第之見，在百忙之中仍抽出時間像母親呵護孩子一般地關心著我的生活和論文寫作。我將論文初稿交給申老師後，申老師通覽全文後字斟句酌地細細批閱，在有問題的地方均寫上了修改建議，並仔細地講解給我聽，使我從更高更寬的視野來審視和重組奉系政權的這段歷史。正是在申老師的悉心指導下，通過數次反覆地修改，我才得以順利地完成博士論文的寫作。此外，我還要感謝南京大學歷史系的崔之清教授、陳謙平教授、朱寶琴教授、張生教授、李良玉教授、董國強教授、馬俊亞教授、李玉教授等各位老師，他們精彩的授課均使我受益良多。

最後，我要感謝我的夫人、朋友和同學。從07年與我的夫人王歡相識到現在已然七年時間，在這七年的時間裏，從碩士階段到博士階段，她無怨無悔一如既往地支持和鼓勵著我，並無私地奉獻著對我的愛，使我充滿克服各種困難和挫折的勇氣和信心，並最終順利完成了學業。同時，我也要感謝我的岳父和岳母大人，正是他們的理解和支持，才使我能夠心無旁騖地安心於學業。另外，我還要特別感謝我的朋友和同學，正是有諸如祝小楠、張廣傑、李壯、黃成亮、朱繼光、奚慶慶等各位好朋友、好同學，才使我在枯燥的學習中找到了不少樂趣。最後對在工作和學習過程中，給予過我幫助的所有人，再次表示衷心的感謝！

〔註1〕齊介侖等：《旁觀者高華》，《南都周刊》，2011年第15期，第66頁。